PARIS
RIDICULE ET BURLESQUE
AU DIX-SEPTIÈME SIÈCLE

PAR

CLAUDE LE PETIT, BERTHOD, SCARRON, FRANÇOIS COLLETET,
BOILEAU, ETC.

NOUVELLE ÉDITION
REVUE ET CORRIGÉE AVEC DES NOTES

PAR

P. L. JACOB
BIBLIOPHILE

PARIS
ADOLPHE DELAHAYS, LIBRAIRE-ÉDITEUR
4-6, RUE VOLTAIRE, 4-6
—
1859

BIBLIOTHÈQUE GAULOISE

PARIS

RIDICULE ET BURLESQUE

AU DIX-SEPTIÈME SIÈCLE

PARIS. — TYP. SIMON RAÇON ET COMP., RUE D'ERFURTH. 1.

AVERTISSEMENT DE L'ÉDITEUR

Nous avons voulu réunir dans ce volume une série de petits opuscules en vers, composés ou reproduits vers la même époque, et relatifs à l'histoire des mœurs de la ville de Paris, au milieu du dix-septième siècle.

Ce sont le *Paris ridicule* de Claude Le Petit; la *Ville de Paris*, par Berthod; le *Tracas de Paris*, par François Colletet; la *Foire Saint-Germain*, par Paul Scarron; les *Embarras de Paris*, par Boileau-Despréaux; et les *Cris de Paris*, par un anonyme qui n'a fait que rajeunir un recueil en vers et en prose, publié pour la première fois vers 1500.

La réunion de ces différents ouvrages, qui ont entre eux une corrélation intime, sinon par les idées et le style, du moins par les faits particuliers et le sujet général, forme un ensemble à la fois historique et littéraire que nous n'avons pas besoin de recommander aux amateurs. C'est un véritable tableau moral de Paris dans les premières années du règne de Louis XIV.

Le *Paris ridicule* de Claude Le Petit est plus connu par son titre et par sa mauvaise réputation, qu'il ne l'est en réalité; car, si tout le monde le cite et le juge, bien peu de personnes peuvent se vanter de l'avoir lu; les éditions de ce poëme célèbre sont toutes rares, et quelques-unes introuvables.

On ne sait pas même quelle est la première édition clandestine qui a été imprimée après la mort du poëte. Il est probable que ce poëme circula d'abord manuscrit, et passa de bouche en bouche dans la société des libertins de Paris : c'eût été jouer gros jeu que de faire imprimer, même en cachette, un ouvrage aussi hardi, qui s'attaquait à tout, aux choses de la terre comme aux choses du ciel, sans avoir l'air de rien prendre au sérieux. Il y avait, dans cette satire en forme d'ode burlesque, de quoi faire fouetter le libraire, emprisonner l'imprimeur et brûler l'auteur.

Ce n'est que plus tard et sous un tout autre prétexte, que l'auteur fut brûlé. « C. Le Petit avait seulement fait preuve d'un esprit original et gai, dit Viollet-Le-Duc qui semblerait n'avoir pas lu ou compris le *Paris ridicule* qu'il a fait figurer dans sa *Bibliothèque poétique;* mais, jeté par la nature de son talent dans la société des jeunes libertins, tels que Saint-Amant, Linières, Saint-Pavin, Des Barreaux et autres, C. Le Petit ne s'avisa-t-il point de composer une chanson impie sur la sainte Vierge, et qui courut dans ces sortes de sociétés, alors beaucoup trop nombreuses. Un jour, en l'absence de Le Petit, qui avait négligé de fermer sa croisée, le vent enleva dans la rue des papiers, ramassés bientôt par un prêtre : il les porte au procureur du roi. Descente juridique est faite chez Le Petit, au moment qu'il rentrait chez lui, où l'on trouva le brouillon des chansons qui couraient manuscrites ! Le malheureux fut condamné à être pendu, puis brûlé, et le jugement fut exécuté en place de Grève, malgré tout ce que purent faire des personnages du premier rang, que sa jeunesse et ses talents intéressaient pour lui. Ces détails nous sont donnés par Saint-Marc le commentateur, qui lui-même les tenait d'une personne qui avait connu Le Petit et sa famille. »

Viollet-Le-Duc a tiré, en effet, d'une note de l'édition des œuvres complètes de Boileau, donnée par Lefebvre de Saint-Marc, une partie des renseignements que renferme le passage précédent, mais le reste est emprunté à un roman historique que nous avons publié en 1842, sous ce titre : *le Singe*, et qui contient beaucoup de faits précieux pour l'histoire du temps comme pour la biographie de Claude Le Petit, que les biographes avaient complétement oublié jusqu'alors. Tout ce qu'on savait de lui avant la note de Lefebvre de Saint-Marc se trouvait dans une autre note d'un autre commentateur de Boileau, Brossette, qui avait découvert une allusion au triste sort de l'auteur du *Paris ridicule* dans ces vers de l'*Art poétique* (chant II) :

> Toutefois, n'allez pas, goguenard dangereux,
> Faire Dieu le sujet d'un badinage affreux;
> A la fin, tous ces jeux que l'athéisme élève
> Conduisent tristement le plaisant à la Grève.

« Quelques années avant la publication de ce poëme, dit Brossette, un jeune homme fort bien fait, nommé Petit, fut surpris faisant imprimer des chansons impies et libertines de sa façon. On lui fit son procès, et il fut condamné à être pendu et brûlé, nonobstant de puissantes sollicitations qu'on fit agir en sa faveur. »

On ne sauroit rien de plus sur Claude Le Petit et sa tragique destinée, si les Mémoires inédits de Jean Rou, son contemporain et son ami, n'avaient pas été retrouvés dans les archives de l'État, à la Haye, et mis au jour en 1857 (Paris, 2 vol. grand in-8) par les soins de M. Francis Waddington. Ces Mémoires, dont l'auteur protestant, avocat au Parlement de Paris sous le règne de Louis XIV, fut enfermé à la Bastille pour avoir émis certaines opinions hétérodoxes dans un ouvrage d'histoire, contiennent un chapitre entier consacré à Claude Le Petit; chapitre tellement curieux, que nous croyons devoir le transcrire ici comme la notice la plus complète et la plus authentique qui nous fasse connaître la vie et le caractère de ce pauvre poëte.

« Une espèce de honte que je me suis faite dans la première partie de ces Mémoires, raconte Jean Rou, de parler d'une connoissance assez étroite que je liai par occasion vers l'année 1665 avec un jeune homme de beaucoup d'esprit, à cause que sa déplorable mort en public et sur un bûcher me sembloit incompatible avec l'honneur dont j'ai toujours fait profession, m'empêcha, lorsque j'en étois à cet endroit de mon histoire, de faire mention des innocentes habitudes que j'avois prises avec le malheureux dont je parle. Mais, comme j'ai, d'un côté, quelques pièces assez divertissantes à rapporter de lui, dont la vue pourra ne pas déplaire au lecteur, et que ma justification, en ce qui regarde ce commerce, est fort aisée à faire, je feindrai d'autant moins de rapporter ici cette particularité négligée ci-devant, que deux mots de l'histoire de ce jeune homme pourront être regardés comme quelque chose d'assez curieux.

« Celui donc de qui j'ai à parler ici étoit le fameux C. Le Petit, brûlé en Grève, le .. 166. [1]. Je l'avois connu, par hasard, dans un lieu assez honnête [2], où réglément il se tenoit concert tous les jeudis de chaque semaine et où se rendoient quantité de jeunes gens polis, tant de l'un que de l'autre sexe : Boursault, de Vizé, Joly, de Lourdines, Richelet même et Montreuil, quoique déjà tous deux hors du premier âge, et enfin plusieurs autres beaux esprits s'y trouvoient fort souvent; et tous, aussi bien que moi, faisoient cas de Petit, comme il paroît par les témoignages publics qu'ils lui en ont rendus; mais ni ces messieurs ni moi ne savions rien alors ni des mauvais commencements de sa vie, ni des restes de mauvaises habitudes qui lui étoient demeurés dans sa conduite privée, lorsque nous vînmes à le connoître, et dont il commençoit à revenir.

« Ce jeune homme donc, étant au collége vers l'an 1657 ou 1658, quitta tout d'un coup les études pour une correction un peu forte qui ne lui avoit été que trop justement infligée; et, au bout de quelques semaines, ayant dans son oisiveté fait connoissance avec un frérot Augustin, dont le fameux couvent à Paris étoit fort voisin de sa demeure particulière, qui étoit dans la rue Dauphine, il prit un jour querelle avec ce pauvre novice, et, s'étant caché exprès dans un endroit

---

[1] Je ne saurois dire si ce fut en 1664 ou 5 ou 6, car je fis un séjour de près de trois ans à Châteaudun, savoir en ces trois années; je penche plus pour 1664. (Note de Jean Rou.)

[2] C'étoit chez le sieur Vignon, inventeur de l'angélique instrument de musique, participant du luth et du théorbe. (Note de Jean Rou.)

obscur de l'église, un peu avant qu'on vînt à en fermer la grande porte, il attendit là le frérot, son ennemi, qu'il savoit bien devoir venir faire les préparatifs pour l'heure de matines; et quand ce pauvre innocent vint à paroître, et que tout le service étant achevé, et les moines retirés dans leurs cellules, celui-ci fut resté seul pour éteindre les bougies, il le poignarda, traîna son cadavre en un lieu où il n'étoit pas aisé de l'apercevoir, puis, s'étant rencoigné dans sa cachette dès qu'on eut, de grand matin, ouvert la porte de la rue, il se sauva, et, pour se mettre à l'abri de toutes poursuites, il se retira dans les pays étrangers. Il s'arrêta particulièrement en Italie et en Espagne, où, moitié par conversation, moitié par lecture, il acquit une connoissance assez raisonnable de ces deux langues, dont principalement il lut tous les meilleurs poëtes, étant lui-même né avec un esprit si naturellement tourné à la poésie, qu'on le pouvoit fort justement, à cet égard, comparer à Ovide. Son affaire enfin ayant été assoupie par son absence de sept ou huit années, il revint à Paris, fort peu de temps avant que je vinsse à le connoître de la manière que j'ai dit. Dans ces voyages et ce long séjour tant à Rome qu'à Madrid, lieux où sans doute ne se contractent pas les plus fréquentes habitudes de lumière intelligente et de sainteté, il se plongea dans toute sorte de débauche, et particulièrement contracta un malheureux penchant à l'impiété. Toutes ses poésies, qui n'étoient pas en petit nombre, ne rouloient que sur ces infâmes matières, et tous ceux qui ont pu voir son *Paris ridicule*, fait à l'imitation de la *Rome ridicule* de Saint-Amant, à cette différence près que le poëme de Saint-Amant n'est pas impie comme celui de l'autre, et qui aussi fut enfin cause de son infâme supplice, tous ces gens, dis-je, demeureront d'accord de ce que j'avance.

« Je ne savois point toutes ces particularités, quand je m'attachai à Petit, ou, pour parler plus juste, quand il s'attacha à moi; car, quoique j'eusse le premier commencé notre liaison, il s'en fit lui-même, dans la suite, la plus grande affaire, à cause d'une certaine candeur, si je l'ose dire, qu'il crut trouver en moi, et de quelques leçons de probité et de crainte de Dieu, que je prenois occasion de lui faire assez fréquemment[1]. Jusque-là je n'avois vu de ses poésies que celles où l'esprit de libertinage ne dominoit point; mais comme il vit que je goûtois son esprit et tout ce qui en sortoit, la confidence qui se fortifioit de plus en plus entre lui et moi le porta comme à me vouloir initier tout à fait dans ses plus secrets mystères d'impiété, mais sur lesquels il me vit bientôt frémir d'horreur. Alors, changeant tout à fait d'air et de manière avec lui, je lui fis une telle honte et lui marquai si fort, que, commençant à le connoître mieux que je n'avois fait jusque-là, je ne voulois plus avoir de commerce avec lui; que, changeant, de son côté, son maintien avec moi, et retirant ses papiers, il me demanda pardon de la faute qu'il avoit faite de me croire si légèrement capable d'applaudir à ses folies; qu'il ne s'y étoit laissé aller que dans la pensée que je regarderois plutôt tout cela du côté de l'esprit que du côté du cœur, me priant d'être persuadé que le sien n'étoit pas pour cela aussi gangrené que je le pouvois croire; qu'il y avoit déjà quelque temps qu'il travailloit à se mettre sur un autre pied, et qu'il me pouvoit bien protester que la sagesse et la piété sans affectation qu'il avoit toujours remarquées en moi, et qui l'avoient charmé, n'avoient pas peu servi, premièrement, à l'attacher si fort à moi; et, en second lieu, à le faire un peu mieux penser à lui, et à le ramener de ses égarements; qu'il me conjuroit donc de ne l'abandonner pas, pendant qu'il n'étoit pas encore bien affermi dans le bon chemin, mais avoit besoin de mon aide pour achever de se tirer du précipice. La sincérité avec laquelle il parut me tenir tout ce discours me toucha et me ramena à lui; mais je lui témoignai que je ne le faisois que dans l'espérance qu'il me tiendroit parole, et le

---

[1] Il croyoit que ma religion me faisoit approuver toutes les railleries mal entendues qu'il faisoit de la Vierge et des saints, de quoi j'étois bien éloigné, ayant toujours tenu pour principe que quelque religion qu'on professe, il en faut de bonne foi remplir tous les devoirs; car, quant au reste, j'ai toujours été fort éloigné d'approuver toutes les superstitions romaines. (Note de Jean Rou.)

tout avec un esprit de charité dans l'espérance de pouvoir être assez heureux pour réussir au dessein de sa conversion.

« À quelques mois de là, et notre commerce continuant toujours, mais sur un meilleur pied, il me vint rendre visite pour me demander avis sur certain traité qu'il étoit sur le point de conclure avec un libraire pour l'impression de son *Paris ridicule*, que j'avois déjà vu auparavant et en même temps condamné : « Vous voilà donc, lui dis-je, retombé dans le bourbier, contre ce que vous m'aviez promis? — Nullement, me répondit-il; vous savez bien que cette pièce est du temps de mes anciennes folies ; mon nom d'ailleurs ne paroîtra point là. Et puis, que voulez-vous que je fasse? Je n'ai pas un sou, et voilà cent écus qui me sautent au collet. Qu'est-ce que mon cœur a à démêler avec ma bourse qui est plus plate qu'une punaise, et mes dents longues comme un jour sans pain, et sous lesquelles je n'ai pas à mettre une croûte [1] ? — N'importe, lui dis-je, cherchez votre soulagement par des moyens plus honnêtes et plus sûrs, autrement vous êtes un homme perdu, si vous allez plus loin. En un mot, rompez votre marché. — Mais cela est impossible, me dit-il, car j'en ai d'avance touché vingt écus et qui même sont déjà fricassés. — Eh bien, mon pauvre ami, lui dis-je encore une fois, vous êtes un homme perdu, et j'ai grand'peur que vous n'ayez anticipé votre propre peinture, lorsque vous composâtes, il y a quelques mois, le sonnet de l'infâme Chausson. »

« Voici, pour le dire en passant, et sans aller plus loin, quel étoit ce sonnet, et ce qui y donna lieu. Chausson étoit un malheureux sodomite qui fut brûlé en Grève peu de mois avant que Le Petit, pour d'autres sujets, y subît le même sort. Ce dernier avoit assisté à ce supplice, et, trouvant et admirant comme une grandeur d'âme dans l'espèce d'intrépidité que témoigna ce malheureux, ce qui n'étoit qu'un effet de stupi-

---

[1] La vérité est, en effet, que le pauvre Petit ne vivoit que de livrets et d'éloges d'auteurs, à la douzaine, propres à être mis en forme de sonnet ou d'épigramme et madrigal, à la tête de leurs ouvrages tant bons que mauvais. (Note de Jean Rou.)

dité brutale, il composa le sonnet dont j'ai parlé et que voici :

SONNET DE PETIT SUR LA MORT DE CHAUSSON.

Amis, on a brûlé le malheureux Chausson,
Ce coquin si fameux, à la tête frisée ;
Sa vertu par sa mort s'est immortalisée :
Jamais on n'expira de plus noble façon.

Il chanta d'un air gai la lugubre chanson,
Et vêtit sans pâlir la chemise empesée,
Et du bûcher ardent de la paille embrasée,
Il regarda la mort sans crainte et sans frisson.

En vain son confesseur lui prêchoit dans la flamme,
Le crucifix en main, de songer à son âme :
Couché sous le poteau, quand le feu l'eut vaincu,

L'infâme vers le ciel tourna sa croupe immonde ;
Et, pour mourir enfin comme il avoit vécu,
Il montra, le vilain, son cul à tout le monde.

« Je viens présentement au dernier période de la vie du malheureux Petit. Un mois ne se passa pas, depuis cet avis trop tardif qu'il m'étoit venu demander, qu'une brouillerie survenue entre le libraire avec qui il avoit traité et l'imprimeur qui devoit travailler à l'ouvrage, porta ce dernier à déceler tout le dessein de cette édition, alléguant en justice que cette pièce étoit pleine d'impiété. Aussitôt on se saisit de la personne du libraire, qui, interrogé touchant l'auteur, ne put se défendre de nommer Le Petit. Il est en même temps mis en prison et tous ses papiers enlevés. On trouva là dedans des choses abominables, et il fut bientôt condamné au feu, dans lequel il périt, mais en affectant la prétendue constance qu'il avoit si mal à propos admirée dans le supplice de cet autre misérable qui l'avoit précédé. J'appris cela au bout de huit jours dans la province où j'étois allé faire voyage, comme j'ai dit, pour le mariage de ma sœur, et je ne pus m'empêcher de déplorer le sort de ce misérable. S'il eût été appuyé de la moindre recommandation, il auroit pu être sauvé, parce que plusieurs de ses juges, et principalement les jeunes, lesquels ont d'ordinaire assez de penchant à l'indulgence quand il s'agit d'ouvrages où il paroît de l'esprit, représentoient en sa faveur que toutes ces pièces prises avec lui, quelque condamnables qu'elles fussent dans le fond, n'étant que de vieille date, pouvoient être pardonnées à une jeunesse imprudente que le feu de l'imagination avoit emportée, sans savoir bien ce qu'elle faisoit. Mais tous ces beaux discours ne purent trouver grâce auprès des vieux barbons; et comme Le Petit étoit d'une naissance trop obscure, et que ses parents mêmes, aussi dénués que lui de tout crédit et support, n'avoient pas l'assurance de se présenter pour tâcher d'obtenir sa grâce, il fut abandonné à son mauvais destin, et périt de la manière que j'ai fait voir.

« Je passe aux ouvrages de sa façon qui étoient infiniment mieux entendus que ses premiers, et dont j'ai fait espérer qu'on auroit du plaisir à en être un peu instruit. Je n'en puis alléguer que deux ou trois morceaux qui se trouvent encore parmi mes vieux papiers : ce sont principalement deux sonnets, dont le dernier, et qui est à mon avis le plus passable, étoit une de ces pièces mendiées pour servir d'éloges au-devant des ouvrages qui se publioient si légèrement tous les jours; l'autre une peinture fort naïve d'un poëte crotté, où il se trouve des traits de pinceau assez vifs de ces sortes de gens; et enfin deux strophes tirées de deux poëmes de mille vers chacun, qu'il avoit composés à l'honneur des deux sortes d'auteurs qui se distinguent le plus dans l'art de bien écrire, savoir pour les orateurs et les poëtes, dont il avoit choisi cent sujets, pour chacun genre, dans le cours du siècle. Chacun de ces auteurs ainsi triés avoit sa strophe de dix vers, ce qui en faisoit mille en tout pour chacun des deux poëmes, dont il appeloit l'un la *Milliade oratoire*, l'autre la *Milliade poétique*. De toutes ces strophes, ma mémoire n'en a conservé que deux, et je prie le lecteur de m'excuser, si ce pauvre homme m'ayant, par privilége et prévention d'amitié, fait la petite faveur de me donner rang parmi les cent orateurs qu'il avoit choisis pour remplir son plan, j'ai la facilité (faute de mieux) de produire ici la strophe qui me regardoit. L'autre étoit pour un sujet de bien plus grande distinction, savoir ce fameux M. de Gombaud. Aussi, commencerai-je par lui. Voici donc son

DIXAIN.

Tes inimitables sonnets,
Fils d'une belle renommée,
Vont à la cour, vont à l'armée,
Vont aux cercles, aux cabinets;
La louange que l'on leur donne
Dans la bouche de chacun sonne,
Et de tous côtés retentit :
Gombaud, ta muse sans seconde
Peut bien en avoir de Petit,
Puisqu'elle en a de tout le monde.

« Pour ce qui est de mon dixain, il étoit tel, et je prie encore une fois le lecteur de me pardonner l'étalage que j'en fais ici.

On verra de ta plume illustre
Quantité d'ouvrages galants,
Si tu cultives les talents
Dont ton art rehausse le lustre;
Ton style est fin et délicat,
Tu ne sens point ton avocat,
Et, sans flatter ton écriture,
En faveur de notre amitié,
Si tu n'es tout à fait Voiture,
Rou, du moins tu l'es à moitié.

« Le sonnet du *Poëte crotté* étoit tel :

Quand vous verrez un homme, avecque gravité,
En chapeau de clabaud, promener sa savate,
Et le col étranglé d'une sale cravate,
Marcher arrogamment dessus la chrétienté;

Barbu comme un sauvage et jusqu'au cu crotté,
D'un haut-de-chausse noir sans ceinture et sans patte,
Et de quelques lambeaux d'une vieille buratte
En tous temps constamment couvrir sa nudité;

Envisager chacun d'un œil hagard et louche,
Et mâchant dans les dents quelque terme farouche,
Se ronger jusqu'au sang la corne de ses doigts ;

Quand, dis-je, avec ces traits vous trouverez un homme,
Dites assurément : C'est un poëte françois !
Si quelqu'un vous dément, je l'irai dire à Rome [1]. »

Ce passage des Mémoires de Jean Rou vient suppléer au silence de l'histoire littéraire sur le compte de Claude Le Petit ; il nous apprend quels furent les fâcheux antécédents du poëte, qui semblait avoir le pressentiment de sa destinée. Jean Rou ne nous dit rien de l'anecdote du Singe, mais ce qu'il dit du procès de Claude Le Petit, dénoncé par son libraire (Loyson ou Pepingué), ne dément pas cette anecdote, puisqu'il attribue la terrible condamnation de cet athée libertin, à des poésies obscènes et impies trouvées dans ses papiers. On a prétendu qu'au nombre de ces poésies était un poëme intitulé le *Bord.. des Muses*[2], lequel fut réimprimé au siècle dernier dans le fameux recueil de pièces libres que le duc d'Aiguillon fit tirer à douze exemplaires sous le titre du *Cosmopolite*; il s'agirait plutôt du *Bord.. céleste*, suivant une autre opinion, mais ce poëme, dont les manuscrits furent assez répandus à cette époque, avait pour auteur l'abbé d'Estelan, et non Claude Le Petit, d'après le témoignage de Tallemant des Réaux.

Il serait plus probable, comme le dit Lefebvre de Saint-Marc, que ce fut un poëme contre la sainte Vierge, qui fit condamner le malheureux poëte, coupable d'ailleurs d'un assassinat commis dans le couvent des Augustins. Cet assassinat était peut-être la principale cause des poursuites et de la sentence, qui s'exécuta en 1665. Peu de temps après cette catastrophe, plus tragique encore que celle de Théophile, un ami de Claude Le Petit, un poëte comme lui, eut pourtant

---

[1] Nous ne croyons pas nécessaire de rapporter le second sonnet que Le Petit avait composé en l'honneur de l'auteur anonyme d'un poëme sur la ville de Pont-l'Évêque, d'autant plus que le poëme ne paraît pas avoir été imprimé.

[2] Voyez la notice sur Théophile, dans l'édition que M. Alleaume a donnée des œuvres de ce poëte (Paris, Jannet, 1856, in-12).

le courage de prendre ouvertement la défense du défunt, et de réhabiliter sa mémoire.

Ce fut en publiant un ouvrage posthume de l'auteur de *Paris ridicule*, ouvrage bien différent de ce dernier poëme, que Du Pelletier osa soutenir que son ami, en dépit des productions déshonnêtes de sa jeunesse, avait été un assez bon chrétien ou plutôt un philosophe déiste. On ne s'attendait guère à voir Claude Le Petit traduire en vers les *plus belles pensées de saint Augustin* (Paris, J. B. Loyson, 1666, in-12). Dans la *Lettre en forme de préface*, qui figure en tête de ce volume, on a de la peine, en effet, à reconnaître l'élève de Théophile et l'émule de Des Barreaux. Cette préface, le croirait-on, est adressée à l'abbé de S***, moine de Saint-Victor.

« Monsieur, lui dit Du Pelletier, la foiblesse humaine ne juge des choses que selon les apparences, parce qu'elle n'a des yeux que pour en voir les dehors, et tout ce qu'il y a de secret se dérobe à la vue. Si l'on considère le genre de mort du traducteur de cet ouvrage, on aura peine à le défendre, et ceux qui ont eu part à quelques-uns de ses secrets passeront pour coupables ; mais je connois la solidité de vostre jugement, et je sçay que la fumée de son bûcher ne vous a point offusqué les yeux... Si je ne sçavois fort bien que vous ne jugerez point à la façon du vulgaire, je n'aurois garde de vous assurer que ce coupable m'a quelquefois permis de lire au fond de son cœur. Les belles allées du jardin de Saint-Victor, où l'on peut voir les traces d'un grand nombre d'excellents personnages, ont souvent esté les tesmoins de quelques pieux entretiens que nous y avons eus ensemble : c'est là qu'il m'a fait connoistre que parmi les emportemens et la licence d'une jeunesse mal conduite, il se trouve certains momens où la Grâce combat avec le libertinage dans le cœur inquiet du pécheur, et qu'elle n'est pas toujours victorieuse. Ces vers, qu'il m'avoit confiés et que je vous donne, parleront mieux que moi de cette vérité; ils vous diront que ses pensées n'ont pas toujours été criminelles. Au reste, monsieur, ce trépas funeste dont je ne puis parler sans quelque atteinte de douleur, et sans laisser choir des larmes sur le papier, nous doit tenir lieu de leçon salutaire, en nous avertissant de ce que dit le grand saint Augustin, que nostre conscience ne doit pas estre sans crainte et nostre joye sans inquiétude, puisque l'avenir nous est inconnu... Je vois bien qu'il faut plustost chercher du feu dans le sanctuaire pour nous enflammer de l'amour divin, que des lumières pour l'esprit dans l'école de Platon ou dans le superbe lycée des philosophes. Le feu qui brusle dans la teste ne descend pas jusqu'au cœur, » etc...

Ces révélations, faites par un ami de Claude Le Petit, ne prouvent pas cependant que ce poëte fougueux et téméraire eut en lui l'étoffe d'un père de l'Église : nous croyons plutôt que l'incorrigible auteur de *Paris ridicule*, tout imbu qu'il était de la philosophie de Platon et d'Épicure, ne balançait pas à mettre sa plume à la solde d'un libraire ou de tout autre patron qui voulait payer sa prose et ses vers : Le récit de Jean Rou ne laisse pas de doute à cet égard.

Le *Paris ridicule*, comme l'auteur le disait lui-même, était « une pièce du temps de ses anciennes folies; » on peut donc supposer avec certitude qu'elle avait été écrite vers l'année 1655 ou 1656; on y remarque plusieurs particularités qui équivalent à des dates certaines. Ce poëme satirique, plein de traits audacieux qui n'épargnaient ni le gouvernement, ni la religion, ni le roi ni ses ministres, ni Dieu ni diable, selon l'expression du poëte, présentait un caractère dangereux de rébellion contre tout ce qui devait être respecté à l'époque où il fut composé : on comprend que l'autorité civile et religieuse se soit émue de la publication d'un pareil pamphlet, qu'on avait laissé courir manuscrit, sans essayer de l'arrêter. Mais aujourd'hui le *Paris ridicule* n'est plus pour nous qu'une pièce historique, très-précieuse et très-originale, qui reproduit avec beaucoup de vérité (en faisant la part de l'hyperbole) la physionomie physique et morale de Paris avant 1660. Il y a dans ce poëme, entaché de négligences et d'incorrections, une verve, une énergie, une couleur, qu'on ne trouve que chez les poëtes de l'école de Saint-Amant. C'est Saint-Amant que Claude Le Petit a voulu imiter, en opposant son *Paris ridicule* à la *Rome ridicule* de son maître : même ton semi-sérieux et semi-comique, même rhythme dans les strophes de huit vers chacune, même style ferme et pittoresque, mêmes intentions hostiles à l'égard de tous les dépositaires du pouvoir civil ou ecclésiastique. Mais Claude Le Petit est allé bien plus loin que Saint-Amant, et l'on doit même supposer que les passages les plus hardis de son ouvrage furent supprimés ou adoucis dans les impressions qui ont été faites depuis sa mort.

Ce poëme, vraiment remarquable et célèbre à tant de titres, fut imprimé pour la première fois en 1668, à Amsterdam, par Daniel Elzevier, qui était en relation journalière de correspondance littéraire avec les écrivains français. Cette édition, dont les exemplaires sont fort rares, a pour titre : *La Chronique scandaleuse ou Paris ridicule*, de C. Le Petit. *Cologne, P. de la Place*, 1668, petit in-12 de 47 pages. On doit présumer que bien peu d'exemplaires de ce petit livre pénétrèrent en France, et s'y vendirent sous le manteau. Leur rareté les fit rechercher davantage, et les copies manuscrites du poëme, plus ou moins tronquées, continuèrent à se multiplier. Un imprimeur de Paris, lequel n'eut garde de se nommer, osa faire une nouvelle édition du *Paris ridicule* avec des retranchements; cette édition, de format in-12, porte la date de 1672, et ne présente aucun nom de libraire, aucune indication de lieu d'impression : l'auteur est nommé *Petit*, sur le titre. Les exemplaires de cette première édition française sont presque aussi rares que ceux de l'édition hollandaise.

Nous ne connaissons pas d'autre édition séparée de ce poëme, pendant le dix-septième siècle, mais on le trouve à la fin d'un recueil satirique intitulé : *Le tableau de la vie et du gouvernement des cardinaux Richelieu et Mazarin et de Colbert*, etc. *Cologne, P. Marteau*, 1693, pet. in-8. Il y a aussi une réimpression du *Paris ridicule*, tellement différente des autres, tellement changée et modifiée, que nous ne nous bornerons pas à la citer; elle est intitulée : *La Chronique critique et scandaleuse de Paris et de son oppresseur, avec l'éloge des Jésuites*, traduit de l'espagnol en français pour l'utilité du public. *Carthagène, par Ignace Loyala* (sic), *imprimeur de la Sainte Inquisition, à l'enseigne de la Madona*, 1702, in-12 de 43 pages, y compris le titre, mais le feuillet qui devait contenir la préface manque, et fait une lacune dans la pagination. Cette édition comprend 152 strophes, parmi lesquelles on en compte plus de 40 qui n'appartiennent pas à Claude Le Petit, et qui ont été faites par un réfugié protestant, après la révocation de l'édit de Nantes; quant au texte de l'auteur original, il a été partout remanié, rajeuni et adouci ; on en a retranché les strophes que l'éditeur jugeait impies ou licencieuses. Au reste, le but de cette réimpression est suffisamment indiqué dans 25 strophes nouvelles (XVI à XXVIII) qui ne sont qu'un débordement d'invectives mal rimées contre Louis XIV, à propos de la place des Victoires,

> Où l'on érige en immortel
> Un roy qui détruit les autels
> Et les temples du Dieu de gloire.

Le poëme de Claude Le Petit reparut en 1703 dans un recueil imprimé à Rouen sous la rubrique de *Paris*, et intitulé : *Rome, Paris et Madrid ridicules*, avec des remarques historiques, et un recueil de poésies choisies, par M. de B... (Blainville) en Espagne (*Paris, chez Pierre le Grand*, 1713, in-12). M. de Blainville, auteur de *Madrid ridicule*, avait fait réimprimer, d'après un exemplaire « exactement corrigé, » le *Paris ridicule*, qui manquait totalement (on le conçoit bien), dans la librairie, et qui passait alors pour le chef-d'œuvre d'un poëte auquel les connaisseurs accordaient beaucoup d'esprit et de verve. On peut attribuer à l'éditeur lui-même les corrections qui ont affaibli en divers endroits le style de Claude Le Petit, sans parler de la suppression radicale d'une vingtaine de strophes que la première édition de 1668 avait admises. Quant aux remarques, quelques-unes sont intéressantes, d'autres erronées ou inutiles. Nous les avons pourtant conservées, la plupart, avec les variantes que présente cette édition *corrigée*.

Secousse attribuait à Bruzen de Lamartinière ces remarques et ces corrections, ainsi que les poésies qui les accompagnent. Quoi qu'il en soit, on réimprima le tout textuellement dans les *OEuvres du sieur D...*, en 1714, à Rouen, sous la rubrique d'Amsterdam et avec les noms des libraires Frisch et Bohm. Suivant Secousse, le sieur D... n'était autre que de Losme de Monchenay, qui avait vécu dans l'intimité de Boileau, et qui savait ainsi de bonne source l'histoire lamentable du pauvre poëte, pendu et brûlé en place de Grève.

Nous nous proposons de réunir en corps d'œuvres tous les ouvrages en prose et en vers de Claude Le Petit, qui est un écrivain spirituel, un poëte éloquent, un philosophe profond : en attendant, nous réimprimons ici le *Paris ridicule*, avec un commentaire historique, dans lequel nous nous sommes bornés à offrir les explications indispensables, en y ajoutant, comme pour les autres pièces qui composent ce volume, un grand nombre de précieuses notes que nous a fournies M. A. Bonnardot, le savant historien des anciens Plans et des anciennes Enceintes de Paris.

La pièce que nous avons placée à la suite de *Paris ridicule*, quoiqu'elle ait été faite quelques années auparavant, est intitulée : *La Ville de Paris en vers burlesques*, qui fut publiée pour la première fois en 1652, sous le nom du sieur Berthod, et dans plusieurs éditions subséquentes sous celui du sieur *Berthaud*. « Quel est ce sieur Berthaud? se dedemande Viollet-Le-Duc dans sa *Bibliothèque poétique* (page 504). Ne serait-ce pas le neveu du poëte, évêque de Séez, frère de madame de Motteville, l'auteur des Mémoires, et dont parle Tallemant des Réaux, comme faisant de mauvais vers ennuyeux et pleins de vanité, que l'on distingua à la cour par le nom de Bertaud *l'incommode*, d'un autre Berthaud, musicien soprano, que madame de Longueville avait surnommé Berthaud *l'incommodé?* »

Il est assez singulier, en effet, que l'auteur d'un poëme qui a été réimprimé plus de dix fois soit absolument inconnu; les biographes l'ont passé sous silence; l'abbé Goujet lui-même, toujours si bien informé, ne l'a pas même cité dans la *Bibliothèque françoise*. Nous avions cru devoir conclure de cette absence complète de renseignements sur ce poëte, que son nom, écrit de différentes manières (*Berthod*, *Berthaud*, *Berthauld* et *Bertaut*), n'était qu'un pseudonyme. Nous étions même disposés à reconnaître sous ce pseudonyme François Colletet, qui n'a voulu faire que la *Seconde partie de la Ville de Paris*, en composant son *Tracas de Paris* dans le même style et le même goût que le poëme burlesque de Berthod; notre supposition aurait eu d'autant plus de vraisemblance, que Colletet avait obtenu, dès l'année 1658, un privilége du roi pour continuer l'ouvrage de Berthod, et que ce fut lui sans doute qui donna cette année-là une édition nouvelle de cet ouvrage, avant de publier sa continuation en 1666, puisque Berthod est nommé *Berthaud* ou *Berthauld* dans toutes les éditions à partir de 1658. Mais, en dépit des analogies de naïveté ou même de platitude qui existent dans la poésie triviale et prosaïque de Berthod et de Colletet, nous avons fini par nous persuader que ces deux noms là représentaient bien deux poëtes différents, et qu'il fallait laisser à Berthod ce que nous voulions donner à Colletet, car Berthod a fait acte d'individualité poétique, en faisant paraître un autre poëme que celui de la *Ville de Paris;* ce poëme moins burlesque sans doute que le premier, porte pour titre : *Histoire de la Passion de Jésus-Christ*.

L'auteur de la *Passion de Jésus-Christ*, en vers français, est indubitablement l'auteur de la *Ville de Paris en vers burlesques* : les deux poëmes, malgré la divergence du sujet et du genre, ont entre eux des points de contact et de similitude étonnants ; ils ont été, d'ailleurs, publiés à peu près à la même époque et dans la même librairie, car la première édition de l'*Histoire de la Passion*, format in-12, a paru en 1655, chez J. B. Loyson, trois ans après la publication de la *Ville de Paris*. On peut donc établir avec certitude que ce dernier poëme a été rimé, comme le précédent, par le père Berthod, cordelier.

La première édition de la *Ville de Paris*, dont le privilége est délivré au sieur Berthod, à la date du 5 août 1650, avait vu le jour chez Jean-Baptiste Loyson et sa mère, veuve de Guillaume Loyson, en 1652 : elle forme un volume in-4°

de 3 feuillets et 97 pages, avec deux figures, dont la seconde, tirée au verso du troisième feuillet, porte le monogramme de François Chauveau. Elle fut réimprimée l'année suivante, même format, même nombre de pages, mêmes gravures. Ce poëme burlesque, tout mal écrit qu'il soit, eut un si grand succès, que la veuve et le fils aîné de Guillaume Loyson le réimprimèrent identiquement encore en 1655, et que les Elzeviers ne dédaignèrent pas de le contrefaire, en mettant le nom de l'auteur sur le titre ainsi conçu : *Description de la ville de Paris en vers burlesques* (Jouxte la copie à Paris, 1654, petit in-12 de 62 pages). Cet ouvrage, dont il y eut des éditions in-12 publiées par Jean-Baptiste Loyson, en 1658, 1660, etc., trouva plus de lecteurs et d'acheteurs que l'*Histoire de la Passion de Jésus-Christ*, que les Loyson réimprimèrent pourtant aussi en 1660.

On a lieu de croire que l'auteur était mort, puisque le libraire Antoine Raflé avait donné en 1665 une nouvelle édition de la *Ville de Paris*, augmentée de la *Foire Saint-Germain*, par Scarron (in-12 de 84 pages, y compris les liminaires), et que, sur le titre de cette édition comme sur celui des suivantes, publiées par le même libraire (sans date, 1666, 1669, etc.), le père *Berthod* est nommé le sieur *Berthaud*. La Bibliothèque Bleue de Troyes s'empara de ce poëme, que nous voyons imprimé en 1699 chez la veuve Oudot, sous la rubrique de Paris. Depuis cette édition troyenne, les éditions de Troyes, avec ou sans date, se succèdent si rapidement qu'il serait bien difficile de les énumérer ; car elles se ressemblent toutes par le format, le papier et les caractères, si ce n'est par les fautes d'impression, qui vont toujours s'empirant et se multipliant.

Nous n'avons pas eu de peine à donner un texte plus correct que celui de ces nombreuses éditions de Troyes, en recourant à la première édition qui peut passer pour avoir été revue par l'auteur, ou du moins sur son manuscrit. Nos annotations et celles de M. Bonnardot se rapportent à l'histoire physique et morale de Paris à cette époque ; car c'est là seulement ce qu'on peut aller chercher dans la poésie burlesque du père Berthod.

La *Foire de Saint-Germain*, par Scarron, dont la première édition, dédiée à Monsieur, est anonyme (Paris, Jonas Breguigny, 1643, in-4° de 19 pages), ne pouvait pas être séparée de la *Ville de Paris*, de Berthod, qu'elle accompagne presque toujours dans les anciennes éditions de format in-12, et dont elle se distingue par l'esprit, la gaieté et la malice qu'on rencontre invariablement dans les vers de Scarron.

Le *Tracas de Paris*, par François Colletet, est une suite encore plus naturelle de la *Ville de Paris*, de Berthod ; car Colletet avait rimé son poëme burlesque avec l'intention préméditée de continuer l'ouvrage de son devancier, qu'il s'efforçait d'imiter et qu'il surpassa quelquefois en niaiserie et en balourdise : peu de poëtes, il est vrai, surpassèrent François Colletet sous ce rapport. Son *Tracas de Paris* n'en est pas moins une pièce très-curieuse pour l'histoire des mœurs de la Capitale. « Comme recherches, comme écho de mœurs, dit Viollet-Le-Duc dans sa *Bibliothèque poétique*, ces sortes d'ouvrages ont un intérêt de curiosité, mais encore une fois ce n'est pas là de la poésie. » Ce n'est pas même du style français, mais c'est un précieux monument d'archéologie pittoresque, c'est un tableau de Paris au dix-septième siècle, plus naïf et aussi vrai que le *Tableau de Paris*, de Mercier, au dix-huitième.

La première édition, intitulée : *Le Tracas de Paris ou la seconde partie de la Ville de Paris*, parut à la suite du poëme de Berthod, dans la plupart des réimpressions de ce poëme ; mais la continuation de Colletet forme toujours une partie séparée, avec titre particulier. Cette première édition du *Tracas de Paris* est un volume petit in-12 de 6 feuilles préliminaires et 84 pages, *Paris, Antoine Rafflé*, 1666. Le privilége accordé à François Colletet, en date du 16 avril 1658, pour l'impression de ses *Muses illustres*, nous apprend que le *Tracas de Paris* devait faire partie de ce recueil des *Muses illustres*, dont Colletet n'a fait paraître qu'un seul volume (*Paris, Louis Chamhoudry*, 1658, in-12), composé de diverses poésies par différents auteurs. Antoine Rafflé réimprima plusieurs fois le *Tracas de Paris* jusqu'en 1689, et le rendit tellement populaire par ses éditions successives, que l'éditeur de la Bibliothèque Bleue, Oudot, libraire-imprimeur à Troyes, n'hésita pas à le faire entrer dans cette collection avec la *Ville de Paris*, de Berthod. Les deux poëmes burlesques se réimprimèrent aussi souvent et aussi incorrectement l'un que l'autre. Nous avons eu sous les yeux une édition de 1699, une autre de 1705, une autre de 1714, sans date, *à Troyes, et se vendent à Paris, chez la veuve Nicolas Oudot, rue de la Vieille-Bouclerie* (in-12 de 4 feuilles et 87 pages, avec une approbation signée Passart), etc.

Le continuateur du poëme burlesque de Berthod, François Colletet, n'est guère plus connu que Claude Le Petit ; les biographes nous fournissent peu de détails sur sa vie. Il a composé pourtant un grand nombre d'ouvrages en tous genres, mais ces ouvrages, dont aucun ne s'élève au-dessus du médiocre et du trivial, ne l'avait pas même fait connaître de ses contemporains, puisque Baillet l'a confondu avec son père Guillaume, en parlant d'un seul Colletet dans les *Jugements des savants*. Furetière avait fait la même confusion, dans un article de son Dictionnaire. C'est à regret que les éditeurs de Moreri ont accordé quelques lignes à François Colletet ; et l'abbé Goujet lui a consacré une courte notice, dans le tome XVI de la *Bibliothèque françoise*. Voici en quels termes Viollet-Le-Duc a résumé ce qu'on sait de la vie de ce Colletet, dans un article de sa *Bibliothèque poétique* : « François Colletet, fils de Guillaume, né à Paris en 1628, fut élève de son père, mauvais poëte, mais bon littérateur, qui composa pour François plusieurs traités compris dans son *Art poétique*. François fit sans doute peu d'honneur à son père, mais il fut reconnaissant. Laissons parler Tallemant des Réaux, dans son historiette de Guillaume Colletet : « Pour son fils, il l'a toujours pris pour quelque chose de merveilleux, et, dans l'élégie sur la naissance de M. le Dauphin, il l'offre à ce prince ; ce fils pourtant n'est qu'un *dadais*. Un jour, je ne sais en quelle compagnie, il lui dit : Saluez ces dames. Il les salua toutes, et puis il dit : Mon père, j'ai fait, etc. » François paraît avoir été militaire, car, fait prisonnier par les Espagnols en 1651, et conduit en Espagne, il y subit trois ans de captivité. Il vécut et mourut fort pauvre en

1672. Certes, dans la prodigieuse quantité de vers composés par François Colletet, il était bien facile de trouver matière à satire, et l'on regrette que Boileau ne se soit attaché qu'à la misère de ce malheureux. »

C'est dans sa première satire que Boileau a représenté la misère de Colletet, qui est restée proverbiale, grâce à ces deux vers :

> Tandis que Colletet, crotté jusqu'à l'échine,
> S'en va chercher son pain de cuisine en cuisine.

« Il y avoit ainsi dans la première édition, dit une note de Brossette relative à ce passage ; mais depuis, à la prière de M. Ogier, ami de Colletet, on mit *Pelletier* pour *Colletet*. « Jamais personne ne fut moins parasite, dit Richelet (*Traité « de la versification française*, page 146), que le bonhomme « Du Pelletier, lorsqu'il alloit se montrer en ville; c'étoit un « véritable reclus. » C'est pourquoi l'auteur ingénieux de la *Guerre des auteurs* (Guéret, avocat, qui a fait aussi le *Parnasse réformé*), a fait parler ainsi Du Pelletier dans un sonnet :

> On me traite de parasite,
> Moi, qui plus reclus qu'un hermite,
> Ne mangeai jamais chez autrui.
> O fatalité sans seconde !
> Faut-il qu'on déchire aujourd'hui
> Celui qui loue tout le monde ?

« Ce n'est que dans la dernière édition des satires, que M. Despréaux remit le nom de Colletet; et c'est François Colletet, fils de Guillaume, qu'il a voulu désigner : ils ont été poëtes tous les deux. Guillaume Colletet n'avoit laissé que des dettes à son fils, qui ne les paya jamais et qui vécut misérablement à la solde des libraires. »

Il faisait, pour gagner quelques écus, des traductions et des compilations; son goût dominant le portait vers la poésie, mais alors, comme aujourd'hui, la poésie ne nourrissait pas le poëte le plus sobre. Il était toujours, comme Boileau l'a dépeint, « crotté jusqu'à l'échine, » et il ne fréquentait guère que les cabarets, où il se trouvait en compagnie d'autres poëtes aussi gueux que lui, tels que Charles de Beys, Du Pelletier, Loret, etc. Il prenait gaiement son parti contre la misère, d'après les leçons et l'exemple de son père. Voici comment il a fait le tableau de sa détresse, dans son élégie bouffonne de la *Muse bernée* :

> Je languis, je gèle de froid ;
> En tous temps le mois de decembre
> Loge avec moy dedans ma chambre ;
> Je suis toujours, comme tu vois,
> Sans feu, sans chandelle et sans bois ;
> Toujours l'indigence m'accable...
> Mon sort est un sort déplorable...
> A tous momens je suis fantasque,
> Je cours nuit et jour comme un Basque,
> Je suis rêveur, pasle et defait.,
> Et peut-être fol en effet...

Le pauvre Colletet s'est peint lui-même d'après nature dans son *Tracas de Paris*, où nous le voyons apparaître avec toute sa candeur et toute sa bonhomie, mélangée parfois de finesse et de malice : il connaît les bons endroits où l'on boit et où l'on mange ; il s'arrête volontiers dans quelques-uns avec son compagnon de voyage, qui est aussi son compagnon de bouteille. Ce serait alors Charles Beys, dont il a fait l'épitaphe bacchique :

> Passant, celuy qui gît icy
> Fut un poëte sans soucy,
> Qui pratiqua de bonne grace
> Le precepte du bon Horace :
> « Boy, mange tout, aujourd'huy sain,
> Et moque-toy du lendemain. »

François Colletet, comme Beys, était un épicurien incorrigible, quoique d'ailleurs bon catholique ; il s'enivrait tant qu'il avait un écu dans sa bourse, mais il se gardait bien de faire l'esprit fort, de peur de se brouiller avec l'Église. Son poëme burlesque ne lui attira donc aucun fâcheux accident et lui rapporta plus d'argent que tous ses ouvrages à la fois.

Ce poëme, quoique souvent réimprimé du vivant de Colletet, ne nous a fourni aucune variante, car l'auteur ne corrigeait pas plus ses défauts littéraires que ses vices et ses mauvaises habitudes. Nous avons autant que possible éclairci et perfectionné le texte par la ponctuation, dont se souciait peu notre poëte *fantasque* et *rêveur*. Les notes de M. A. Bonnardot, ajoutées aux nôtres, viennent concourir à l'intelligence de ce texte souvent obscur ; elles complètent aussi beaucoup de détails historiques, consignés dans les mauvais vers de François Colletet, qui parcourait en observateur les rues de Paris, la nuit et le jour.

La satire de Boileau sur les Embarras de Paris, si connue qu'elle soit, nous a paru le complément nécessaire de cette description rimée de la Capitale, d'autant plus que la satire en question, imitée d'Horace et de Juvénal, plutôt que composée de sentiment et prise sur le fait, fut écrite à peu près au même moment, c'est-à-dire en 1664. Nous n'avions rien de mieux à faire que de conserver les notes de Brossette, qui servent d'éclaircissement à un petit nombre de vers de cette satire parisienne.

Enfin, les *Cris de Paris*, qui terminent ce volume consacré à l'histoire des mœurs parisiennes du dix-septième siècle, n'appartiennent pas à cette époque par la date de la première publication de ce vieux recueil en vers et en prose ; mais le dix-septième siècle s'était approprié en quelque sorte cette pièce du seizième, en la rajeunissant, en la modifiant et en l'augmentant. Nous savons aussi d'une manière irrécusable que les anciens cris de Paris s'étaient perpétués traditionnellement parmi le petit commerce des rues. Il devenait donc intéressant de connaître ces cris qui sont aujourd'hui presque oubliés. En réimprimant les *Cris de Paris*, nous avons réimprimé tout le recueil qui porte ce titre, d'après une édition de Troyes, très-fautive, mais par cela même plus importante, puisqu'elle nous représente fidèlement l'état d'une tradition orale qui s'était corrompue de bouche en bouche.

Cette édition des *Cris de Paris*, que nous avons reproduite en la corrigeant quelquefois, bien entendu, est une de ces innombrables impressions de Troyes, chez Pierre Garnier, 1714, in-16 de 78 pages. Mais le même recueil existe dans trois ou quatre éditions gothiques que nous avons laissées de côté, de propos délibéré, ces éditions offrant des variantes considérables, qui caractérisent une époque antérieure de la tradition populaire.

L'édition la plus ancienne que nous aurions pu consulter est ainsi décrite dans le *Manuel du Libraire :* « Les Rues et les Églises de Paris, avec la despense qui se fait chascun jour; le tour de l'Enclos de ladite Ville avec l'enclos du bois de Vincennes et les épitaphes de la grosse Tour dudit bois : qui la fonda, qui la parfist et acheva. Et, avec ce, la longueur, la largeur et la haulteur de la grant église de Paris, avec le blason de ladite Ville. Et aucuns des cris que l'on crie parmi la ville. *Sans lieu ni date*, in-4, gothique, de 10 feuillets, imprimé chez F. Auboyns vers 1520. » M. Brunet cite, en outre, une édition gothique, petit in-8 de 12 feuillets, sans date, avec le nom de Guichard Soquand, et une autre édition dans laquelle les cris de Paris, au nombre de cent sept, se trouvent en tête, *Paris, Nicolas Buffet*, 1549, in-8 de 16 feuillets. Ce livre a été réimprimé bien des fois depuis, et toujours avec des suppressions ou des changements, à Troyes ou à Paris.

Un pareil opuscule aurait pu donner matière à un volume de notes : nous nous sommes bornés à rédiger celles qui nous ont paru les plus utiles, avec l'aide de M. A. Bonnardot.

On s'étonnera peut-être de ne pas trouver, dans une collection de cette espèce, un autre livre, livre rare souvent signalé comme un des plus intéressants desiderata qu'on pût offrir aux bibliophiles parisiens ; nous voulons parler d'un recueil assez volumineux, intitulé : *Paris ou la description succincte de cette grande ville*, par un certain nombre d'épigrammes de quatre vers, chacune sur divers sujets, par Michel de Marolles (*sans nom de lieu*, 1677, in-4) ; mais ce volume ne renferme pas d'indications descriptives ou pittoresques ; ce sont seulement les archives des ordres religieux, péniblement et bizarrement rimées. François Colletet lui-même est un aigle auprès du digne abbé de Marolles, qui avait cru inventer la poésie mnémotechnique, et qui n'a fait en ce genre que des tours de force de ridicule et de niaiserie.

P. L.

LA
CHRONIQUE SCANDALEUSE
ou
PARIS RIDICULE

PAR

CLAUDE LE PETIT

LA
CHRONIQUE SCANDALEUSE
ou
PARIS RIDICULE

I [1]

Jadis Saint-Amant, par caprice,
Mit Rome en son plus vilain jour [2] ;
J'en veux à Paris, à mon tour :
Muse, ne fais point la novice ;
Mettons-nous dans un bon endroit ;
Ouvrons les yeux à gauche, à droit [3] :
Que tout passe par l'étamine !
N'épargnons ni places ni lieux,

---

[1] Cette strophe ne figure pas dans l'édition de 1668 ; mais, suivant le sieur de Blainville, qui a réimprimé le *Paris ridicule* en 1713, elle serait la première du poëme dans le *véritable manuscrit de l'auteur*, et elle se trouve écrite à la main dans un exemplaire de l'édition de 1668, provenant du duc de La Vallière. (Bibl. de l'Arsen.) Au reste, la réimpression de 1713 ne contient que cette seule strophe qui ne soit pas dans l'édition de 1668, laquelle offre en revanche trente-trois strophes que n'a pas données l'éditeur de 1713. Cette strophe nous paraît donc appartenir à Claude Le Petit, et nous n'avons pas hésité à la réintégrer ici, quoique les derniers vers reparaissent, altérés, dans la LXXXIXᵉ strophe de notre édition.

[2] Allusion au poëme de *Rome ridicule*, Caprice du sieur de Saint-Amant, publié d'abord sous le manteau, format in-4° et in-12, mais réimprimé ensuite dans les poésies de l'auteur.

[3] Pour : à droite, en vieux langage.

N'épargnons palais ni cuisine,
N'épargnons ni Diables [1] ni Dieux [2].

II

Loin d'icy, Muse serieuse,
Va-t'en chercher quelqu'autre employ !
Je n'ay aucun besoin de toy,
Tu ne peux m'estre que fascheuse :
Va-t'en, je seray satisfait !
En deux mots, tu n'es pas mon fait.
J'en veux quelqu'autre qui m'inspire
De quoy contenter mon desir,
Et par une bonne satyre
Estriller Paris à plaisir.

III

Va, dis-je, ou le diable te grate [3] !
Car je ne veux pas faire un vers
Sur tant de beaux sujets divers,
Que pour m'épanouïr la rate :
Je ne veux faire des placards,
Que pour les remplir de brocards ;
Qu'on rie ou jure, il ne m'importe ;
Qu'on n'y veuille pas consentir,
Je feray toujours de la sorte,
Quand je voudray me divertir.

IV

Viens donc à moy, Muse berneuse,
Non pas d'avoir chié sous toy,

---

[1] Les partisans, maltotiers et gens de loi. (De Bl.)
[2] Le roi, les ministres et autres grands seigneurs. (De Bl.)
[3] C'est-à-dire : ou bien que le diable te fasse sentir sa griffe !

Car je ne voudrois pas, ma foy,
Avoir pour guide une breneuse :
Mais, toy, qui sçais l'art d'abbaisser
Tous les plus fiers, et les gausser,
Par un trait de ta raillerie;
Fais que je puisse un peu berner
Celle qui a l'effronterie
D'oser même les Dieux braver [1].

V

Montrons que, si bien qu'on calcule,
On ne verra point sous les cieux
Aucun de tous les plus beaux lieux,
Que nous ne rendions ridicule [2].
De grâce, faisons un peu voir
Jusques où va nostre pouvoir,
Quand une fois on nous irrite :
Faisons enfin connoistre à tous
Que l'homme du plus grand merite
N'oseroit s'adresser à nous.

VI

Bernons cette vieille bicoque,
D'un vif et d'un picquant pinçeau :

---

[1] Nous croyons que ces trois derniers vers, évidemment altérés par le copiste, pourraient être rétablis ainsi :

> Fais que je puisse un peu baver
> Sur celle dont l'effronterie
> Ose même les dieux braver.

[2] L'exemple de Claude Le Petit, qui pour son malheur imita Saint-Amant, fut suivi par quelques autres poëtes, plus prudents que lui, car ils ne se firent pas connaître, en composant *Amsterdam ridicule*, sous le titre de *Description de la ville d'Amsterdam en vers burlesques*, par Pierre le Jolle (Amst., 1666, in-12); *Madrid ridicule*, attribué au sieur de Blainville, etc.

Voyons tout ce qu'elle a de beau,
Affin qu'avec toy je m'en mocque.
N'espargnons point ce beau Paris :
Je m'en gauberge et je m'en ris,
Je raille tout ce qu'il peut faire,
Et, s'il ne perd de son credit,
Dy hardiment, Muse severe,
Que c'est un sot qui te l'a dit?

VII

LE LOUVRE [1].

Vois, Muse, comme il nous decouvre,
Pensant nous éblouïr les yeux,
Ce grand bastiment neuf et vieux,

[1] L'abbé de Marolles, dans sa Description de Paris en quatrains, n'a pas oublié le Louvre, et, par extraordinaire, il en a fait une peinture qui mérite d'être mise en présence de celle du *Paris ridicule*, ne serait-ce que comme contraste.

> Le Louvre, dans Paris, est une ville entiere :
> C'est un grand bastiment pour le logis du Roy,
> Qui demeure imparfait, je ne sçay pas pourquoy,
> Car le Roy peut tout faire en diverse maniere.
>
> Cet auguste Palais a son architecture
> D'ordre corinthien du bas jusques en haut ;
> Il seroit mal aisé d'en dire aucun defaut,
> Sans sçavoir le dessein d'une telle structure.
>
> Par un long Promenoir, il joint les Tuileries,
> Autre palais pompeux qui n'est pas achevé,
> Sinon dans la façade où regnoit un pavé
> Devant ce grand chasteau le long des ecuries.
>
> Aujourd'huy tout est pris avec le grand espace
> Qui fait avec le reste un jardin spacieux,
> Où l'on voit des jets d'eau qui sont prodigieux,
> Des parterres de fleurs contre mainte terrace.
>
> Une autre Galerie egale à la premiere,
> D'une longueur extreme, enfermera partout
> Plusieurs cours et chasteaux, de l'un à l'autre bout,
> Sans le Jardin royal dans son idée entiere.

Qu'on appelle aujourd'huy le Louvre [1] ?
Vois-en les murs si mal rangez,
Par l'antiquité tous rongez [2] ?
Ces chambres, cette Galerie [3] ?
C'est là que dame Volupté
Fait une infame fripperie
Des juppes de grand'qualité [4].

VIII

Vois sur cette aisle-cy l'ardoise [5]

[1] Lorsque Claude Le Petit composa son *Paris ridicule*, le Louvre présentait un pêle-mêle confus de bâtiments de toutes les époques ; on y voyait une grosse tour de Philippe-Auguste et plusieurs vieilles tours du manoir de Charles V, à côté du palais magnifique commencé, sous François Ier et Henri II, d'après les plans de Pierre Lescot; continué par Androuet Du Cerceau et par Dupérac, architectes de Charles IX et de Henri IV, et augmenté par Jacques Le Mercier pendant le règne de Louis XIII. Mais aucun travail d'ensemble n'avait été fait encore, quoique projeté plusieurs fois, pour mettre d'accord entre elles toutes les parties du Louvre qui devaient être conservées. C'est dans les dessins d'Israel Silvestre qu'il faut voir l'aspect du Louvre en 1660. Mais nous ne pouvons mieux faire que de renvoyer le lecteur au Catalogue raisonné de toutes les estampes qui forment l'œuvre d'Israel Silvestre, par M. L. E. Faucheux (Paris, 1857, in-8).

[2] On voit, en effet, dans les estampes gravées par Perelle d'après les dessins de Silvestre, d'anciennes murailles couvertes de mousse et de lierre.

[3] *Voy.* l'estampe d'Israel Silvestre, intitulée : « Veue et perspective de la Galerie du Louvre, dans laquelle sont les Portraus (sic) des Roys, des Reynes et des plus illustres du Royaume. » M. Faucheux dit, en décrivant cette pièce dans son Catalogue : « Cette vue a été prise avant que la Galerie fût brûlée, ce qui arriva en 1661 ; elle fut rebâtie depuis sous le nom de Galerie d'Apollon. »

[4] Les six strophes précédentes manquent dans la réimpression de 1713.

[5] Dans la réimpression de 1713, cette strophe est un peu différente :

> Louvre, couvert moitié d'ardoise
> Et moitié couvert de vieux plomb,
> D'où vient qu'on voit ce pavillon
> Plus court que l'autre d'une toise?

Et sur cette autre-là le plomb [1] ;
Regarde un peu ce pavillon
Plus court que l'autre d'une toise [2] ;
Admire ces compartimens,
Ces reliefs, ces soubassemens,
Cette façade et ces corniches :
Rien n'y manque, hormis d'y graver
Au-dessous de toutes les niches :
Maisons à loüer pour l'hyver [3].

IX

LES COURTISANS.

Ces beaux Messieurs qui se promeinent
Dans cette cour autour de nous,
Sont-ils exempts de ton courroux ?
Regarde comme ils se demenent [4] !

> J'admire vos compartimens,
> Vos reliefs, vos soubassemens,
> Votre façade et vos corniches :
> Rien n'y manque, horsmis de graver
> Au-dessus de toutes vos niches :
> Maison à louer pour l'hyver.

[1] La Chronique scandaleuse dit qu'une partie de ce Palais fut couverte de plomb qui avoit déjà servi. Les bâtimens qui composent le Louvre ont été élevés par plusieurs Rois sur de différens modèles ; de là vient cette inégalité. Au reste, la façade de ce Palais passe pour la plus magnifique de l'Europe. (De Bl.) — A l'époque où cette satire fut composée, vers 1661 ou 1662, la construction de la grande façade n'était pas encore commencée, d'après les plans de Claude Perrault.

[2] Ce pavillon, *plus court que l'autre d'une toise*, est sans doute celui qui regardait le quai et qui avoisinait la galerie dite d'Apollon, moins haut que celui à dôme quadrangulaire qui s'élève au-dessus de l'aile de l'ouest. (A. B.)

[3] Parce que la Cour n'y demeure plus, comme elle faisoit sous les autres Rois de France. (De Bl.)

[4] Variante de la réimpression de 1713 :

> Muse, voi comme ils se demenent !

Ces honorables espions,
Ces attrapeurs de pensions,
Qui vont debitant la nouvelle [1],
Meritent bien je ne sçay quoy;
Mais comment leur faire querelle?
Ils sont sur le pavé du Roy [2].

X

LES CHEVALIERS DU SAINT-ESPRIT.

Disons donc un mot de ces autres
Qui font, ensemble en peloton,
Bande à part dedans ce canton :
Disent-ils là leurs patenôtres?
Ces venerables Cordons bleus
Font bien, avec leurs habits neufs,
Les fiers, parmy ces hallebardes ;
Ont-ils peur, ces sires nouveaux,
Que le diable emporte leurs hardes,
Qu'ils font des croix à leurs manteaux [3]?

XI

LE ROY.

Sur cette espineuse matiere,

---

[1] Variante de la réimpression de 1715 :

Qui debitent là la nouvelle.

[2] Il est défendu, sous de très-rigoureuses peines, de se quereller dans les Maisons royales : y tirer l'épée est un crime capital, et le Roi fait exécuter ses Edits avec trop de rigueur, pour que quelqu'un ose y contrevenir. Il n'a jamais pardonné à aucun qui se soit battu en duel, de quelque qualité ou condition qu'il pût être ; et c'est à cela que le poète fait allusion. (De Pt.)

[3] Cette strophe, qui fait allusion à la grande création de soixante-

N'en disons guere, et qu'il soit bon ;
J'apperçois Loüis de Bourbon.
Gaignons la porte de derriere ;
C'est un très-digne Souverain ;
De plus, il est sur son terrain.
Malheur à qui le scandalise !
J'ay des pensers bien differens [1] :
S'il est Fils aisné de l'Eglise,
Mazarin [2] est de ses parens [3].

XII

Les monarques ont les mains longues :
Ils nous attrapent sans courir,
Et n'aiment point à discourir
Avec un peseur de diphthongues ;
Dieu nous garde de celuy-cy,
Particulierement icy ;
Nos lauriers seroient inutiles...
Tirons donc nos chausses d'un saut !
S'il prend les gens comme les villes [4],

deux chevaliers du Saint-Esprit en 1661, nous donne à peu près la date exacte de la composition de ce poëme. Elle manque dans la réimpression de 1715.

[1] Variante de la réimpression de 1715 :

    Avec lui point de different.

[2] Le cardinal Mazarin, qu'on a voulu faire mal à propos père du Roi, ne s'établit en France que sur la fin du règne de Louis XIII, et après que la Reine eut eu des enfans. On cherche toujours du mystère dans des événemens auxquels on ne s'étoit point attendu. (De Bl.)

[3] Variante de la réimpression de 1715 :

    Le cardinal est son parent.

[4] Le sieur de Blainville, en publiant ce poëme d'après un manuscrit du temps, en 1715, ignorait absolument à quelle époque il avait été composé, car il croit expliquer ce vers par une note que

Nous serions bientost pris d'assaut[1].

XIII

LA CHAPELLE DU LOUVRE.

Tous les Limousins de Limoge
Ont-ils icy leurs rendez-vous ?
Bonté divine, où sommes-nous ?
Me prend-on pour un Alobroge ?
J'enrage tout vif en ma peau :
Cette Rotonde[2], au plat coupeau[3],

nous conservons comme un témoignage de sa négligence d'éditeur :
« Ce Poëme fut composé vraisemblablement l'an 1672, lorsque le
Roi fit la guerre aux Hollandois : il prit alors en un mois plus de
trente villes. On voit une médaille, et aux Gobelins une tapisserie,
où douze des plus fortes places de la Hollande sont représentées
en forme de Zodiaque autour du char du Soleil sous la figure du
Roi, avec ces mots : *Solisque Labores.* »

[1] Claude Le Petit, dans cette strophe et dans la précédente,
semble vouloir dire que le jeune roi avait des habitudes honteuses, conformes aux goûts italiens du cardinal. C'est probablement
une calomnie, mais on voit qu'elle avait cours dans le monde, et
il faut la rapporter plus ou moins directement à la fameuse anecdote du bain, racontée dans les *Mémoires* de La Porte, valet de
chambre de Louis XIV ; anecdote qui laisserait entendre que le
cardinal avait osé indignement attenter à la personne royale.
Après la mort de Mazarin, La Porte eut l'audace d'écrire à la reine
mère : « Je donnai avis à Votre Majesté, à Melun, en 1652, que le
jour de la saint Jean, le roi, dinant chez M. le cardinal, me commanda de lui faire apprêter son bain sur les six heures dans la
rivière, ce que je fis, et le roi, en arrivant, me parut triste et plus
chagrin qu'à son ordinaire ; et, comme nous le déshabillions, l'attentat manuel qu'on venait de commettre sur sa personne parut
si visiblement, que Bontemps père et Moreau le virent comme
moi. »

[2] L'auteur désigne sans doute le pavillon du milieu, couvert
d'un dôme quadrangulaire, aplati au sommet (*coupeau*) et formant une plate-forme carrée. (A. B.) — C'est, en effet, le gros
pavillon, dit aujourd'hui pavillon de l'Horloge, lequel fut bâti par
Jacques Le Mercier, architecte de Louis XIII, et décoré de sculptures par Sarrasin ; il renfermait la chapelle.

[3] Le Panthéon, bâti par Agrippa, gendre d'Auguste, est appelé,

Est-elle là pour braver Rome ?...
Personne ne me répond rien ?
J'aimerois autant voir un homme
Dire : « Le Roy n'est pas chrestien [1] ! »

XIV

Mais, dans nostre juste saillie,
Espargnons la case du Roy [2] ;
Chacun fait ce qu'il peut chez soy :
La France n'est pas l'Italie [3].
Maintenant que dedans Paris
Les logis sont fort rencheris [4],
Chacun dans son giste tient ferme,

---

*. Rome, la *Rotonde*, à cause de sa figure ronde; c'est le monument antique le plus entier que l'on y voie. (DE BL.)

[1] Variante de la réimpression de 1715 :

> Dire que Dieu n'est pas chrétien.

[2] Variante de la réimpression de 1715 :

> Mais poursuivons notre saillie,
> Sans narguer la caze du Roi.

[3] Il y a là une botte aux Italiens sur le mot de Rotonde. (DE BL.) — La *botte aux Italiens* concerne la morale et non l'architecture ; voyez, dans le pamphlet intitulé : *La France devenue italienne* (à la suite de l'*Histoire amoureuse des Gaules*, édition de la Bibl. Gauloise), quel était le déplorable état des mœurs à la cour de France. Le Louvre servait de lieu d'asile à d'abominables débauches, que favorisaient des hommes dépravés, que Sorel appelle dans son *Francion* (livre VIII) les *volontaires du Louvre*. Cette tache resta longtemps imprimée sur le front du vieux palais de nos rois. Le 2 novembre 1701, le comte de Pontchartrain écrivait au lieutenant de police : « Le roi a esté informé que les cours du Louvre servent aux usages les plus infames de prostitution et de débauche. » (*Corresp. administr. sous le règne de Louis XIV*, publiée par Depping, t. II, p. 795.)

[4] Après la Fronde, les loyers des maisons de Paris avaient été augmentés par les propriétaires, à ce point que le Parlement dut intervenir pour arrêter cette hausse progressive qui menaçait de compromettre la paix et la prospérité publiques.

Et peut-estre est-il en prison [1],
Afin de s'épargner le terme
Qu'il payeroit d'une maison.

XV

LES TUILERIES.

Pour ne fausser pas compagnie
Pourtant par un trait trop soudain [2],
Allons faire un tour au Jardin,
Depeschons sans ceremonie :
Qu'il est beau, qu'il est bien muré [3] !
Mais d'où vient qu'il est separé,
Par tant de pas, du domicille [4] ?
Est-ce la mode, en ces sejours [5],
D'avoir la maison à la ville,
Et le jardin dans les fauxbourgs [6] ?

[1] Variante de la réimpression de 1713 :

    Et tel est peut-être en prison.

[2] Variante de la réimpression de 1713 :

    Pour ne point fausser compagnie
    Par un trait trop brusque et soudain.

[3] Variante de la réimpression de 1713 : Œuvré.

[4] Variante de la réimpression de 1713 : *En cette cour*, rimant avec : *le Fauxbourg*.

[5] Du vieux Louvre et du Palais Royal où logeoit autrefois la Cour. (De Bl.)

[6] Le jardin des Tuileries, bien différent de ce qu'il est aujourd'hui, n'avait pas une étendue aussi considérable et se trouvait séparé du château de Catherine de Médicis par une rue qui régnait le long du palais et venait aboutir près du Pont-Royal. Il avait été, dans l'origine, orné de fontaines, de statues et de rocailles, par Bernard de Palissy; mais il était alors fort négligé, quoiqu'on y vît encore un étang, un bois, une volière, une orangerie, des parterres, un écho et un labyrinthe. Le roi n'y venait jamais, et l'on ne se souciait pas de faire des dépenses pour l'entretien de ce jardin abandonné. Voy. dans l'œuvre de Silvestre, décrit par M. Faucheux (p. 94, 98, 177 et 179 de son Catalogue), plusieurs estampes qui représentent l'état de ce jardin en 1660.

XVI

Mode ou non, il passe à la monstre ;
Qu'importe-t-il comme il soit fait !
Quand on n'a pas tout à souhait,
Il faut prendre ce qu'on rencontre.
Il en est de moindres ailleurs,
Et si les prez avoient des fleurs,
Les fontaines un peu d'eau claire,
Quelques poissons dans les estangs,
On en pourroit encore faire
Un joly clos, avec le temps [1].

XVII

LA PLACE DU CARROUSEL.

Cirque de bois à cinq croizées,
Barbouillé d'azur et d'orpin,
Amphitheatre de sapin,
Fantôme entre les Colizées [2],
Manege de Pantagruel [3],

---

[1] Cette strophe manque dans la réimpression de 1713.

[2] Cette décoration de la place fut refaite en partie et repeinte à l'occasion de la fête chevaleresque que Louis XIV y donna, les 5 et 6 juin 1662, en l'honneur de sa maîtresse, mademoiselle de La Vallière. Cet emplacement servait déjà, sous le règne précédent, aux quadrilles ou carrousels de la cour. Le roi fit représenter tous les détails du Carrousel de 1662, dans une suite de belles gravures exécutées d'après les dessins de Chauveau, Israel Silvestre, Rousselet, etc., et réunies en 1670 sous ce titre : *Courses de testes et de bagues faittes par le roi et par les princes et seigneurs de sa cour en l'année* 1662, avec un texte par Ch. Perrault, in-fol.

[3] Le Manége du roi, qui a subsisté jusqu'à la Révolution, occupait l'extrémité nord de la cour actuelle des Tuileries. C'est sous le nom de *Pantagruel* que Louis XIV est souvent désigné dans les écrits satiriques de son temps.

Belle place du Carrouzel[1],
Faite en forme d'huistre à l'escaille :
Quoy qu'on en dise, on vous voit là[2];
Un habit de pierre de taille
Vous sieroit mieux que celuy-là.

XVIII

LA GRANDE ESCURIE.

Grande Escurie[3], en ce grimoire
Chacun sçaura ce que tu vaux :
Tu n'as que cinq ou six chevaux ;
Les autres sont-ils allez boire ?
Non, taisez-vous, dame Alizon[4] !
Contre le Prince, sans raison,
Vous tournez tout en raillerie ;
Qu'importe à ce grand Potentat,
Qu'il en ait dans son escurie ?
Il en a tant dans son Estat[5].

---

[1] Elle fut nommée ainsi à cause du Carrousel qui s'y fit pour la naissance du Dauphin. On l'appelle présentement la *Place du Louvre*, et les choses ont fort changé à son égard depuis ce temps-là. (DE BL.)

[2] Variante de la réimpression de 1713 :

  Quoi qu'on en dise, vous voilà.

[3] La Grande Écurie était située entre la rue Saint-Honoré et le palais des Tuileries, sur l'emplacement actuel de la rue des Pyramides. « C'est, dit Piganiol, un vieux bâtiment qui n'est en rien comparable aux écuries superbes que Louis XIV a fait bâtir à Versailles ; au-dessus de laquelle est une figure de cheval qui est très-mutilée : elle est de maître Paul Ponce, sculpteur florentin. »

[4] Personnage d'une comédie de Discret, imprimée en 1637 et dédiée par l'auteur aux jeunes veuves et aux vieilles filles. Alizon était devenu le type proverbial de la petite bourgeoise bavarde et curieuse.

[5] Les manières des François paroissent un peu trop libres aux autres nations, surtout aux Italiens, qui les appellent, à cause de cela : *Matti da Cavallo* et *Mezzo-Matti*. (DE BL.)

XIX

LES QUINZE-VINGTS[1].

Hospital plein de testes creuses,
Où les borgnes sont des soleils,
Où tous les objets sont pareils
Et les lumieres tenebreuses.
Que ton illustre fondateur[2],
Loin d'aller, pour le Redempteur,
Perdre sa vie et sa pecune,
Eust fait de miracles divins,
S'il eut enrolé la Fortune
Au nombre de ses Quinze-Vingts !

XX

LE PALAIS ROYAL.

Icy demeuroit Maistre Griffe[3],
Dit Jean Armand de Richelieu,
En son tems quasi Demi-Dieu,
Demy-Prince et Demy-Pontife :
Vois-tu ce merveilleux Chapeau[4],

---

[1] L'hôpital des Quinze-Vingts, qui a subsisté jusqu'à nos jours dans l'endroit même où il avait été fondé en 1254, était situé dans la rue Saint-Honoré, au bout de la rue Saint-Nicaise et en face de la petite rue du Rempart.

[2] Louis IX, qui fonda les Quinze-Vingts pour trois cents pauvres aveugles, entreprit deux croisades, afin de délivrer le tombeau du Christ ; la première se termina par sa défaite et sa captivité ; la seconde, par sa mort devant Tunis. Ces deux voyages d'outre-mer ruinèrent la France.

[3] C'est par saubriquet le cardinal de Richelieu. (*Note de l'édit. de* 1668.)

[4] Dessus la porte du Palais Royal sont les Armes du Cardinal de Richelieu qui le fit bâtir, c'est-à-dire trois chevrons avec un Chapeau de Cardinal, et plus bas on voit encore une fois ce Chapeau avec ce chiffre A. R. (DE BL.) — Parmi les vues anciennes du

Qui nageoit sur terre et sur l'eau [1],
Au frontispice de l'ouvrage ?
C'est luy qui fit tous ces travaux.
La belle maison ! C'est dommage
Qu'elle n'ait des pots à moineaux [2].

Palais Cardinal, la plus détaillée est celle gravée par La Boissière en 1679. L'arc de la porte d'entrée (côté de la place) est en plein cintre ; dans le tympan est une proue, vue de face (allégorie à la prise de la Rochelle), et au-dessus, dans la clef de voûte de l'arc, on distingue un chapeau de cardinal. Il reste encore des proues sculptées sous la galerie orientale du palais. (A. B.)

[1] Au siége de la Rochelle, le Cardinal de Richelieu fit la charge d'Amiral, et, lors qu'il fallut faire-lever le siége de Cazal, il se fit déclarer Lieutenant Général de là les monts. On voit, dans les murailles de ce Palais, des figures d'ancres et de proues de navires. Il étoit cardinal, amiral, surintendant des Finances, premier ministre, ou, pour mieux dire, Roi : car Louis XIII ne l'étoit qu'en peinture ; aussi, dès que ce bon prince fut mort, quelque satirique lui fit cette Epitaphe :

> Ci-gît le Roi notre bon Maitre,
> Qui fut vingt ans valet d'un Prêtre.

Epitaphe bien salée par rapport à un Roi de France et à un Cardinal de Richelieu. (DE BL.)

[2] Israel Silvestre a dessiné et gravé, en 1654, la vue et perspective du Palais Cardinal, du côté du jardin, ainsi que la vue de la grande Galerie de ce palais. (*Voy.* le Catalogue de son œuvre, par M. Faucheux, p. 160.) Le Palais Cardinal, qui a depuis entièrement changé d'aspect, avait été construit par le célèbre architecte Jacques Le Mercier, sans aucun plan d'ensemble, et présentait, du côté de la rue Saint-Honoré, une façade irrégulière et mesquine, qui n'annonçait pas une résidence royale ; aussi, Louis XIV céda-t-il ce palais à son frère, Philippe d'Orléans. L'abbé de Marolles, dans sa Description de Paris en quatrains, consacre huit vers au Palais Cardinal :

> Le Palais de Monsieur sur une grande Rue
> Que bastit en son temps un fameux demy-Dieu,
> L'eminent Cardinal et Duc de Richelieu,
> Est un ouvrage exquis en beaucoup d'étendue.
>
> Là plusieurs grands logis donnerent cet espace,
> Pour le mettre en l'estat qu'on le voit maintenant,
> Avecque ses jardins, son Rondeau surprenant,
> Ses Promenoirs, ses Cours, ses Theatres, sa Place.

XXI

BUTTE SAINT-ROCH.

Dieu vous garde de malencontre,
Gentille Butte de Saint-Roch [1] !
Montagne de celebre estoc [2],
Comme votre croupe se montre ?
Oüy, vous arrivez presque aux cieux,
Et tous les geants seroient Dieux,
S'ils eussent mieux appris la carte,
Et mis, dans leur rebellion,
Cette butte-cy sur Montmartre,
Au lieu d'Osse sur Pelion [3].

XXII

Mais nous nous enfonçons trop viste
Dans les sables et dans les champs ;
Quoy que les chemins soient meschans,
Regagnons l'Histoire et le giste ;
Ne nous rebutons pas si tost,
Courage ! Nous voilà bientost
Auprès du galletas de Jule,
Qui, las du nom de cardinal,

---

[1] La *Butte Saint-Roch* ou des Deux-Moulins n'existait plus, ou du moins avait été presque totalement aplanie, en 1670. Le quartier conserve encore une pente qui indique l'étendue de sa base primitive. L'abaissement de la Butte fut ordonné, par arrêt du 15 septembre 1667. Elle figure en élévation sur des vues générales de Paris par Math. Mérian, Collignon, etc., et sur tous les plans antérieurs à 1670. La plus exacte configuration me paraît être celle qu'en offre le plan de Gomboust (1652). (A. B.)

[2] Origine. Cette Butte était formée de gravois et d'immondices.

[3] La Fable raconte que les Titans entassèrent des montagnes pour escalader l'Olympe, et, comme le dit Virgile (*Georg.* I) :

Ter sunt conati imponere Pelio Ossa.

A force de ferrer la mule ¹,
A pris ² celuy de Mareschal.

XXIII

LE PALAIS MAZARIN.

La maison est assez jolie,
Et la cage vaut bien l'oiseau;
Que le voisinage en est beau !
Il me semble estre en Italie ³ ;
Il me chagrine seulement
Que derriere celle d'Armand ⁴
Elle soit de cette maniere ;
Mais je m'estomaque de rien :
S'il est logé sur le derriere,
N'est-il pas un Italien ⁵ ?

---

¹ Pendant les guerres de Paris, les Frondeurs et autres ennemis du Cardinal l'accusoient d'avoir envoyé en Italie plusieurs mulets chargés d'or et d'argent. (De Bl.)

² Variante de la réimpression de 1713 : Porta.

³ Il y a de très-belles maisons à l'entour de ce Palais, qui est bâti à l'italienne, soit pour le dehors, soit pour le dedans, étant rempli d'un très-grand nombre de tableaux et statues d'Italie d'un très-grand prix. Le duc Mazarin, bigot furieux s'il en fut jamais, a fait gâter et mutiler quantité de ces tableaux et statues, pour en couvrir les nudités. (De Bl.) — Tout le monde sait que la Bibliothèque impériale est installée aujourd'hui dans les bâtiments du palais du cardinal Mazarin, dont la façade, sur la rue Vivienne, vient d'être restaurée, ainsi que celle qui regarde la rue des Petits Champs. (*Voy.* l'admirable ouvrage de M. le comte Léon de Laborde, intitulé : *Le Palais Mazarin.*)

⁴ C'est-à-dire : derrière le Palais Cardinal.

⁵ Un capitaine Suisse, se promenant dans Vincennes et voyant le tombeau du cardinal de Mazarin, y écrivit :

> Ci gît un Poucre d'Italie,
> Qui mi cassi mon Compenie. (De Bl.)

XXIV

L'HOSTEL DE BOURGONGNE [1].

Celebre Theatre, où dix Garces
D'intrigues, avec dix Cocus [2],
Donnent autant de coups de ...
Qu'elles representent de farces [3] :

[1] C'étoit autrefois l'hôtel des anciens ducs de Bourgogne. Ils y logèrent ce qu'on appelloit anciennement des Jongleurs, et des Pélerins revenant de visiter la Terre-Sainte, qui, par un zèle mal entendu, jouoient dévotement la Passion de Notre-Seigneur Jésus-Christ, en style moitié grave, moitié burlesque. Les Comédiens y ont ensuite représenté leurs pièces de théâtre pendant fort longtemps ; et, en dernier lieu, les Italiens, qui furent chassés pour des raisons trop longues à rapporter. (DE BL.) — Le théâtre de l'Hôtel de Bourgogne, situé dans la rue Françoise, avait été ouvert sans interruption depuis 1547, et la Confrérie de la Passion y avait donné des représentations, en vertu de ses anciens priviléges, jusqu'au commencement du dix-septième siècle. Ce fut à la fin du règne de Louis XIII, que la troupe de l'Hôtel de Bourgogne se plaça sous la protection immédiate du roi et que les comédiens s'intitulèrent : Comédiens de Sa Majesté. On a lieu de s'étonner que Claude Le Petit, en parlant de ce *célèbre théâtre*, ait passé sous silence les autres troupes alors établies à Paris, notamment celle des Comédiens de Monsieur, qui jouait à la salle du Petit-Bourbon sous la direction de Molière ; celle des Comédiens du Marais, au théâtre de l'Hôtel d'Argent, rue de la Poterie ; celle des Comédiens de Mademoiselle, etc.

[2] A cette époque, la plupart des comédiens et des comédiennes se mariaient entre eux, sans mener pour cela une vie plus régulière. Ceux qui composaient la troupe de l'Hôtel de Bourgogne, en 1661, étaient Robert Guérin, dit *Gros Guillaume*, Floridor, Hugues Guérin, dit *Gaultier Garguille*, Pierre Le Messier, dit *Bellerose*, Beauchâteau, Jodelet, L'Espy, Lenoir, etc.

[3] On représentait encore des farces aussi indécentes que celles qui, dans le siècle précédent, avaient provoqué des mesures répressives de la part du Parlement de Paris. Ces farces, très-joyeuses et très-*récréatives*, servaient d'accompagnement à la grande pièce, tragédie ou comédie ; elles n'ont pas été recueillies ni même imprimées.

Vieil Jeu de paume deguisé [1],
Bordel public royalisé,
Hostel, dans cette estrange terre,
Si de toy seul je dis du bien,
C'est à la charge qu'au parterre
J'entreray desormais pour rien [2].

XXV

LA HALLE.

Nous ne sçaurions nous en desdire,
Il faut passer par ce marché,
Et, bien ou mal enharnaché,
Dire en passant le mot pour rire ;
Je suis dans la plus belle humeur
Qu'aye jamais esté Rimeur,
De berner cette Foire immonde [3] :
Mais, quand j'en dirois haut ou bas
Les plus belles choses du monde,
Personne ne m'entendroit pas.

---

[1] La plupart des théâtres, à cette époque, avaient été des jeux de paume et pouvaient au besoin être rendus à leur ancien usage; aussi bien, en ce temps-là, les jeux de paume étaient construits comme des théâtres, avec deux ou trois rangs de grandes loges, où les spectateurs s'entassaient, pour suivre des yeux avec intérêt les péripéties de ce jeu que tout le monde aimait, les gens du peuple comme les gens de cour.

[2] Le prix d'entrée au parterre de l'Hôtel de Bourgogne était alors de quinze sols, comme on l'apprend de ces vers de Boileau (satire IX), composés en 1667 :

>Un clerc, pour quinze sols, sans craindre le hola,
>Peut aller au parterre attaquer Attila.

[3] Variante de la réimpression de 1713 :

>Où l'on ait jamais vû rimeur,
>De louer cette Foire immonde.

XXVI

Fut-il jamais clameurs pareilles[1] ?
Si le ciel n'a pitié de moy,
Je deviendray sourd, par ma foy,
En despit de mes deux oreilles :
Chacun parle et nul ne répond,
Chacun se mesle et se confond[2],
Tout marche, tout tourne, tout vire :
Après cela, Pere Eternel !
Qui ne croira, dans cet Empire,
Le mouvement perpetuel ?

XXVII

Tous ces petits thrones de toille
Où pendent tant de panonceaux,
N'expriment pas mal sur les eaux,
La flotte d'Espagne à la voille ;
Que de cercles et de pacquets !
Que de laques[3] et de baquets !
Et que de barques à dos d'arche !
Un Camp ne fut mieux retranché,
Et tant plus dans ce lieu je marche,
Moins je le prends pour un marché !

---

[1] Vieux chapeaux à vendre ! Les vendeuses de ce quartier sont assez connues sous le nom de Harangères des Halles. (DE BL.) — *Voy.* ci-après, à la fin de ce volume, dans les *Cris de Paris*, ceux qu'on entendait aux Halles.

[2] Variante de la réimpression de 1713 :

L'on n'entend rien, l'on se confond.

[3] Il faut sans doute lire : *bacques* ou *baches*, baquets, auges, vaisseaux en bois.

XXVIII

C'en est un pourtant, je me trompe ;
Je le conois bien maintenant ;
Car j'y vois tromper le manant
Avec magnificence et pompe ;
Je vois vendre, à l'entour de moy,
Sans police et sans bonne foy,
A faux poids et fausse mesure ;
Je vois maquignoner chacun ;
Je suis à my jambe en l'ordure ;
Je n'en doute plus, c'en est un [1] !

XXIX

A la bonne heure pour la France,
A la bonne heure aussi pour nous ;
Pourveu que Messieurs les Filous
Ne nous lanternent point la gance [2].
Ça, rions-en tout nostre soul...
Mais non, ne faisons point le fou,
Retirons-nous, et, sans satire,
Faisons place à qui veut rester :
On ne vient pas ici pour rire,
On n'y vient que pour achetter.

XXX

LE PILLORY.

Deschargeons icy nostre flegme

---

[1] Cette strophe et la précédente ne se trouvent pas dans la réimpression de 1713.

[2] Ce quartier étoit autrefois fort fréquenté par les Filoux, qui y coupoient bien des bourses. (DE BL.)

Dessus ce chilindre pourry [1] :
Ce Gibet, nommé Pillory,
Merite bien un apophtegme :
Quoy qu'il soit en estat piteux,
Il fait voir à ce Siecle honteux,
Qu'on faisoit autrefois justice ;
Et conclud enfin contre luy,
L'ayant privé de son office,
Qu'on ne la fait plus aujourd'huy [2].

XXXI

LES PILIERS DES HALLES. LES FRIPIERS.

Tandis que j'ay la verve rogue,
Point de quartier à ces gens-cy ;
Voilà l'enfer en racourcy ;
C'est-à-dire, la Synagogue :
Hé quoy ! Fripiers rabinisez !
Seigneurs Chrestiens judaïsez [3] !
Osez-vous bien icy paroistre ?
Engeance de Mathusalem,
Juifs baptisez, croyez-vous estre
Encore dans Hierusalem ?

---

[1] Variante de la réimpression de 1713 :

Sur ce vieux cylindre pourri.

[2] Les exécutions au Pilori des Halles n'étaient plus aussi fréquentes qu'autrefois, mais on y voyait encore, de temps à autre, exposer et *pilorier* des banqueroutiers, des vendeurs à faux poids, des blasphémateurs, des courtiers de débauche et surtout des *maquerelles*, qu'on y conduisait assises à rebours sur un âne et qu'on fustigeait publiquement.

[3] Variante de la réimpression de 1713 :

Seigneurs Juifs christianisés.

XXXII

Le Talmud est-il à la mode
La Bible des Parisiens?
Les François sont-ils Pharisiens,
Et dessous le regne d'Herode?
L'Egypte a-t-elle dans Paris
Mis la Cabale à si haut prix,
Qu'en la France on endure un schisme?
O honte des hommes de bien!
Qui croiroit que le Judaïsme
Fut dans un pays si Chrestien[1]!

XXXIII

Mais mon feu prend trop grande amorce[2],
Muse, politique par tout :
Lorsqu'on pousse les gens à bout,
Leur desespoir se change en force :
Laissons ces modernes Hebreux,
Dessous leurs piliers tenebreux[3],
Judaïser ainsi qu'à Rome[4],
Sans les insulter en ce lieu[5];

---

[1] Cette strophe manque dans la réimpression de 1713.
[2] Variante de la réimpression de 1713 :

    Ne leur donnons plus tant d'amorce.

[3] Variante de la réimpression de 1713 :

    Sans aller déclamer contre eux.

[4] Par l'ordonnance du pape Paul IV, les Juifs n'y ont aucun négoce que celui des vieilles hardes, comme les Fripiers à Paris. Les uns et les autres sont renfermés dans un certain quartier, qu'on appelle à Rome : il Ghetto, et à Paris : la Friperie. (DE BL.)

[5] Variante de la réimpression de 1713 :

    N'insultons personne en ce lieu.

Ils pourroient bien tuer un homme,
Ayant pour rien fait pendre un Dieu.

XXXIV

CIMETIERE DE SAINT-INNOCENT [1].

En passant par ce Cimetiere,
Prions Dieu pour les Trespassez.
Que d'os l'un sur l'autre entassez !
Que de cendre et que de poussiere !
Quatre mots de moralité
Sur ce lieu de mortalité :
Hommes, pour une bagatelle
Qui vous donnez tant de soucy,
Toutes les testes sans cervelle
Ne sont pas dedans ce lieu-cy [2].

XXXV

Tous ces fameux traîneurs d'espées,
Tous ces illustres champions,
Ces Cesars et ces Scipions,
Ces Alexandres, ces Pompées ;
Ces grands Soldats et ces grands Rois
Braverent la mort autrefois
Par une valeur sans seconde ;
Mais la Mort enfin les brava :

---

[1] *Voy.* la Vue de l'église et du cimetière des Saints-Innocents, dessinée et gravée par Israel Silvestre vers l'année 1651. Ce cimetière, qui avait reçu les corps de la plus grande partie des habitants de Paris pendant huit ou neuf siècles, ne fut supprimé qu'en 1786, à cause de l'infection qu'il répandait dans la ville. L'église et les charniers ayant été démolis, les ossements enlevés et transportés dans les catacombes, le cimetière se trouva converti en marché.

[2] Variante de la réimpression de 1713 :

Ne sont pas dans cet endroit-cy.

Que de mal pour mourir au monde,
Et ne sçavoir pas où l'on va [1] !

XXXVI

LES CHARNIERS SAINT-INNOCENT [2].

C'est assez, Madame Moralle :
Dans le mal comme dans le bien,
Tous les excez ne valent rien,
Trop de vertu porte scandalle.
Passons dedans ces vieux charniers,
C'est-à-dire sous les greniers
De ces reliques mortuaires ;
Et, dans ces differens objects,
Nous trouverons les loix contraires
Où tous les Mortels sont sujets [3].

---

[1] Ces deux strophes rappellent les beaux vers du *Testament* de Villon sur le même sujet.

[2] Les Charniers, qu'on appelait aussi *galetas*, formaient une galerie voûtée, basse et humide ; ces arcades gothiques, ouvertes du côté du cimetière, avaient été construites successivement vers la fin du quatorzième siècle, aux frais de quelques personnes pieuses, entre autres le maréchal de Boucicaut et Nicolas Flamel. Cette galerie, pavée de tombeaux, tapissée d'épitaphes, était encombrée d'échoppes de lingères, de modistes, de marchands d'estampes et d'écrivains publics. *Voy.* dans le *Tableau de Paris* de Mercier une curieuse description des Charniers, au-dessus desquels on entassait tous les ossements qu'on retirait du cimetière.

[3] C'est une réminiscence des vieilles rimes de la Danse macabre qui était peinte sous les Charniers le long de la rue de la Ferronnerie.

> La Dance macabre s'appelle,
> Que chacun à dancer apprend,
> A l'homme et femme est naturelle :
> Mort n'espargne petit ne grand.

XXXVII

Les plaisantes Tapisseries [1]
De carte et de papier noircy !
Que de choses en raccourcy
Dessous ces sombres Galleries !
Que d'estampes et de desseins,
De grands Seigneurs, de petits Saints,
Et de Bestes d'après nature !
Que je voy d'un œil satisfait
Là ces vanitez en peinture,
Qui sont vanitez en effect [2].

XXXVIII

Icy chaque homme a son image,
Chaque femme a la sienne aussi,
Chaque tout a son racourcy,
Chaque Ville a son païsage,
Chaque Païs a son pinceau,
Chaque Element a son Tableau ;
On y voit le Paradis même
Et l'Enfer à la triste gent ;
On y trouve enfin la Mort blême,
Et de tout, hormis de l'argent.

XXXIX

LA MONNOYE [3].

Cette circonstance m'effraye,

---

[1] L'auteur parle des tailles-douces et autres sortes de papier qu'on y vend, surtout des Portraits de la famille royale et autres personnes de la première qualité. (De Bl.)

[2] Variante de la réimpression de 1713 :

>   Tant de vanités en peinture
>   Qui sont vérités en effet.

[3] La Monnaie, en 1672 (voir le plan de Bullet et Blondel).

Car je ne cherche que cela ;
Pour en trouver, sortons delà,
Et courons viste à la Monnoye :
Mais quel estrange nid à rats !
Ce ne sont que des galetas,
Plains de puanteurs eternelles :
Est-il possible, justes Dieux !
Qu'on face des choses si belles [1],
Dans de si sales et vilains lieux [2] !

XL

LA CROIX DU TIROIR [3].

Cette Croix me met bien en peine :
Que fait-elle dedans ce lieu ?
Seroit-ce une Croix de par Dieu [4],
Ou bien une Croix de Lorraine [5] ?

était encore située dans la rue de ce nom. Son entrée principale faisait face à la rue Baillet. Sa façade se composait d'un rang de quatre pignons, d'apparence gothique. (A. B.)

[1] Il entend des Loüis d'or, des Ecus et autres belles pièces de monnoie qu'on y frappe. (DE BL.)

[2] Variante de la réimpression de 1713 :

    Dans un si détestable lieu !

[3] Cette Croix, qui avait donné son nom au carrefour de la rue de l'Arbre-Sec, est appelée, dans les anciens titres : *Traïhouer, Traihoir, Trihouer, Tyroer, Tiroye,* etc. La meilleure étymologie paraît être celle de *trahere*, qui peut se rapporter également à un marché et à un lieu de supplice, mais la plupart des historiens contemporains de la reine Brunehaut font mourir cette malheureuse reine, en Bourgogne et non à Paris, attachée à la queue d'un cheval fougueux. Sauval pense que le fief de Thérouenne, qui était voisin, a laissé son nom corrompu au carrefour du Tiroir. Quant à la Croix de pierre, érigée originairement au centre de ce carrefour, elle fut transportée, en 1636, contre un pavillon qui servait de réservoir aux eaux d'Arcueil et de fontaine publique.

[4] Qui est au commencement des livres Alphabétiques des enfans. (DE BL.)

[5] Dans le Blason, on distingue les Croix, selon la figure dont elles

Nenny, c'est la Croix du Tiroir,
La seule noble antique à voir
Dedans ce village moderne :
Qu'elle est grande! On la voit de loin ;
Mais sa disgrace me lanterne :
Pourquoy l'a-t-on mise en ce coin ?

XLI

Muse, c'est ce qu'il me faut dire ;
Autrement, je crie aux voisins,
Et nous ne serons pas cousins
A la fin de cette Satire :
Brûle comme magiciens
Plustost tes livres et les miens...
Ha ! ma memoire s'est refaite ;
Sçavez-vous pourquoy c'est, Badaults [1] ?
C'est qu'icy la Reyne Gilette
Fut tirée à quatre Chevaux [2].

XLII

LE PONT NEUF [3].

Faisons icy renfort de pointes :

sont. Celle du Tiroir, qui est de pierre de taille, engagée dans la muraille d'un des coins de ce carrefour, est de la figure dont on représente ordinairement celle de Notre-Seigneur J. C. (DE BL.)

[1] C'est le saubriquet des parisiens. (DE BL.)

[2] Il entend, par la Reyne Gillette, la Reine Brunehaut ou Brunechilde, femme de Sigebert I et mère de Childebert II, Rois d'Austrasie. Elle fut régente pendant la minorité de son fils, et ensuite pendant celle de ses fils, et causa bien des maux dans le royaume d'Austrasie, lequel ayant été réuni à la Couronne de France sous le règne de Clotaire II, celui-ci l'accusa d'avoir fait mourir dix princes du sang. Elle fut condamnée d'être tirée à quatre chevaux dans cette place, appelée, pour cela, du Tiroir ; ce qui fut exécuté vers l'an 614. (DE BL.)

[3] La construction du pont Neuf, commencée en 1578, d'après

Ce chemin nous meine au Pont-Neuf ;
D'un regale de nerf de bœuf [1],
Saluons ces voutes mal jointes !
Vrayement, Pont-Neuf, il fait beau voir
Que vous ne vous daigniez mouvoir,
Quand les étrangers vous font feste :
Sçavez-vous bien, nid de Filoux [2],
Qu'il passe de plus grosses bestes
Par dessus vous, que par dessous ?

XLIII

Pourquoy nous faites-vous la morgue
Avecque vostre nouveauté,
Pont en cent endroits rapiesté [3]
Et meur comme un vieil soufflet d'orgue ?

les plans d'Androuet Du Cerceau, ne fut achevée qu'en 1604, sous la direction de Guillaume Marchand. Ce pont passait pour le plus beau et le plus long de tous les ponts du monde. C'était, au dix-septième siècle, le passage le plus fréquenté de la ville. Les artistes de cette époque se sont plu à le représenter dans une quantité d'estampes. Israel Silvestre surtout l'a dessiné et gravé avec amour. *Voy.* le Catalogue raisonné de l'œuvre de ce maître par M. Faucheux, p. 72, 104, 109, 164 et 162.

[1] Variante de la réimpression de 1713 :

> D'un bon regal de nerf de bœuf.

[2] Le pont Neuf était le rendez-vous des filous pendant le jour et des *tireurs de laine* pendant la nuit. On appelait proverbialement les coupeurs de bourse : *avant-coureurs du pont Neuf* et *officiers du pont Neuf*. (*Voy.* les *Curiosités françoses* d'Oudin, p. 438.)

[3] Variante de la réimpression de 1713 :

> Pont en cent endroits rajusté
> Tout ainsi qu'un vieux soufflet d'orgue.

Ce passage nous apprend que le pont Neuf avait déjà subi de nombreuses réparations et que ses *voûtes mal jointes* ne semblaient pas annoncer qu'il dût résister si longtemps aux inondations.

Vous qui faites compassion
A la moindre inondation,
D'où vous vient cette humeur altiere?
Est-ce à cause que vous avez
Cent égoûts dans vostre riviere,
Et plus d'estrons que de pavez?

XLIV

Mordienne, il faut que je vous bourre :
Autant vaut bien que mal battu ;
Pont tout crasseux, Pont tout tortu [1],
Regaignez un peu la bravoure :
Quoy qu'entre tous les Ponts des eaux,
Grands et petits, vieux et nouveaux,
Vous passiez pour un patriarche [2] ;
Dites-moy, Pont-Neuf mon mignon,
Si vous aviez encore une arche,
Seriez-vous pas un peu plus long?

XLV

LA SAMARITAINE [3].

Donnons à la Samaritaine

---

[1] Le Pont-Neuf est comme partagé en deux parties, par la pointe de l'Ile du Palais, qui ne se joignent pas en ligne droite. Quand on vient des Tuileries, ce Pont paroît être tout de travers ou tortu, comme l'Auteur le lui reproche. (De Bl.)

[2] Ceux qui exaltent tout ce qu'il y a à Paris font passer ce pont pour une merveille, tant à cause de sa structure que de sa largeur et longueur. Pour moi, je n'y trouve rien d'extraordinaire, et la seule voûte du Pont de Rialto à Venise me paroît plus merveilleuse que les douze arches du Pont-Neuf de Paris. (De Bl.)

[3] La Samaritaine, qui a subsisté jusqu'en 1816, était une machine hydraulique construite sous le règne de Henri III et attachée à la seconde arche du pont Neuf, du côté du Louvre : la façade de ce petit édifice, surmonté d'un carillon, avait pour décoration un groupe de deux figures représentant Jésus-Christ et la

Le bon jour, en chemin faisant ;
Son phantôme est assez plaisant,
Accoudé sur cette fontaine ;
Que cette eau sous ce pavillon,
Qui danse au son du carillon [1],
Fait un agreable spectacle !
Mais Dieu, qui luy tend son vaisseau [2],
Feroit bien un plus beau miracle,
S'il changeoit en bon vin son eau [3].

XLVI

LE CHEVAL DE BRONZE [4].

Monument d'argile et de plastre,

Samaritaine auprès du puits de Jacob, d'où jaillissait une fontaine. Les Parisiens du dix-septième siècle avaient donné une telle importance à leur Samaritaine, qu'on la fait sans cesse intervenir dans les écrits satiriques et burlesques de l'époque de la Fronde.

[1] Dans la réimpression de 1713, il y a : violon.

[2] Variantes de la réimpression de 1713 :

> Mais celle qui tend son vaisseau
> Devroit demander pour miracle,
> Que Dieu changeât en vin son eau.

[3] La Seine fait tourner des roues, qui par le moyen d'une pompe font monter l'eau de la riviere dans le bassin. (DE BL.)

[4] L'ancienne statue équestre de Henri IV, qui fut renversée et fondue pendant la Révolution, était connue dans le peuple sous le nom du *Cheval de bronze*, parce que le cheval, travail de Jean de Bologne, passait alors, malgré sa lourdeur et ses proportions exagérées, pour un ouvrage d'art, bien supérieur à la figure de Henri IV, exécutée par un sculpteur français nommé Dupré. Aux quatre coins du piédestal de marbre blanc, on voyait quatre statues de bronze, de la plus grande beauté, représentant des esclaves enchaînés. La bizarre qualification de *Cheval de bronze* avait été critiquée dans les vers suivants :

> Que sert-il que Paris, au bord de son canal,
> Expose de nos rois ce grand original,
> Qui sut si bien regner, qui sut si bien combattre ?
>   On ne parle point d'Henri quatre ;
>   On ne parle que du Cheval.

Ridicule amusoir de sots,
Cube cantonné de Magots
Rechignez en matous qu'on chastre ;
Baye de tous les environs,
Epouventail de moucherons,
Où gisent des estrons plus d'onze,
Simulachre de Carnaval,
Cheval, quoy que tu sois de bronze [1],
Tu n'es pourtant rien qu'un Cheval !

XLVII

HENRY IV.

Il faut aussi que je te raille,
Vieux Heros califourchonné,
Pourquoy sers-tu là, Roy berné,
De passe-temps à la canaille ?
C'est ton Peuple reconnoissant [2],
Qui t'a dressé cet Arc puissant ;
Mais, Prince d'heureuse memoire,
Ne t'a-t-il pas bien relevé ?
Pour immortaliser ta gloire,
Il t'a mis dedans un privé [3].

---

[1] Cette Statue équestre de Henri IV fut faite à Florence par ordre de Ferdinand et Cosme II, grands-ducs de Toscane, et érigée à Paris en 1635 par ordre de Loüis XIII, avec cette orgueilleuse inscription pour le cardinal de Richelieu : *Richelius C. Vir supra titulos et consilia omnium retro Principum opus absolvendum censuit.* (DE BL.)

[2] Ce Monument fut bien érigé par ordre de Loüis XIII; mais ce fut au nom du public, comme le dit un passage des Inscriptions qu'on y voit, en ces termes : *Emin. C. D. Richelius commune votum Populi promovit. Superillustr. Viri de Bullion, Boutillier, P. ærarii, faciendum curaverunt.* (DE BL.)

[3] Nonobstant la balustrade de fer qui est tout autour de cette Statue pour en défendre l'approche, tout cet espace est toujours rempli d'ordures. (DE BL.)

XLVIII

LA RIVIERE LA SEINE.

Seine m'amour, Nayade tendre !
Ma Muse, grosse de lardons,
Vous demande mille pardons
De vous avoir tant fait attendre ;
Mais, pour avoir tant attendu,
Vostre brocard n'est pas perdu ;
Depuis longtemps je vous le garde :
Voicy votre tour à glisser :
Maugrebieu, quand je vous regarde,
Faut-il un Pont, pour vous passer ?

XLIX

Seroit-ce pas assez d'une arche,
Ou de trois poutres [1] en travers,
Ma gentille Nymphe aux yeux verts [2],
Pour faire sur vous nostre marche ?
Que dis-je, une arche seulement ?
Que dis-je, trois poutres ? Comment ?
L'equivoque n'est pas mauvaise :
Morbieu, sur un ais de sapin,
Je voudrois vous passer à l'aise,
Et sans me moüiller l'escarpin.

L

Vous, Madame la mal nommée,
Qu'on met à sec avec un seau,

---

[1] Dans la réimpression de 1713, on lit *planches*, au lieu de *poutres*.

[2] L'épithète de *Nymphe aux yeux verts* seroit bon, si l'eau de la Seine étoit verte ; mais elle est si trouble du côté de Paris, qu'elle paroît plutôt noire que verte. (Dé Bl.)

Qu'on bride avec un bastardeau,
Comme un bourg avec une armée ;
Vous que l'on peut boire et manger,
Et dans qui se vont descharger
Mille tombereaux d'immondices :
Cachez-vous, laide, je voudrois
Du pus de quatre chaude-pisses
Faire un ruisseau plus sain cent fois [1] !

LI

LE CHASTEAU GAILLARD [2].

J'aperçois là-bas sur la rive
Le beau petit Chasteau-Gaillard [3] :
Il faut bien qu'il en ait sa part,
Puis qu'il est de la perspective.
A quoy sers-tu dans ce bourbier ?
Est-ce d'abry, de Colombier ?
Est-ce de Phare ou de Lanterne,
De Quay, de Port, ou de Soütien ?
Ma foy, si bien je te discerne,
Je croy que tu ne sers de rien.

LII

L'ISLE DU PALAIS.

Faisons un demy-tour à gauche :
Place Dauphine, Dieu vous gard !

---

[1] Cette strophe manque dans la réimpression de 1713.
[2] Le plan de Gomboust (1652) désigne le *Chasteau Gaillard*. Sur le plan de Bullet (1672), on voit, à la place qu'il occupait, l'abreuvoir Guénégaud, modifié depuis quelques années. La grande *perspective du pont Neuf* de La Belle (1646) offre une représentation de ce petit bâtiment de pierre, flanqué au nord d'une tourelle en encorbellement. Je n'en connais aucune autre vue. (A. B.)
[3] Maison toute seule au bout du Pont-Neuf du côté du Fau-

Quand on vous fit, je croy que l'Art
Estoit chez Pallas en debauche ;
Mais je me trompe, et je comprens
Pourquoy ce Triangle à trois rangs,
Paris, est entre tes Fabriques :
Tu l'as fait faire assurement,
Pour monstrer les Mathematiques [1]
Aux Pauvres gratuitement.

LIII

LE CLOCHER DE LA SAINTE CHAPELLE [2].

Il ne faut pas, Muse ma mie,
Demeurer en si beau chemin ;
Sus donc, le rasoir à la main,
Poursuivons nostre anatomie [3]...
Hé bien, maintenant, le vois-tu
Ce grand vilain clocher pointu,
Qui t'a tant donné dans la veuë?
Vois comme il reluit au soleil
Et comme il rit dedans la nuë
D'estre comme luy sans pareil [4]?

bourg S. Germain. Elle fut abattue, et on y a fait à la place une arcade au-dessus de l'abreuvoir. Brioché y jouoit autrefois les Marionnettes. (DE BL.)

[1] Il y a, sur le quai des Morfondus, qui fait un des côtés de ce triangle, quantité de vendeurs d'Instrumens de Mathématiques, de Lunettes d'approche, de Cartes géographiques, de Plans de forteresse. Comme il n'y a pas fort grande presse dans leurs boutiques, on a appellé ce quai le Quai des Morfondus. (DE BL.)

[2] Il existe une vue de la Sainte-Chapelle et de la Chambre des Comptes, dessinée et gravée, à cette époque, par Israel Silvestre ; le dessin original, plus grand que la gravure, se trouve dans la collection Sauvageot au Louvre. (Voy. le Catalogue, etc., de M. Faucheux, p. 170.)

[3] Les dix vers suivants manquent dans la réimpression de 1713.

[4] L'ancien clocher, qu'on regardait comme une merveille de

LIV

Que dis-tu de cet obelisque
Qui prend plaisir à se courber,
Et qui fait semblant de tomber,
Pour n'en point tant courir de risque ?...
Mais qui Diable a mandé ces Foux ?
Chacun s'attroupe autour de nous,
Et l'autre regarde au visage...
Sautons ces Degrez [1] en trois sauts :
Si nous restons là davantage,
On nous prendra pour des Badauts [2].

LV

LE PALAIS.

Palais de la Reine Chicane
Et du Roy des Fesse-cahiers,
Archives de vieux Plaidoyers,
Porche où piaffe la Soütane :
Que de pancartes et de sacs !
Que d'étiquettes d'Almanachs !
Que de grimoires, sur ces tables !
Je croy que c'est sur ces placets
Qu'on sacrifie à tous les Diables
Pour l'eternité des Procez [3].

---

l'art, avait été détruit par un incendie en 1630. Celui qu'on reconstruisit alors, et dont Claude Le Petit parle ici avec assez peu d'estime, fut démoli à l'époque de la Révolution, parce qu'il menaçait ruine. On vient de le rétablir d'après le modèle du clocher primitif.

[1] Grand escalier par lequel on monte au Palais, et auprès duquel se trouve toujours beaucoup de monde qui s'attroupe pour la moindre bagatelle. (De Bl.)

[2] Les badauds qui s'assemblent à l'entour d'un homme, aussitôt qu'il s'arrête en quelque lieu. (*Note de l'édit.* de 1668.)

[3] Ce n'est pas seulement en France qu'on se plaint de l'éternité

LVI

LA JUSTICE[1] QU'ON PEINT AVEC UN BANDEAU.

Bien vous prend qu'en coiffe-cornette
Themis, Messieurs les Chicanoux[1],
Prend icy plaisir avec vous
De joüer à cligne-musette !
Bien vous prend qu'elle ne voit pas
Vos rubriques, beaux Advocats !
Mais que dis-je ? Quand la Justice
Vous iroit alors rebuffant ;
Avec un peu de pain d'epice[2],
Vous l'appaisez comme un enfant[3].

LVII

LE PARLEMENT DE PARIS.

Emmitouflez de Robes rouges[4],
Qui jugez souverainement,

---

des Procès. Il en est de même presque par toute l'Europe, surtout en Angleterre dans la Chancellerie. Il n'y a qu'en Danemarck où les Procès ne durent qu'un an, quoi qu'en ait voulu dire le malin auteur de l'*Estat de Danemarc*. (DE BL.)

[1] Variantes de la réimpression de 1715 :

> Themis, Messieurs les chicaneurs,
> Prend ici plaisir, beaux plaideurs...

[2] L'Auteur entend, par *épice*, les droits qu'on paie aux Juges, et qu'on appelle *Épices*. Ce n'étoit autrefois que des dragées, mais on les a converties en argent. (DE BL.)

[3] Variante de la réimpression de 1715 :

> Vous l'amusez comme un enfant.

[4] Tous les Conseillers au Parlement portent la robe d'écarlate, au lieu que ceux des autres Chambres la portent pour la plupart noire. La Messe rouge est celle qu'on chante à l'Ouverture du Parlement : tous ces Messieurs y assistent en robes rouges. (DE BL.)

Auguste et grave Parlement
Qui faites nos Loix dans vos bouges ;
Croyez-vous estre bien bravez[1],
Quand vous dites que vous avez
Quantité de Ressorts en France[2] :
Un avantage si commun
N'est pas de grande consequence ;
Mon Tourne-broche en a bien un.

LVIII

Hola ! la plus courte folie
Est la meilleure, ce dit-on :
C'est trop faire icy le larron[3],
F..... de la mélancolie !
Si l'on nous trouvoit sur le fait,
L'on jetteroit sur ce portrait
De très-dangereuses œillades :
Pour estre en lieu de seureté,
Allons visiter les Malades ;
C'est un œuvre de charité[4].

---

[1] Variante de la réimpression de 1713 :

   Vous croiez que vous nous bravez.

[2] De tous les Parlemens de France, celui de Paris a le plus d'étendue. Il y a une infinité de Tribunaux inférieurs qui en ressortissent. Les appels y sont jugés en dernier ressort. (DE BL.)

[3] Variantes de la réimpression de 1713 :

   C'est par trop faire le Caton,
   Bannissons la mélancolie.

[4] Israel Silvestre a dessiné et gravé, vers 1655, une vue de l'Hôtel-Dieu et de Notre-Dame. On lit ces quatre vers, au bas de cette estampe :

   D'un costé vous voyez l'edifice admirable
   Où la Mere de Dieu reçoit nostre oraison ;
   Plus loin vous descouvrez l'Hospital charitable
   Où les membres de Dieu cherchent leur guerison.

LIX

L'HOSTEL-DIEU [1].

Est-ce icy, Muse (que t'en semble?)
L'Arche de Noé tout pourveu?
Ma foy, je n'ay jamais tant veu
De bestes et de gens ensemble [2].
Que de lits de toutes couleurs?
Que de Freres et que de Sœurs?
Que de Pouilleux et de Canaille?
Mais qu'il y pût! Sortons d'icy!
Mon grand nez ne sent rien qui vaille :
Ce n'est qu'une peine [3] cecy.

LX

NOSTRE-DAME [4].

Voila la Metropolitaine,
Le siege de l'Archevêché;

---

[1] On peut juger de l'horrible aspect de cet hôpital au dix-septième siècle, par le tableau qu'en fait le Rapport présenté au Conseil général des hospices, en 1816. (*Voy.* l'*Histoire de Paris*, par Dulaure, 2ᵉ édit., t. II, p. 489 et suiv.) Non seulement il y avait cinq ou six personnes des deux sexes dans chaque lit, mais encore beaucoup de malades étaient couchés sur la paille et entassés dans des salles pestilentielles, sans linge et sans médicament.

[2] On reçoit dans cet Hôpital toutes sortes de malades, et même de pauvres femmes débauchées prêtes d'accoucher! (DE BL.)

[3] Nous croyons qu'il faut lire : *vesne*, au lieu de *peine*; le vieux mot *vesne* était synonyme de *vesse*.
Variante de la réimpression de 1713 :

    Je croy que quelqu'un a vessi.

[4] L'église de Notre-Dame n'a pas beaucoup changé de physionomie depuis le temps où Claude Le Petit montait sur les tours pour voir le panorama de Paris. La flèche, qui fut démolie dans le dernier siècle et qui doit être rétablie telle qu'elle était, se trouve dans les vues qu'Israel Silvestre a dessinées et gravées vers 1655. (*Voy.* le Catal. raisonné de son œuvre, par M. Faucheux, p. 100, 159, 160 et 161.)

Si ce n'estoit point un peché,
Je luy friperois sa mitaine :
Ce Monstre à jambes d'elephans [1],
Qui fait peur aux petits enfans [2],
Meriteroit cent croquignoles ;
Mais pourquoy s'en prendre au Quidam ?
Dieu deffend d'avoir des Idoles :
Si Paris en dresse, à son dam !

LXI

TOUR NOSTRE-DAME.

J'auray toujours, dessus mon ame,
De la rancune contre toy :
Muse, si tu m'aimes, suis-moy,
Montons sur la Tour Nostre-Dame [3].

---

[1] C'est la Statue de S. Christophe, qui est contre le premier pillier, en entrant dans Notre-Dame, à main droite. On y lit la Légende de ce saint géant, dans ces beaux vers :

> O ! magne Christophore,
> Qui portasti Jesu Christe,
> Per mare Rubrum,
> Et non franxisti crurum,
> Sed hoc non est mirum,
> Quia tu es magnum virum. (DE BL.)

La statue colossale et grossièrement taillée de saint Christophe se voit sur deux estampes fort médiocres d'Aveline, représentant l'intérieur de Notre-Dame. On en trouve une, mieux gravée (par L. N. Martinet), au t. II de l'*Histoire de Paris*, par Béguillet et Poncelin. Un grand dessin à la sépia, faisant partie de la collection de feu M. Gilbert, en donne une représentation plus détaillée. (A. B.)

[2] Variantes de la réimpression de 1713 :

> Ce Monstre à jambes d'elephant,
> Qui porte ce petit enfant...

[3] Il y a près de quatre cens degrés à monter, avant qu'on soit parvenu au haut de ces Tours. On y a une très-belle vue sur toute la ville de Paris et ses environs. Paris est la plus grande ville de l'Europe après Londres, qui est, sans contredit, plus grande d'un

Nous allons rire comme il faut :
Nous sommes déja presqu'en haut;
Faisons desnicher ces chouettes :
Dieu soit loüé! Nous y voicy!
Je croy qu'on verroit sans lunettes
Le bout de l'Univers, d'icy [1].

LXII

Ah! que de nids d'oyseaux farouches?
Que de hiboux et de choucas?
Les gens ne paroissent là-bas
Pas plus gros que des pieds de mouches :
Je voy des clochers, des maisons,
Des habitacles, des cloisons,
Et des giroüettes sans nombre :
Qu'icy l'air est à bon marché !
Et qu'il dort de bestes à l'ombre,
Lors que le Soleil est couché !

LXIII

Non, je n'aurois jamais peu croire
Que Paris eust esté si grand ;
Plus je le voy, il me surprend,
Par le trou de mon escritoire.
Rome, Londres, Naples, Madrid,
Cologne, Gand, Vailladolid,
Le Grand Caire et Constantinople,

bon quart, mais Paris est plus peuplé. Tout cela a été calculé par le chevalier Guillaume Petty et par plusieurs autres curieux. (DE BL.)

[1] Variantes de cette strophe, dans la réimpression de 1714 :

> J'aurai toujours au fond de l'ame....
> Montons les tours de Notre-Dame....
> Nous voilà déja presqu'en haut....
> Je croi que l'on voit sans lunettes,...

Près de luy moindres que des bourgs,
Danseroient en champ de sinople
Dans le moindre de ses fauxbourgs ¹.

LXIV

Descendons : la teste me tourne,
Le cœur me manque et la raison.
Je tombe à terre en pâmoison ²,
Si plus tard icy je sejourne...
Mais que je suis un Bel-esprit!
Plust à Dieu que la Mort me prist,
En finissant cette Épigramme ³!
Si je mourois dans ces hauts lieux,
Mon corps auroit fait, pour mon ame,
La moitié du chemin des Cieux.

LXV

C'est estre trop bon politique
En matiere de son trepas ;
Descendons, descendons en bas,
Pour achever nostre Cronique.
Nous aurons toujours, sans courir,
Du temps de reste pour mourir,
Quand nous aurons fait cet ouvrage.
Mais sommes-nous tombez debout?
Continuons nostre voyage :
Bon pied, bon œil, la main fait tout ⁴.

¹ Cette strophe manque dans la réimpression de 1713.
² Variante de la réimpression de 1713 :

   Je vais tomber en pâmoison.

³ Variante de la réimpression de 1713 :

   Faisant ici cette épigramme.

⁴ Cette strophe manque dans la réimpression de 1713.

LXVI

L'HORLOGE DU MARCHÉ NEUF [1].

Nous n'irons pas loin sur la route
Sans faire fulminer Pasquin :
Quelle figure de bouquin
Nous incague sous cette voute ?
C'est un petit Diable d'Enfer [2],
Qui fait sur des timbres de fer
Sonner les heures en musique.
Ha ! la plaisante invention !
Et que le Badaut vetatique [3]
En releve bien l'action !

LXVII

L'un bat, pour imiter le More,
Sur la clef de G. Re. Sol. Ut;
Roulant les yeux en chatte en rut,
Fait plus laide grimace encore :
L'autre l'admire en racourcy;
Celuy-là dessus celuy-cy

---

[1] Joignant la Boucherie est un petit horloge artificiel, qui, par le moyen de certaines petites sonnettes, joue quelques hymnes et autres airs. Sept ou huit personnages de relief passent, à mesure que les clochettes sonnent, et le dernier ferme la porte. Deux autres figures, qui sont aux deux côtés du petit timbre, frappent les heures avec un marteau. Les Badauds s'arrêtent souvent pour entendre la sonnerie. (DE BL.)

[2] Variante de la réimpression de 1713 :

Qui fait dans ce cadran de fer....

[3] Qui va et vient. On disait *vet* pour *va*, à la troisième personne du présent de l'indicatif du verbe *aller*. Dans la réimpression de 1713, ce mot est remplacé par *extatique*.

S'allonge et ricane en Satire[1] :
Cet autre avance un pied de nez,
Et fait un mufle à faire rire
Une douzaine de damnez.

LXVIII

LE CHASTELET[2].

Passons dessus ces bagatelles ;
C'est trop estre à la Place aux Veaux[3].
Disons des quolibets nouveaux,
Voicy des sottises nouvelles :
Bastiment desbâti par tout,
Qui sans pied se tient tout debout,
Vieux reste de vieille masure
Que six siecles n'ont pas vaincu[4] ;
Chastelet, faut-il que tu dure,
Et que ma maison soit à cu ?

---

[1] Variante de la réimpression de 1713 :

    S'allonge comme un vrai Satire.

[2] Israel Silvestre a dessiné et gravé, avant 1655, une vue du grand Chatelet de Paris, qui a subsisté jusqu'à la Révolution.

[3] La place aux Veaux, où se tenait le marché aux veaux, avant que ce marché eût été transféré sur le quai des Ormes, en 1646, était autrefois dans la partie la plus large de la rue, dite de la Vieille place aux Veaux, qui commençait à la rue Planche-Mibrai et aboutissait en retour à la rue Saint-Jacques-la-Boucherie, derrière le Chatelet.

[4] On rapporte communément l'origine du Châtelet et de sa juridiction au temps des premiers Rois de la troisième race, c'est-à-dire vers l'an 1000 après la naissance de N. Seigneur J. C., mais il y en a qui font le Châtelet plus ancien, et qui croient que l'Empereur Julien, surnommé l'Apostat, y résida au temps qu'il étoit dans les Gaules. (De Bl.)

LXIX

LE PONT AU CHANGE [1].

Dirons-nous rien, dans nos ïambes,
De ce Pont, blanc comme un satin [2],
Cet enfant qui fait le lutin,
Et ne peut tenir sur ses jambes [3] ?
Mais, va, je suis de ton party,
Si l'on ne t'a pas bien basty,
Et si par un malheur estrange
On te ravaude tous les jours [4] :
On t'a bien nommé Pont au Change [5],
Parce que tu changes toujours.

[1] Le Pont au Change, incendié en 1639, avait été rebâti et couvert de maisons comme auparavant ; on le voit représenté en perspective à travers les arches du pont Neuf, dans une estampe d'Israel Silvestre. (*Voy.* le Catalogue, etc., par M. Faucheux, p. 162.)

[2] Du côté du Pont-Neuf, le Pont au Change paroît tout blanc. (DE BL.)

[3] Les débordemens de la Seine l'ont fait tomber plus d'une fois. Il n'est que sur des pilotis, quoique revêtus de pierre : mais, de peur d'accident, ceux qui habitent les maisons qui sont sur ce Pont, déménagent toutes les fois que la Seine s'enfle. (DE BL.)

[4] Variantes de la réimpression de 1713 :

> On te raccommode toujours...
> Puisque tu changes tous les jours.

[5] On le nommoit autrefois le Grand Pont ; mais, depuis que les Rois eurent établi la Maison de Change qui donne sur ce Pont, il a aussi changé de nom. (DE BL.) — Cl. Le Petit semble faire ici allusion au pont, incendié en 1621, qui était de bois. Celui, achevé de son temps, en 1647, et encore subsistant, fut si solidement construit de pierre, que tout ce qu'il en dit est purement une plaisanterie. Quant à la note qui accompagne ce passage (voy. ci-dessus la note 3), elle est fort exagérée. Mais ce que le poëte dit du grand Châtelet peut être vrai : ce vieil édifice tombait en ruines, quand il fut réparé et augmenté de nouveaux bâtiments en 1684. (A. B.)

LXX

PONT NOSTRE-DAME [1].

Encore un Pont, Vierge Marie !
Je trouve un Pont à chaque pas.
Voicy bien des Ponts [2] en un tas :
Mais qu'est celuy-cy, je vous prie ?
A le voir sur sa gravité
Dessus ses échasses monté,
Il feroit la nique aux Doms Sanches [3] :
Je croy, sans médire de luy,
Qu'il a son habit de Dimanches,
Ou qu'il est de nôce aujourd'huy.

LXXI

Non, je ne croy là rien qui vaille ;
Ce qui rend ce Seigneur si sot,
Ce sont ces heros de Calot
Dont on a verny la muraille ;
Par mon chef ! vous avez raison,
Et le Louvre, en comparaison,
Ne merite pas qu'on le vante,
Si les Rois font l'honneur commun ;
Car il en a plus de soixante,
Et l'autre à peine en a-t-il un [4].

[1] Voy. l'estampe d'Israel Silvestre, qui a pris du Pont au Change la vue du Pont Notre-Dame, chargé de maisons, avec sa machine hydraulique bâtie sur pilotis.

[2] Il y a à Paris neuf ponts sur la Seine, dont il y en a six qui donnent entrée dans l'Ile du Palais, quoiqu'elle ne soit pas fort grande, de sorte que ces ponts sont fort proches l'un de l'autre. (DE BL.)

[3] Allusion à la comédie héroïque de P. Corneille : *Dom Sanche d'Aragon*, jouée en 1651 sur le théâtre de l'Hôtel de Bourgogne.

[4] Cette strophe, qui manque dans la réimpression de 1713, nous apprend que la façade des maisons du Pont Notre-Dame était peinte et qu'on y voyait représentés plus de soixante-dix rois.

LXXII

LA GREVE [1].

Autre sujet de raillerie,
Autre matiere à camouflet ;
Invoquons d'un coup de sifflet
Le Demon de la Bernerie :
A moy, gentil bouffon Momus!
Je t'enfonce cet *Oremus;*
Voy de bon œil ma Pasquinade [2] ;
Exauce mes vers et mes vœux :
Si Pegase icy retrograde,
C'est à la Greve que j'en veux !

LXXIII

Malheureux espace de terre,
Au gibet public consacré ;
Terrain où l'on a massacré
Cent fois plus d'hommes qu'à la guerre;
Certes, Greve [3], après maint delict,
Vous estes, pour mourir, un lit
Bien commode pour les infames,
Puis qu'ils n'ont qu'à prendre un bateau,
Et, d'un coup d'aviron, leurs ames
S'en vont en Paradis par eau [4].

---

[1] Pour se rendre compte de l'aspect de la place de Grève à cette époque, il faut avoir sous les yeux la vue qu'Israel Silvestre en a faite avant 1655, et qui est prise à l'entrée de la rue du Mouton, en face de Notre-Dame.

[2] Variante de la réimpression de 1715 :

    Voi de bon cœur ma pasquinade.

[3] Qui est un port à un gibet. (*Note de l'édit. de* 1668.)

[4] Le pauvre poëte avait peut-être déjà le pressentiment du triste sort qui l'attendait en place de Grève.

LXXIV

L'HOSTEL DE VILLE [1].

Ridicule et franche copie
D'une coque de Limaçon;
Chef-d'œuvre d'un aide à maçon,
Pilloté sur de l'eau croupie !
Pile de moislons tous rongez [2],
Les uns sur les autres rangez
Sans art et sans enchanterie [3] !
Les rats tiennent chez toy bordel ;
Et tu sens plus l'Hostellerie [4],
Que tu ne parois un Hostel.

LXXV

LE PONT MARIE.

Un Pont encor ! Mort de ma vie !

---

[1] Il y a plusieurs estampes d'Israel Silvestre, qui représentent l'Hôtel de Ville vers cette époque. (*Voy.* le Catalogue de son œuvre, p. 102, 115 et 147.) Une de ces estampes, gravée par Marot pour l'architecture, et par La Belle pour les figures, d'après les déssins de Silvestre, porte ce titre : « Veue de l'Hostel de ville de Paris, anciennement l'Hostel de Charles Dauphin, régent de France, fils du roy Jean, lors nommée la Maison des Pilliers, commencé à bastir sous François Ier, l'an 1538, et achevé sous Henri IV l'an 1606. »

[2] Variantes de la réimpression de 1713 :

> Pile de moilons entassés....
> Sans art comme sans symetrie.

[3] Ce fut par malice du Prevôt des Marchands, qui étoit en charge lors qu'on bâtit l'Hôtel de Ville. Ce magistrat, ayant eu quelque dispute avec le Curé de Saint-Jean, le fit placer ainsi, pour cacher le portail de l'église, qui n'auroit pas fait un mauvais effet, s'il en avoit occupé une face; même la Place en auroit été un tiers plus grande. Son architecture sent encore un peu le gothique. Il fut commencé par François I, et fini par Henri II, son fils. (DE BL.)

[4] La Ville avoit accoutumé d'y traiter le Roi et sa Cour à cer-

Ne trouveray-je que des Ponts ?
J'ay, Ponts grossiers, je vous réponds,
De vous berner puissante envie[1] ;
Hé quoy ! nul icy pitié n'a
De la pauvrete Sequana,
Qui creve dessous ces gros pifres[2] :
Ha ! je la veux vanger, ma foy,
Et les écrire en si gros chiffres,
Qu'ils se ressouviendront de moy.

LXXVI

Pont moitié de bois et de pierre,
Pont moitié de pierre et de bois,[3]
Qui fais damner tout à la fois
L'onde, le feu, l'air et la terre !
A quoy bon t'a-t-on là planté ?
Est-ce pour la commodité
Generale ou particuliere ?

tains jours de solennité ; mais, depuis que le Roi ne vient plus à Paris, cela arrive fort rarement. Il y alla néanmoins après sa dernière maladie en 1687 ; sur quoi on lui a érigé une Statue dans la cour de cet Hôtel, et frappé une médaille avec l'inscription suivante : *Ludovico M. quod solutis in æde Deiparæ pro restituta salute votis, in Basilica Parisiensi, Præfecto et Ædilibus ministrantibus, publicè epulari voluit. 30 Jan. 1687. Præfect. et Ædiles æternum hoc suæ et pub. felicitatis monumentum condendum curarunt.* (De Bl.)

[1] Variante de la réimpression de 1713 :

De vous berner très-grande envie.

[2] Variante de la réimpression de 1713 :

Qui creve sous ces vilains pifres.

[3] Il y avoit autrefois des maisons, de l'un et de l'autre côté de ce Pont ; mais, en 1657, la moitié du Pont et des maisons tombèrent dans la rivière. On a donc laissé celle qui étoit restée, et on a refait l'autre moitié du Pont, mais de bois ; c'est ce que l'Auteur critique ici. On l'appelle *Pont Marie*, du nom de l'entrepreneur Christofle Marie, qui le bâtit en 1614. (De Bl.)

Si tu te laisses, sans tarder,
Tomber toy-même en la riviere,
Comment veux-tu nous en garder?

LXXVII

L'ISLE NOSTRE-DAME [1].

Que voy-je là sans callebaces
Nager si bien entre deux eaux [2],
Ou servir d'ancre à ces batteaux
Et de sauvegarde aux Limaces?
Est-ce un banc de sable? Nenny.
Est-ce un grand rocher applany?
Rien moins; il n'en a pas la mine.
Qu'est-ce donc, ou que n'est-ce pas?
C'est... Attendez que je devine;
C'est ce que vous sçaurez là-bas.

LXXVIII

LES DEUX BRAS DE LA SEINE.

C'est la belle Isle Nostre-Dame.
Nostre-Dame! Qui l'auroit crû,
Qu'un si beau bout de terre eust creu
Dans ce bout de riviere infame [3]?

---

[1] Israel Silvestre a représenté l'île Notre-Dame ou Saint-Louis, vue de différents côtés. (Voy. le Catalogue de son œuvre, par M. Faucheux, p. 90, 102, 104, 126, 148 et 157.)

[2] La vue de l'Ile Notre-Dame est très-belle, surtout le soir, quand les lanternes sont allumées, et qu'on vient du côté de la Grève; cette illumination, et l'eau qui l'environne, sont un très-beau spectacle. Il y en a un semblable du côté des Tuileries, quand on passe le Pont Neuf, de nuit. (DE BL.)

[3] L'Ile de N. Dame étoit inhabitée, jusqu'à ce qu'on la cédât à l'entrepreneur du Pont Marie pour les frais du pont; il en vendit les places à bâtir, aux particuliers. A présent, c'est un des plus beaux quartiers, du moins des plus nets de Paris; mais il est comme détaché du reste de la Ville. (DE BL.)

C'est un tresor en champ moisi ;
Et l'on peut assurer quasi,
Supposant du s..... et du crime
Dans la Nayade et les Canards,
Que c'est le seul fils legitime
Qu'ils ont fait entre deux bâtards [1].

LXXIX

Soit dit sans vous en rendre vaine,
C'est assez d'estre dessus vous :
On languit ailleurs après nous ;
Faut un peu que je me promeine.
Gaignons donc sans bruit le Marais [2],
Et gardons pour là nos bons traits ;
Car enfin, si nous voulions croire
Sur tout ce qui nous semble fat,
Le bon Dieu n'auroit rien à faire
Dans les valons de Josaphat [3].

LXXX

EMBARAS DE LA CONFUSION DE PARIS [4].

Mais que d'animaux domestiques,
Que d'hommes, de chiens et de chats !

---

[1] Variante de la réimpression de 1713.:

> Sans même trop taxer de crime
> Et la Nayade et ses Bayards,
> Que c'est le seul fils légitime
> Qu'ils ont fait entre cent bâtards.

[2] Le Marais était, à cet époque, le quartier de l'aristocratie et de la belle compagnie. Voy. les intéressants ouvrages de M. Cousin sur la société française au dix-septième siècle.

[3] Cette strophe manque dans la réimpression de 1713.

[4] Voy. ci-après la Satire des Embarras de Paris, par Boileau, avec les notes de Brossette.

Qu'ils font d'aimables entre-chats [1]
Au milieu des places publiques !
Qui seroit le Saint à fester,
Qui s'empescheroit de pester
Contre ces ridicules guises [2] ?
Pour moy, je veux en dire un mot :
Qui ne reprend pas les sottises
Fait cognoistre qu'il n'est qu'un sot [3].

LXXXI

Jamais, dedans une assemblée
De deux cent mille combatans [4],
On ne peut voir en même tems [5]
Tant d'attirail et de meslée :
Que d'Insensez et que de Foux !
Tout est-il sans dessus dessous ?
De tous costez, on me dit *Gare* [6] !
Et je ne sçay duquel tourner :
Dans cet horrible tintamare,
On n'entendroit pas Dieu tonner.

---

[1] Variante de la réimpression de 1713 :

    Que l'on voit courir au pourchas.

[2] Façons, manières de faire.

[3] Cette strophe, et quelques-unes des suivantes (81, 82, 84, 87 et 88) sont transposées dans la réimpression de 1713 et s'y trouvent placées au commencement du poëme.

[4] On fait monter le nombre des habitans de Paris à huit cent mille. Autrefois on parloit d'un million ; mais on compte que, pendant la dernière guerre et la grande famine, il en est sorti ou péri la quatrième partie (De Bl.)

[5] Variante de la réimpression de 1713 :

    On n'aperçut en même temps...

[6] Les Porteurs de Chaises et les Cochers crient ainsi, pour avertir les passans de se retirer, afin de n'être point renversés, ou foulés aux pieds des chevaux ; ce qui ne laisse pas néanmoins d'arriver assez souvent dans cette grande Ville. (De Bl.)

LXXXII

Que d'embarras, et que de crottes!
Je suis pris comme en un clapied[1].
O! que de Cavaliers à pied[2],
Faute de chevaux et de bottes!
Que ce vieux Chartier embourbé[3]
Et ce Cocher masqué au bé[4],
Parlent de Dieu souvent et viste!
Prennent-ils plaisir à cela?
Pour faire un tonneau d'eau-beniste,
Il faudroit bien de ces mots-là.

LXXXIII

Quel plaisir de voir dans la ruë
Ces porteurs aux goussets puants,
Et ces lacquais aux pieds suants,
Se promener à pas de gruë!
Tout est dans l'excez en ce lieu;
Personne n'y tient le milieu,
Non pas la pauvre vertu même,
Qui, pour y vivre en seureté,
Est contraincte par stratageme
D'estre dedans l'extremité[5].

---

[1] Traquenard, piége. *Clapier* signifiait aussi : mauvais lieu.

[2] Variante de la réimpression de 1713 :

    O! que de fanfarons à pied!

[3] Il est passé en proverbe de dire : *Il jure comme un Chartié embourbé.* (DE BL.)

[4] Ce vers nous rappelle celui de *Vertveri*, par Gresset :

    Les F et les B voltigeaient sur son bec.

Variante de la réimpression de 1713 :

    Et ce jeune cocher garbé.

[5] Cette strophe manque dans la réimpression de 1713.

LXXXIV

LA CROTTE DE PARIS [1].

Juste Ciel, voilà bien des mouches [2],
Et je suis un joly garçon !
J'en ay dessus mon polisson,
Pour barbouiller cent Scaramouches [3] :
Ha ! mon habit est tout perdu !
Et je voudrois qu'il fut pendu,
Ce Cocher, ce bougre incurable !
Surtout, que n'ay-je mon miroir ?
Moy qui n'ay jamais veu le Diable,
Je serois ravy de me voir [4].

LXXXV

Mais ce ne sont là que des roses :
En voilà bien d'autres, vrayement !
J'en ay jusques au fondement,
En faveur des metamorphoses ;
Mes souliers, mes bas, mon manteau,
Mon colet, mes gands, mon chapeau,

---

[1] La crotte de Paris avait une réputation proverbiale, à cause de sa couleur, de son odeur et de ses qualités corrosives. On appelait les écoliers de l'Université de Paris les *Crottés* ou *Croetz* de Paris.

[2] C'est l'ordinaire des grandes villes d'être fort sales. Rome, Londres et Madrid ne le sont pas moins que Paris, et, en été, la boue, convertie en poussière, y est encore plus insupportable. Il n'y a que les villes de Hollande qui soient très-nettes, tant à cause des canaux qui y sont en quantité, que de la propreté des habitans, qui va souvent jusqu'à l'extrême. (DE BL.)

[3] L'acteur qui remplissait alors ce rôle dans la troupe italienne de Paris, était Tiberio Fiurelli : il passait pour le meilleur mime de son temps, et il eut l'honneur de donner des conseils, sinon des leçons à Molière. Il mourut à Paris en 1694, âgé de quatre-vingt-sept ans.

[4] Variantes de la réimpression de 1713 :

> Pourquoi n'ai-je point mon miroir ?...
> Je prendrois plaisir à te voir.

Sont passez en même teinture,
Et, dans l'estat où je me voy,
Je me prendrois pour une ordure,
Si je ne me disois : C'est moy !

LXXXVI

Il n'est ordure icy qui tienne :
Morbieu ! fange d'estron molet,
Pour satisfaire mon valet,
Il faut qu'il vous en ressouvienne !
Elixir d'excremens pourris,
Maudites crottes de Paris,
Brain de damnez abominables,
Noire fecalle de l'Enfer,
Noire gringenaude [1] du diable,
Le diable vous puisse estouffer !

LXXXVII

FONDATION DE PARIS.

A propos de fange et de bouë [2],
Faisons commemoration
De l'auguste fondation [3]

---

[1] Ce mot, qui ne s'emploie plus qu'au figuré, est ainsi dépeint dans l'ancien Dictionnaire de l'Académie : « Petite ordure qui s'attache aux emonctoires et ailleurs par malpropreté. »

[2] Cette strophe, qui est la seconde du poëme dans la réimpression de 1713, débute ainsi :

> Je veux commencer par la boue.

[3] L'origine de Paris est presque aussi bourrue que celle de Rome. Du temps que les Romains entrèrent dans les Gaules, Paris étoit une ville considerable connue sous le nom de *Lutetia Parisiorum*. César, dans ses Commentaires, liv. VII, ch. LVII, en fait cette description : *Lutetia oppidum est Parisiorum positum in Insula Sequanæ... Perpetua est palus quæ influit in Sequanam, atque illum locum omnem magnopere impedit.* L'Ile du Palais, qu'on nomme la *Cité*, est la véritable ancienne *Lutetia*. C'est le quartier le plus bas et le plus bourbeux de tout Paris. (DE BL.) — Les anciens

Du Village que je bafouë.
Ce fut avec ce beau mortier,
Que tous les Experts du mestier
L'ont fait unique en son espece :
Il a beau faire le coquet,
Son nom de baptême est *Lutece*
Et Paris n'est qu'un saubriquet.

LXXXVIII

N'en tirons point de conjectures,
Pour cela, contre sa vertu;
Les plus fameux Heros n'ont eu
Que des naissances très-obscures :
Que sçait-on si peut-estre aussi
Dieu ne l'a pas permis ainsi
Par sa providence profonde,
Pour le rendre égal en éclat
Au premier Animal du monde,
Qu'il fit de bouë et de crachat[1] ?

LXXXIX

Depuis que nous faisons des nostres,
Nous avons bien fait du chemin ;

étymologistes ont dérivé le nom de *Lutèce* du mot latin *lutum*, boue. Raoul de Presles, dans son Commentaire sur la Cité de Dieu, de saint Augustin, raconte que les Troyens qui fondèrent une ville dans l'île de la Cité, l'avaient appelée d'abord Lutèce, « *à luto*, c'est-à-dire pour la graisse du pays. » Mais les Sicambres, qui vinrent ensuite, la nommèrent Paris, disant que « c'estoit laid nom et ord que Lutece. »

[1] L'Auteur entend l'Homme, que Dieu fit d'une motte de terre et qui fut le *premier Animal* de la Création. Au reste, les Parisiens croyent que leur ville est la première, non seulement de l'Europe, mais de toute la Terre. Ils ont toujours dans la bouche, *qu'il n'y a qu'un Paris au monde, et qu'il n'est hors de Paris point de salut pour les honnêtes gens.* On ne peut pas nier que Paris ne soit un séjour très-agréable, mais il faut être véritablement Badaut, pour s'imaginer qu'on ne puisse pas vivre ailleurs avec agrément. (DE BL.)

Nous en aurons jusqu'à demain,
Si nous ne despeschons les autres.
Nous voicy dans un bon endroit ;
A tort et travers ou à droit,
Que tout passe par l'estamine ;
N'espargnons ny place, ny lieu,
N'espargnons palais ny cassine,
N'espargnons personne, ni Dieu[1] !

XC

L'ESCHELLE DU TEMPLE[2].

Grace, grace, ou misericorde !
S'en va-t-on pendre icy quelqu'un ?
Est-ce une eschelle du commun ;
Ou bien une eschelle de corde ?
Non, c'est une eschelle de bois,
Où les Templiers autrefois
Ont confirmé, par leur exemple,
Pour aller au Ciel où vit Job[3],
Qu'un bout de l'échelle du Temple
Vaut toute celle de Jacob.

[1] Cette strophe, dont nous corrigeons les derniers vers d'après une ancienne copie, manque dans la réimpression de 1713, où la première strophe offre seulement quelques réminiscences de celle-ci. Voy. plus haut, p. 3 et 4.

[2] Elle est à un coin de la rue du Temple, pour marque de la jurisdiction des Templiers. L'histoire de leur malheureuse destinée seroit trop longue à mettre dans ces Remarques. Il suffit de dire ici qu'ils furent accusés de plusieurs crimes énormes ; qu'on en brûla quantité dans Paris et ailleurs, en 1313, sous le règne de Philippe le Bel. Mais on sait, par des auteurs contemporains, qu'on ne les extermina que pour jouir de leurs grands biens. Le Grand-Maître de cet Ordre, étant conduit au supplice, protesta de son innocence et de celle des Chevaliers. Il cita le Pape Clément V et le Roi devant le Tribunal de Dieu, dans l'année, et l'Histoire remarque qu'ils ne vécurent pas long-temps après cette exécution. (DE BL.)

[3] Variante de la réimpression de 1713 :

    Que pour aller où regne Job...

XCI

PLACE ROYALLE [1].

Voicy le meilleur de la piece,
Et le reste de nostre escu :
Faisons-luy sur son chien de cû
Une caresse d'oncle à niece [2] :
Ovalle, large et quarré [3],
Château de carte peinturée,
Place mille fois regrattée,
Ne rougis-tu point à nos yeux [4]
De voir une beste effrontée
Porter ton maçon dans les cieux ?

XCII

LOUIS XIII ET SON CHEVAL [5].

T'en irois-tu, sans beste vendre,
Belle Beste au nom triomphal ?

---

[1] Quoique cette place n'ait guère changé d'aspect depuis deux cents ans, on peut la voir telle qu'elle était du temps de Cl. Le Petit dans l'estampe d'Israel Silvestre. Voy. le Catalogue raisonné de son œuvre, p. 161.

[2] Variantes de la réimpression de 1713 :

> Une très-profonde caresse :
> Ovale, élargie en quarré....

[3] Henri IV, Roi de France, fut le premier qui fit en 1604 le projet de rédiger la Place Royale dans un parfait carré, et d'y bâtir des maisons semblables l'une à l'autre : ce qui s'exécuta aussi dans la suite. Cette régularité donne une fort belle vue en entrant, mais elle seroit incomparablement plus libre, si la maison qui fait face à la rue S. Antoine n'y étoit point. (DE BL.)

[4] Variantes de la réimpression de 1713 :

> N'as-tu point de honte à nos yeux....
> Porter ton maçon jusqu'aux cieux.

Allusion à quelque ridicule métaphore d'un poëte du temps, en l'honneur de l'architecte, qui n'est pas connu.

[5] C'est le Roi Louis XIII, dont la Statue équestre se voit à la Place Royale, et sous le règne duquel cette Place fut seulement

Petit bâtard de Bucephal,
Qui porte presqu'un Alexandre;
Arc-boutant de cailloux polis,
Que la bize et le vent coulis
Font rouler autour des balustres :
Piedestal tout estropié,
Je veux, avant qu'il soit trois lustres,
Voir aller ton Heros à pié.

XCIII

LE JACQUEMARD DE SAINT-PAUL.

Passons, et d'un crayon fidelle
Peignons à la posterité
Ce Gaudenot [1] emmaillotté,
Qui fait là haut la sentinelle :
Que les Dames ont mis ton nom,
Jacquemard, dans un beau renom,
Et qu'elles aiment à l'entendre;
Non pas qu'il soit si doux qu'on dit,
Mais à cause qu'il se peut prendre,
Par metaphore, pour un ... [2].

XCIV

Une gloire si peu commune
Baille encor dans un plus beau jour :
Si tu chevauches chez l'amour,
Tu triomphes chez la fortune :
Tu vois tout au-dessous de toy,
Le Dauphin, la Reine, le Roy,

---

achevée. (DE BL.) — Le cheval de cette statue avait été fait sous le règne de Henri II, par Daniel Ricciarelli, de Voltere, élève de Michel-Ange; la statue, exécutée un siècle plus tard, était de Biard fils.

[1] *Gaudenot*, du latin *gaude nos*, est synonyme de *godemiché*, magot, figure grotesque, marmouset.

[2] Cette strophe et la suivante manquent dans la réimpression de 1713.

Et, quoy que si mal on t'agence,
Tu peux te vanter d'estre enfin
Dans le plus beau poste de France,
Depuis la mort de Mazarin.

XCV

LA BASTILLE [1].

Que voy-je, dans ce marescage,
Digne de curiosité,
Se tenir sur sa gravité
En citadelle de village ?
A quoy sert ce vieux mur dans l'eau ?
Est-ce un aqueduc, un caveau ?
Est-ce un réservoir de grenoüilles ?
Si l'on ne me dit ce que c'est,
Je m'en vais tant chanter de pouilles,
Que l'on m'en payera l'interest [2].

XCVI

C'est la Bastille [3], ce me semble ;
C'est elle-même, par ma foy !
Ventre-bleu, voilà bien de quoy
Faire que tout le monde tremble !
Qu'a donc de si particulier
Ce massonnage irregulier ?

---

[1] Voy. la Bastille, dans les estampes d'Israel Silvestre ; Catalogue raisonné de son œuvre, p. 72, 91, 92, 100 et 139.

[2] Variante de la réimpression de 1713 :

> Je m'en vais chanter tant de pouilles,
> Que l'Echo m'en payera l'interet.

[3] Vieux Château près de la porte S. Antoine. Il sert de prison aux criminels d'Etat et de qualité. Pour les autres, c'est le Châtelet ou la Conciergerie. Le Roi entretient et paie dans la Bastille un Gouverneur, avec soixante hommes commandés par un Capitaine et un Lieutenant. (DE BL.)

Est-ce une tour? En est-ce quatre[1]?
Et qui seroit le Ciel foireux[2],
Qui n'eust la force de l'abatre
D'une petarade ou de deux?

XCVII

Mais, ma Muse, admirons l'adresse
De ce chasteau sans garnison;
Il tasche à servir de prison,
S'il ne sert pas de forteresse :
Sous ce regne et dedans ce jour,
Pour se mettre bien à la cour,
Faut joüer bien son personnage ;
N'en parlons donc plus d'aujourd'huy :
S'il est sot, ceux qu'il tient en cage
Sont encore plus sots que luy[3].

XCVIII

Nous n'avons plus qu'un pas à faire,
Pour voir le mur et le fossé[4].
Paris, es-tu si mal chaussé
Que m'a conté le bruit vulgaire?
J'ay toujours crû que tes habits
Estoient tout au moins de rubis,
De diamans et de topases;

---

[1] Il y en a bien huit, à compter les petites qui sont entre deux. (DE Bl.)

[2] Variante de la réimpression de 1713 :

Est-ce une tour? En sont-ce quatre?
Et qui seroit le cul foireux....

[3] Cette strophe manque dans la réimpression de 1713.

[4] L'enceinte de Charles V était encore presque entière. (Voy. le savant et curieux ouvrage de M. Bonnardot, intitulé : *Dissertations archéologiques sur les anciennes enceintes de Paris*, 1853, in-4°, fig.)

Je viens, pour m'en desabuser,
Mettre icy quatre belles phrases,
Pour les bien immortaliser[1].

XCIX

LES MURAILLES DE PARIS.

Çà, voyons donc, Cité de merde,
Si la renommée a menti,
Et si c'est l'adverse parti
Qui veut que sa langue te perde ?
Mais que diantre voir en ce lieu ?
Es-tu faite en despit de Dieu,
Et pour faire enrager la guerre,
Ville sans porte et sans portier,
Avec tes Boulevards de verre,
Et tes murs de terre à potier [2] ?

C

Oui, dans tes murs de crotte seiche [3],

---

[1] Variante de la réimpression de 1713 :

> Et j'ai quatre ou cinq belles phrases
> Pour te bien immortaliser.

[2] Cette strophe manque dans la réimpression de 1713.

[3] Les Murailles de Paris sont fort peu de chose. Ses Portes sont faites en Arcs de Triomphe : elles ne se ferment point, et l'on y peut presque entrer partout jour et nuit; aussi, n'y a-t-il point garnison pour les garder. Le Guet de deux cents hommes, que la Ville entretient, n'est que pour faire la patrouille, et pour empêcher qu'il n'arrive point de désordre. (DE BL.) — L'auteur fait sans doute allusion aux bastions non achevés de la quatrième enceinte de la rive droite, commencée sous Charles IX, tels que le bastion de la Villeneuve-sur-Gravois, celui dit le Boulevert Saint-Martin, et plusieurs autres qui ne furent jamais que des buttes ou voiries, façonnés en bastions à deux faces, mais non revêtus, comme le témoigne le plan de Gomboust. Qu'entend-il par « la meilleure de tes tours ? » Peut-être veut-il désigner celle dite de Bois, adossée à la galerie du Louvre et dominant la porte Neuve. (A. B.)

Qui ne me vont pas au nombril,
Je voudrois, d'un coup de fuzil,
Faire quinze thoises de bresche :
Déja d'eux-mesmes les creneaux [1],
Dedans les fossez, en monceaux,
Sont croulez de vieillesse pure ;
Et la meilleure de tes tours
N'attend, pour choir en pourriture,
Qu'une chamade de tambours [2].

CI

Dans cet estat, tu te fais craindre ;
Chacun parle en tremblant d'effroy !...
Pauvre Paris, en bonne foy,
N'es-tu pas un bel homme à peindre ?
N'es-tu pas, comme on dit icy :
Un petit monde en racourcy ?
Ouy, par les droits de represailles,
Tu merites ce titre-là ;
Le monde n'a point de murailles :
Tu luy ressembles en cela [3].

CII

L'ARSENAL [4].

N'oublions pas, dans ce Registre,

---

[1] Variante de la réimpression de 1713 :

> Déja de tes murs les creneaux,
> Dedans tes fossez, à monceaux,
> Sont roulés de vieillesse pure.

[2] L'Auteur fait allusion aux murailles et tours de Jericho, qui tombèrent à la vue de l'Arche et au son des trompettes des Israëlites. (DE BL.)

[3] Cette strophe manque dans la réimpression de 1713 :

[4] Il y a deux estampes d'Israel Silvestre, représentant l'Arsenal à cette époque ; on lit au bas de l'une d'elles :

> Dans ce grand Arsenal se forge le Tonnerre,

Ce vaste et grand Logis bourgeois;
Icy le Jupiter François[1]
Fait fourbir son foudre sinistre.
Pourquoy nomme-t-on Arsenal,
Muse, ce Jardin infernal
Qui fait la figue à tous nos marbres?
Le sujet quadre-t-il au nom?
On y compte plus de mil arbres,
Et l'on n'y voit pas un canon.

CIII

MONTFAUCON[2].

Faisons halte icy par débauche,
Pour regarder les environs,
Et par regale censurons
Ce que je voy là sur la gauche :

> Dont le bras de nos Roys escrase les Titans,
> Et comme la Paix vient au sortir de la guerre,
> Tout proche aussi le Mail s'offre à vos passetemps.

[1] Sur le grand Portail de l'Arsenal, on lit ces vers :

> Ætna hæc Henrico Vulcania tela ministrat,
> Tela Giganteos debellatura furores.

Henri III, dont il est parlé dans ces vers, bien loin de défaire les factieux qui troubloient la France, périt lui-même par la main du jacobin Jacques Clément. (DE BL.)

[2] Montfaucon est un village près de Paris, hors la porte Saint-Martin ; on y pend les criminels et malfaiteurs. Enguerrand de Marigni étoit d'une ancienne famille de Normandie, premier ministre du roi Philippe le Bel, et son lieutenant par tout le royaume de France. Après la mort de ce Prince, le comte de Valois son frère, s'étant emparé de toute l'autorité, fit accuser Enguerrand de concussion, et le fit condamner par les Pairs du royaume à être pendu au Gibet qu'il avoit fait dresser lui-même à Montfaucon ; ce qui fut exécuté. Cela arriva en 1315. (DE BL.) — Le gibet de Montfaucon, vers 1660, ne conservait plus que sept ou huit de ses seize piliers de pierre, comme le témoignent les anciens plans antérieurs à 1700. (A. B.)

Vieil Gibet démantibulé,
Par Enguerrand si signalé;
Pilliers maudits, que les Orfrayes
Ont pris là pour leur tribunal;
Montfaucon, avecque tes clayes,
Tu fais plus de peur que de mal [1] !

CIV

SAINT-LOUIS [2].

Voicy la Maison de la peste
Ou l'Hostel des pestiferez :
Destournons nos yeux égarez
De dessus cet objet funeste ;
Je ne puis pourtant en secret
A ce superbe Lazaret
M'empescher de donner le reste ;
Pourquoy faut-il, pays foutu,
Donner un palais à la peste,
Et laisser pester la vertu [3].

CV

Puis qu'il fait si mauvais sur terre,
Cherchons fortune sur les eaux :

---

[1] Ce passage indique d'une manière certaine que les exécutions ne se faisaient plus là et que le gibet était alors abandonné. (Voy. la savante Dissertation de M. de La Villegille sur les Fourches patibulaires de Montfaucon.)

[2] Israel Silvestre a publié, vers 1655, une vue de l'hôpital Saint-Louis, « basti hors la Porte du Temple par Henry quatriesme, pour la commodité et le soulagement de ceux qui sont attaquez de la maladie. » L'abbé de Marolles, dans sa Description de Paris en quatrains, consacre les quatre vers suivants à cet hôpital:

> Quel bastiment plus beau que celuy qu'on destine
> Aux frappez de la peste en ses maux inouïs,
> Où l'on voit somptueux celuy de Saint-Louys
> Dans un bout des faux-bourgs où le bon vent domine.

[3] Cette strophe manque dans la réimpression de 1713.

Où vont tous ces petits batteaux?
Font-ils voile pour l'Angleterre?
En veulent-ils aux Dunquerquois?
Ou sur le Lac des Genevois
Vont-ils à la chasse aux macreuses?
Ou seroit-ce point (que sait-on!)[1]
La Flotte des Brebis galeuses
Qui vont au presche à Charanton[2]?

CVI

Nous avons trouvé la cachette :
Elles sont en habit decent ;
Eh! de grace, un mot, en passant :
Comment va la boëte à Perrette?
Que dit-on du Seigneur Morus[3]?
N'evangelisera-t-il plus?
Le renvoyez-vous en Hollande?
Que l'adage est bien averé,
Lors que l'on va trop à l'offrande,
Que l'on fait tomber le Curé!

---

[1] Variante de la réimpression de 1713 :

> Vont-ils à la pêche aux macreuses?
> Ou n'est-ce point (car que sait-on!)...

[2] Charenton est sur la Marne, qui entre dans la Seine au-dessous de ce bourg. Les Réformés de Paris y avoient un Temple, qui leur fut donné par Henri IV et rasé jusqu'aux fondemens par ordre de Louis XIV, son petit-fils. C'est à présent le jardin d'une Communauté de Nouvelles Converties. (De Bl.)

[3] Ceux qui voudront savoir les principaux événemens de la vie de Mr. Morus, n'ont qu'à consulter le *Dict. Crit.* de Mr. Bayle, qui en a parlé assez au long. Je dirai seulement qu'il étoit Ministre à Charenton et très-éloquent. Ses prêches étoient si courus, qu'on l'appeloit le *Ministre à cinq broches,* parce que les Rotisseurs de Charenton en mettoient autant le jour qu'il devoit prêcher, au lieu qu'ils n'en mettoient que deux ou trois quand quelqu'autre Ministre prêchoit. Il avoit été Ministre à Middelbourg en Zélande. Ses ennemis firent courir de mauvaises rumeurs de lui, et entr'autres

CVII

En effect, belles Reformées,
Vous l'auriez encor pour pasteur,
S'il eut esté moins bon ....,
Et s'il vous avoit moins aimées.
Il a fait de si grands efforts
Pour vos ames et pour vos corps,
Qu'il en court de rumeurs mauvaises,
Mais, quoy qu'on touche ses debits,
Il peut bien prescher dans vos chaises,
Puisqu'il a couché dans vos lits [1].

CVIII

LE CHASTEAU DE DISSESTRE [2].

Revenons dans ce lieu champestre
Qui nous rit en éloignement :
Vostre valet, sans compliment !
Auguste Chasteau de Bissestre ;
Les Lutins et les Loups-garous

un Distique latin sur ce qu'il fut accusé d'avoir engrossé le femme de chambre de madame de Saumaise. Voici ce Distique :

> Galli ex concubitu gravidam te Pontia Mori,
>   Quis benè moratam morigeramque neget ? (De Bl.)

[1] Cette strophe manque dans la réimpression de 1713.

[2] Ce nom de Bicêtre est corrompu de celui de Jean, évêque de Winchestre èn Angleterre, à qui cette Maison appartenoit du tems que les Anglois étoient maîtres de Paris et d'une grande partie de la France. Jean, duc de Berri, de la maison royale, y fit bâtir un Château que les Bouchers de Paris, suscités contre lui par le duc de Bourgogne, pillèrent et ruinèrent en 1411. On résolut, en 1632, d'en faire un lieu pour recevoir les soldats estropiés; on y bâtit une maison magnifique avec une très-belle façade, une très-belle Chapelle, etc. Louis XIII y fonda une Commanderie. Aujourd'hui qu'on met les estropiés aux Invalides, on renferme les pauvres mendians dans Bicêtre. (De Bl.)

Reviennent-ils toujours ¹ chez vous
Faire la nuict leurs diableries ?
Et les Sorciers, de suif graissez,
N'y trainent-ils plus les voiries
Des pendus et des trepassez ² ?

CIX

Ils n'ont garde, les pauvres Diables,
D'y revenir fourrer leurs nez ³,
Depuis que vous emprisonnez
Les caimands ⁴ et les miserables ;
Depuis qu'on vous nomme Hospital ⁵,
Il n'en est point d'assez brutal
Qui l'ait osé choisir pour giste ⁶ :
O ! merveilleuse nouveauté !
Ce qu'on n'a peu par l'eau beniste ⁷,
On l'a fait par la pauvreté.

¹ Variante de la réimpression de 1713 : encor.
² Il faut voir, dans la *Topographie françoise* de Chatillon, l'aspect sinistre et imposant que présentaient les ruines de l'ancien château de Bicêtre en 1655 : ces ruines servaient d'asile à une multitude de malfaiteurs, de gens sans aveu, qui avaient intérêt à faire croire que c'était un repaire de spectres et de démons. En 1632, le comte de Soissons dansa au Louvre, en présence du roi, le « ballet du chasteau de Bissêtre et des personnes, animaux et esprits, auxquels il sert de rendez-vous la nuit. »
³ Variante de la réimpression de 1713 :

D'y venir remettre leurs nez.

⁴ Mendiants.
⁵ L'abbé de Marolles, dans sa Description de Paris, a rimé ce quatrain sur l'Hôpital Général :

L'Hospital General est une œuvre naissante,
Qui delivre Paris de pauvres infinis,
Dans des lieux spacieux, de tout si bien munis,
Que cela peut passer toute sorte d'attente.

⁶ Variante de la réimpression de 1713 :

Qui vous ait choisi pour son giste.

⁷ Les Catholiques Romains font des exorcismes ou conjurations,

CX

Tous vos gros Gueux en sont bien aises :
Jamais ils n'ont eu si bon temps ;
Ils vivent là gais et contens,
Comme des moines de Foutaises¹.
Pour moy, dans ce Païs blessé,
Je croy que tout est renversé :
Qui vit jamais telles manieres,
Dans les autres Estats Royaux?
Les Rois sont-ils dans des chaumieres²,
Et les Gueux dedans des chasteaux³?

CXI

LE MAIL⁴.

Mais quel caprice nous transporte
A la campagne sans besoin?

et arrosent d'eau bénite les lieux qu'on croit habités par les Démons, Esprits follets, etc.

¹ L'édition de 1668, comme la réimpression de 1713, donne ici un vers faux qui se termine par un non sens : *moines de Theses*. Nous avons rectifié ce vers d'après une ancienne copie manuscrite.

² L'Auteur attaque ici le Gouvernement trop despotique, dont une des premières maximes est de ruiner la Noblesse. La France en sait plus de nouvelles qu'aucun autre royaume. Dans les Provinces, les maisons des Gentilshommes de campagne sont fort délabrées ; aux environs de Paris, tout est beau et riant. (DE BL.)

³ Variante de la réimpression de 1713 :

 Dans tous les Etats trop royaux,
 Les Nobles sont dans des chaumieres ;
 Ici les Gueux dans des châteaux.

⁴ Le *Mail*, dont il est ici question, était établi à l'extrémité orientale des bâtiments de l'Arsenal, sur un bastion de pierre de forme irrégulière (tortue, comme s'exprime l'auteur), qui fortifiait l'embouchure du fossé de la Bastille. (A. B.) — Il y a plusieurs vues du Mail, dessinées et gravées par Israel Silvestre. (*Voy.* l Catal. de son œuvre, p. 110, 158 et 157.)

Nous allons chercher Dieu bien loin,
Et nous l'avons à nostre porte.
Ce Promenoir, qui sert de Jeu,
Attend qu'on le caresse un peu :
On dit qu'il n'en est pas indigne ;
Et que, d'arbres tout revestu [1],
Il seroit droit comme une ligne,
S'il estoit un peu moins tortu.

CXII

Sur mon ame ! la chose est vraye ;
Où diable avois-je mon esprit ?
Est-il quelqu'un qui ne le prît
Pour un petit bois de futaye ?
Si j'avois un peu de loisir,
Je voudrois avoir le plaisir
D'y faire un moment d'exercice :
Ce sera, s'il plaist au bon Dieu,
Pour demain après le service :
Il faut tout faire en temps et lieu [2].

CXIII

Icy gist le bout de la Ville ;
Allons aux Fauxbourgs maintenant :
Nous y serons incontinent;
Avançons et suivons la file ;
Sans pindariser, passons l'eau :
Ce Batelier dans ce bateau
N'est pas pour enfiler des perles.
Nous voicy de l'autre costé ;

---

[1] Variante de la réimpression de 1713 :

    Et que de vieux ais revêtu.

[2] Cette strophe manque dans la réimpression de 1713.

Prens ta flutte, et chifflons les merles,
Muse, en attendant nouveauté.

CXIV

PORT-ROYAL ET JANSENISTES.

La Chaloupe est bien arrivée ;
De la façon que je voy tout,
Nous ne tomberons que debout
Sur quelque nouvelle corvée ;
Cette tanniere de Renards [1],
Qui semble envier nos regards,
A d'abord ce qu'elle pourchasse :
Les Gens qui la font tant priser

---

[1] Port-Royal. C'étoit une Abbaye de religieuses de l'ordre de Citeaux. Elle fut transférée à Paris environ l'an 1625, sous les auspices de la reine Anne d'Autriche, par l'abbesse de ce tems-là qui étoit de la famille d'Arnaud, et dont la mère avoit acheté la maison et le jardin au fauxbourg S. Jacques, là où est à présent Port-Royal. Cette mère y fut religieuse avec ses six filles, et, comme les filles avoient abandonné le Port-Royal des Champs, deux petits-fils de cette dame Arnaud, nommés Le Maître, s'y retirèrent : Mr. Arnaud d'Andilly les suivit en 1644 ; ensuite le fameux Arnaud, docteur de Sorbonne, et plusieurs autres grands hommes. Ils défendoient la doctrine de Jansénius, évêque d'Ypres, aussi bien que le célèbre Jean du Verger, abbé de S. Cyran, qu'on peut nommer le patriarche des Jansénistes. Ces Messieurs donnèrent plusieurs beaux ouvrages au public, qui sont tous fort estimés. Ils eurent une guerre continuelle avec les Jésuites qu'ils menoient tambour battant, de sorte que les bons enfans de Loyola furent obligés d'employer leur toute-puissance pour faire dissiper par l'autorité du Roi les assemblées des Jansénistes, défendre leurs Ecoles, et les chasser de Port-Royal. Le point de controverse étoit sur la doctrine de la Grace. Cet article a toûjours été une pierre d'achopement dans l'Eglise. Du temps de S. Augustin, les Pélagiens y échouèrent. Ceux qui vouloient trouver un milieu dans ces disputes furent taxés de Semipélagianisme. Les différends au sujet de la Grace entre les Dominicains et les Jésuites ne sont pas encore tout à fait vidés, pour ne pas parler de ceux qui subsistent encore entre les Protestans sur ce même point. (DE BL.)

Font tout avec tant de Grace,
Qu'on ne leur en peut refuser [1].

CXV [2]

Seminaire de nouveaux Cuistres,
Tous erigez en Beaux-Esprits;
Pepiniere de cent Proscripts,
Jansenistes ou Gens-sinistres :
Port bien moins royal qu'infernal,
Port sans Lanterne et sans Fanal,
Je ne veux point risquer mon ame
Sur une mer qui bruit si fort;
Puisque, quelque Saint qu'on reclame,
On fait même naufrage au Port.

CXVI

LE VAL DE GRACE [3].

Ce Dôme avec cette coupelle [4]
S'esleve bien haut dans les Cieux;

---

[1] Variante de la réimpression de 1713 :

Qu'on ne peut leur rien refuser.

[2] Cette strophe est toute remplie d'un sel malin, tant contre les Jésuites que contre les Jansénistes. (DE BL.)

[3] Israel Silvestre a dessiné et gravé, en 1661, une grande « véue du monastère royal du Val de Grace, » avec une belle inscription en vers composée par Scudéry. (Voy., p. 179 du Catal. raisonné de l'œuvre de Silvestre.) L'abbé de Marolles est resté bien loin de Scudéry dans ce quatrain, qui n'est pas le plus mauvais de sa Description de Paris :

Anne d'Autriche, reine, a fait le Val de Grace,
Cette maison si belle, où repose son cœur,
Où la magnificence a marqué sa splendeur,
Elevant un grand Dôme au milieu de l'espace.

[4] Dans la réimpression de 1713, on a changé *coupelle* ou *coupolle*, et *girondelle* en *girandolle*.

Pense-t-il nous crever les yeux,
Faisant en l'air la girondelle?
La Mama de nostre Loüis [1]
Veut par des excez inoüis
Immortaliser ses sottises [2] ;
Et montrer aux Saints triomphans,
Qu'elle sçait faire des Eglises
Aussi riches que des Enfans.

CXVII

Qu'elle fasse! Il ne m'en chaùt gueres :
Chacun fait ce qu'il veut chez soy ;
Ce sont les affaires du Roy,
Et ce ne sont pas nos affaires :
Qu'elle fasse aller son Convent
Jusques à ces Moulins à vent !
On ne perd point sa renommée
Dans de si pieuses amours ;
L'Eglise l'a toujours aymée [3],
Elle la veut aymer toujours.

---

[1] Variante de la réimpression de 1713 :

    La Maman de maistre Loüis.

La reine Anne d'Autriche, mère de Louis XIV. Elle fit bâtir l'Eglise et le Couvent du Val-de-Grâce, lorsque son vœu fut accompli, et qu'après six ans de stérilité elle eut un enfant, qui est le Roi d'à présent, appellé pour cela Dieu-donné. Cette Eglise est tout-à-fait à l'italienne, la plus belle et la plus superbe de tout Paris, peut-être même de toute la France. Au reste, on a imprimé en Hollande un livre intitulé : *Les Amours d'Anne d'Autriche*, où l'on prétend que le roi Louis XIII étoit impuissant, et qu'un certain comte R. étoit le père du Roi : tout cela, aussi bien que ce qu'on a débité de Mr. de Cinq-Mars et du cardinal Mazarin, ne sont que des contes qui n'ont servi qu'à augmenter le nombre des erreurs populaires, qui n'étoit déja que trop grand, sans qu'on y ajoutât de pareilles absurdités. (De Bl.)

[2] Ce mot est remplacé par des points dans l'édition de 1668.

[3] Cet endroit est fort malin par rapport aux prétendues amours

CXVIII

LA RIVIERE DES GOBELINS.

Ne faisons pas icy le cancre,
Et passons viste ce Ruisseau ;
Est-ce de la bouë ou de l'eau ?
Est-ce de la suye ou de l'encre ?
Quoy ! c'est le Seigneur Gobelin [1] ?
Qu'il est sale et qu'il est vilain !
Je croy que le Diable à peau noire,
Par regale et par volupté,
 Ayant trop chaud en Purgatoire,
Se vient icy baigner l'esté.

CXIX

On a beau, vantant l'escarlatte [2],
Dire qu'auprès des Gobelins
Le Tibre avecque trois moulins
Ne fait que trainer la savatte [3] :
Qu'on rende si l'on veut le Nil
En comparaison de luy vil ;

de la reine Anne d'Autriche et du cardinal Mazarin. (DE BL.) — La liaison secrète de Mazarin avec la reine mère est aujourd'hui un fait acquis à l'histoire depuis la publication de la Correspondance du cardinal, publiée par M. Ravenel.

[1] Un nommé Gobelin y établit le premier la teinture en écarlate, sous le règne de François I. Son nom est demeuré aux Manufactures du Roi et à la riviere même qui passe par derrière cette maison; son veritable nom étoit la Bièvre : ce n'est qu'une espèce de ruisseau. Les tapisseries des Gobelins sont très-fameuses. (DE BL.)

[2] On prétend que l'écarlate des Gobelins est la plus belle du monde ; les Anglois vantent aussi la leur : cependant on estime à Paris l'écarlate de Venise, et à Venise, celle de Hollande : cela change selon les goûts, et la teinture même change selon l'eau et l'air des endroits où on la fait. (DE BL.)

[3] Ceci est contre la première et troisième stance de la *Rome ridicule* de Saint-Amant. (DE BL.)

Pour moy, n'en déplaise à sa biere [1],
Je ne puis estimer ses eaux,
Ny prendre pour une riviere
Un pot de chambre de pourceaux.

CXX

N'exposons point nostre fortune
A ses caprices incoustans [2];
Nous passerions mal notre temps,
Si son Soleil prenoit la Lune;
Gaignons le haut, sans discourir;
Rien ne serviroit de courir
Pour trouver alors un refuge;
Nostre Esquif seroit eschoué [3]....
Mais pourquoy craindre le Deluge
Estant dans l'Arche de Noé?

CXXI

L'UNIVERSITÉ

Quelle estrange Enciclopedie [4]
De Gueux à ceinturons pendans!

---

[1] Quoi qu'en général la bière ne vaille guère à Paris, celle des Gobelins est la moins mauvaise : c'est un régal en été, et on en présente dans les bonnes maisons pour se rafraîchir. (DE BL.)

[2] Quelque misérable ruisseau que soit cette prétendue rivière, elle fait quelquefois bien du mal : par exemple, en 1579, elle s'enfla si fort en une nuit, qu'elle inonda presque tous les villages circonvoisins, avec une grande partie du Fauxbourg S. Marceau. Il y eut plusieurs personnes noyées, et le dommage qu'elle causa à Paris fut estimé plus de deux cent mille livres, sans compter le dégât qu'elle fit à la campagne. (DE BL.)

[3] Variante de la réimpression de 1713 : secoué.

[4] Mot grec qui veut dire proprement le cercle de toutes les disciplines, et marque l'enchaînement qu'elles ont l'une avec l'autre. (DE BL.)

Que de Cuistres et de Pedans!
Que de Rossignols d'Arcadie[1]!
Que de Grimaux espoussetez!
Que de Philosophes crottez!
Que de discours à teste verte[2]!
Je croy qu'en despit du Destin,
La Sorbonne a couché ouverte :
Tous les Asnes parlent latin.

CXXII

LE COLLEGE DES JESUITES [3].

Laschons icy nostre esguillette
En memoire de ce Saint fou,
Qui se fit casser le genou
Pour avoir la jambe bien faite [4].
C'estoit un plaisant rossignol,
Que ce patriarche Espagnol [5];
Mais que ses heritiers sont rogues!
D'où vient qu'estant si triomphans,
Ils sont devenus Pedagogues,
Et Foüetteurs de petits enfans?

---

[1] C'est-à-dire : des ânes qu'on entend braire.
[2] Variante de la réimpression de 1713 :

Que d'*in Sacris* à teste verte !

[3] Le Collége des Jésuites s'appeloit autrefois le *Collége de Clermont*, à cause d'un évêque de Clermont qui le fonda. Les Jésuites, pour lui donner plus de lustre, l'appellent présentement le *Collége de Louis le Grand*. (DE BL.)

[4] Variante de la réimpression de 1713 :

Pour avoir la jambe mieux faite.

[5] Ignace Loyola, fondateur de cette Compagnie, étoit un gentilhomme de Biscaye. Il fut blessé, au siége de Pampelune que les François firent en 1521, d'un coup de canon qui lui fracassa la jambe. (DE BL.)

CXXIII

C'est ce que tout le monde explique
Selon son animosité :
L'un dit que c'est par vanité ;
L'autre, que c'est par politique ;
Pour moy qui suis sans passion,
Je jugeray cette action
Avecque plus de preud'hommie,
Et soutiens plus probablement
Que c'est par pure sodomie,
Et ce n'est pas sans fondement [1].

CXXIV

Je ne donne point de creance
A toute sorte de discours ;
Je sçay que la Vertu toujours
Est sujette à la Médisance ;
Qu'on les nomme Assassins des Rois,
Marchands de bled, meschans François [2],
Et preparateurs d'Antimoine [3] :
Cela s'excuse sur le champ :
Si l'habit ne fait pas le Moine,
Le mal ne fait pas le meschant.

[1] Cette strophe manque dans la réimpression de 1713.
[2] Variante de la réimpression de 1713 :

Marchands de bled, Marchands de bois.

Les accusations dirigées contre les Jésuites, par leurs ennemis et répétées par l'opinion publique, furent les mêmes pendant deux cents ans. Nous voyons ici qu'on reprochait déjà, en 1661, à la Compagnie de Jésus de se mêler de trafic et de banque : ce fut là la principale cause de son expulsion hors du royaume en 1762.

[3] La Faculté de médecine de Paris, après avoir condamné l'antimoine comme un poison toujours dangereux, en fit consacrer l'usage par un arrêt du Parlement, du 29 mars 1668.

CXXV

L'EGLISE ET PLACE DE SORBONNE [1].

Armand repose en cette place [2],
Qui nous regarde de travers;
Joignons quelques-uns de nos vers
A ceux qui rongent sa carcasse [3].
Pourquoy fit-il bastir ce lieu,
Moitié pour luy, moitié pour Dieu?
Est-ce afin que chacun contemple
Son bon menage ou son orgueil?
Ou n'est-ce point pour luy le Temple
Aussi-bien comme le Cercueil?

CXXVI

CADRAN DE LA SORBONNE [4].

Je m'en rapporte, en ma migraine,
A de plus curieux que moy;
Ce Cadran tout rond que je voy
Me met bien autrement en peine :
La Lune avec cent contrepoids
N'y marque qu'une heure en un mois;

---

[1] Il y a un « Livre contenant les veües et perspectives de la Chapelle et Maison de Sorbonne, » en plusieurs estampes dessinées par Israel Silvestre et gravées par Marot, avec des figures de La Belle. (*Voy.* le Catal. de l'Œuvre d'Is. Silvestre, p. 173 et suiv.)

[2] Le cardinal de Richelieu fit rebâtir magnifiquement le Collége et l'Eglise de la Sorbonne. Dans celle-ci, il se fit un superbe tombeau, où il est enseveli, et qui occupe presque la moitié de l'Eglise. Il est de marbre blanc et noir, artistement travaillé et enrichi de statues, d'inscriptions, et autres ornemens de sculpture. (DE BL.)

[3] Variante de la réimpression de 1713 :

A quelques-uns de sa carcasse.

[4] Cette horloge astronomique n'existe plus depuis longtemps; nous ne l'avons pas vue décrite ailleurs.

O! l'agreable momerie!
Et ne peut-on pas bien loger,
Dans la même cathegorie,
Et l'Architecte et l'Horloger?

CXXVII

LE LUXEMBOURG [1].

Donnons des eloges idoinés [2]
Au noble Palais d'Orleans.
Colin tampon! Dieu soit ceans,
Et le Diable chez tous les Moines!
Quand j'admire solidement
Cet admirable Bâtiment
Qui semble au Louvre faire niche,
Je dis : Est-il possible enfin
Que celle qui t'a fait si riche,
Soit morte à Cologne de faim [3]?

---

[1] C'étoit anciennement l'Hôtel du Luxembourg, jusqu'à ce que la reine Marie de Médicis, veuve du roi Henri IV, le choisit pour sa demeure. Elle y fit bâtir ce Palais, qu'on nomma ensuite le Palais d'Orléans, parce que Gaston, duc d'Orléans, fils puîné de cette reine, y demeura. (DE BL.) — Israel Silvestre a dessiné et gravé différentes vues du Luxembourg. (*Voy.* le Catal. raisonné de son œuvre, p. 91, 154, 155, 156 et 157.) Voici en quels termes l'abbé de Marolles a représenté ce palais, dans la Description de Paris en quatrains :

> Le royal Luxembourg est d'une grande Reine,
> D'un dessein merveilleux en son ordre toscan,
> Conduit par un illustre et savant Artizan,
> A bossage formé d'une structure pleine.

[2] Nous avons adopté ici le texte de la réimpression de 1713; dans l'édition de 1668, on lit :

> Donnons des éloges publiques...
> Et le Diable chez tous les chiches.

[3] Marie de Médicis étoit fille de François, grand-duc de Toscane, née en 1574. Elle épousa en 1600 le roi Henri IV. Après la mort de ce prince, elle gouverna le Royaume pendant la minorité de son

CXXVIII

LE JET DU GRAND BASSIN [1].

Morbleu! qui n'auroit pas envie
De rire à ce grotesque object?
Non, je n'ay jamais veu de Jet
Plus extravagant en ma vie.
Que ce vilain poisson d'airain,
Dans les bras du monstre marin [2],
Fait le fantasque et le farouche!
Mais Dieu! qu'ils sont tous deux mal nets!
Ce que l'un pisse par la bouche,
L'autre l'avalle par le nez.

CXXIX

L'ABBAYE SAINT-GERMAIN [3].

Dix vers, de grace, à l'Abbaye,
En faveur de l'Abbé Pansu;

---

fils Louis XIII. Mais, ce jeune roi ayant voulu régner lui-même et sa mère voyant toute l'autorité entre les mains du cardinal de Richelieu, elle sortit de France, passa en Flandres, ensuite en Angleterre, et de là se retira à Cologne, où elle mourut dans un état fort pitoyable. La crainte qu'on eut du cardinal, qui étoit son ennemi mortel, fit que personne n'osa l'assister, pas même le roi son fils. (DE BL.)

[1] Le grand jet d'eau du Luxembourg figure sur plusieurs estampes gravées par Israel Silvestre, J. Marot, Pérelle, etc. Le bassin est de forme octogone; au milieu, on distingue un Triton qui tient un Dauphin. (A. B.)

[2] Le Jet, dont il est parlé ici, est dans un des Jardins du Luxembourg. C'est un Triton qui tient entre ses bras un Dauphin, qu'il regarde, le visage tourné vers le ciel, de sorte que, selon que le vent souffle, l'eau qui tombe de la gueule du Dauphin tombe souvent sur le nez du Triton. (DE BL.)

[3] Il y a une petite vue de l'abbaye Saint-Germain-des-Prés *lez-Paris*, dessinée par Israel Silvestre vers 1655. (*Voy.* la savante

Cet illustre b..... est issu [1]
D'une royalle .... [2]
Ces trois Pyramides à jour [3],
Que je voy là tout à l'entour,
Me causent bien de la surprise;
Au nom de Dieu, pourquoy met-on
Trois clochers dessus une Eglise?
Un Cabaret n'a qu'un bouchon.

CXXX

Enfin donc, puisque sans reserve
Dessus tout nous satirisons,
Allons aux Petites Maisons [4]

Histoire de cette abbaye, par dom Bouillard, dans laquelle on trouv des plans et des estampes qui représentent l'état du monastère au commencement du dix-huitième siècle.

[1] L'abbé de S. Germain de ce tems-là étoit de la maison de Verneuil, qui tire son origine de Henri IV et d'une de ses maîtresses, Henriette Balzac d'Entragues. (DE BL.) — Henri dé Bourbon, que le poëte appelle l'*abbé Pansu*, à cause de son gros ventre, était fils naturel de Henri IV. Il fut évêque de Metz, après avoir été abbé de S. Germain-des-Prés. Il mourut en 1682.

[2] Variante de la réimpression de 1713 :

> Ce brave prelat est issu
> De royalle galanterie.

[3] Ces trois Pyramides sont les trois clochers pointus qui sont sur l'Eglise. (DE BL.) — Deux de ces clochers, qui s'élevaient de chaque côté de la nef, ont été démolis en 1820, parce qu'ils menaçaient ruine; on n'a conservé que le gros clocher du grand portail.

[4] L'Hôpital des Fous, au bout du Fauxbourg Saint-Germain ; on l'appelle ainsi à cause des petites loges où l'on renferme ceux qui ont perdu le sens. Rien de plus commun à Paris, que de dire d'une personne qui fait quelque folie, qu'il faut l'envoyer aux Petites Maisons. (DE BL.) — Ce vaste enclos est aujourd'hui l'Hospice des Ménages, rue de Sèvres. Voici comment l'abbé de Marolles a caractérisé cet Hôpital, dans sa Description de Paris en quatrains :

> Les Petites Maisons sont une belle chose :
> Elles font leur paroisse, et les lieux sont si grands,

Faire un dernier effort de verve :
Par complaisance ou par pitié,
Nous luy devons cette amitié,
Dedans nostre melancolie ;
Car, après tout, où pourrions-nous
Mieux achever nostre Folie,
Que dedans la Maison des Foux?

CXXXI

Maison ordinaire et commune
Des Gens privez du sens commun,
Fameux Hospital où chacun
Recognoit pour Soleil la Lune :
Celebres Petites Maisons,
C'est avec de bonnes raisons,
Que ma Muse te rend hommage ;
Mon mestier veut cela de moy,
Car il n'est Poëte si sage [1],
Qui ne tremble en parlant de toy !

CXXXII

Pour couronner nostre Satire
En homme d'honneur et de bien,
Disons que nous n'avons dit rien
Au prix de ce que l'on peut dire :
Satisfaisons-nous toutesfois,
Et sans parler du mal François [2],

> Pour des foux infinis et pour de vieilles gens,
> Qu'on ne voit rien ailleurs de mieux que je propose.

[1] L'auteur veut dire que, pour être bon poète, il faut être un peu fou. Nos vieux Gaulois appelloient autrefois les poètes : *Fatistes*, d'où est venu le mot de *Fat*. J'ai vû autrefois à Paris un fou aux Petites-Maisons, qui faisoit de très-jolis vers, dont il régaloit ceux qui venoient voir cet Hôpital. (De Bl.)

[2] L'auteur parle, en italien, du Mal de Naples.

Sonnons tout de bon la retraite;
Quand il s'agiroit de pecher,
Prudence veut que l'on permette
Ce qu'on ne sçauroit empescher.

CXXXIII

Adieu donc, Ville de Village,
Seigneur Paris en Badaudois [1]!
J'en diray moins une autre fois,
Ou bien j'en diray davantage :
Sans boire, c'est assez chanté;
J'arrive au terme limité [2],
Trois vers finissant ce Poëme;
Qui de trois paye un, reste deux :
Adieu, voicy le penultieme;
Fais le dernier, si tu le peux?

---

[1] On appelle les Parisiens : *Badauts*, et la campagne de Paris : le *Badaudois*, aussi bien que le langage qu'on y parle. Ce saubriquet leur a été donné, parce que le peuple de Paris s'attroupe facilement et s'amuse à regarder tout ce qui lui semble tant soit peu extraordinaire; ce qu'on appelle : « faire le Badaut. » Il y a de l'apparence que ce mot est dérivé des Bagaudes, qui étoient des paysans rebelles des environs de Paris, lesquels s'attroupèrent et firent beaucoup de ravage; mais ils furent défaits et exterminés. On croit qu'ils étoient campés dans l'endroit où est S. Maur des Fossés, qu'on appelloit autrefois *Castrum Bagaudarum*. (DE BL.)

[2] Variante de la réimpression de 1713 :

> J'arrive au terme limité :
> J'ai fait ce que j'ai projetté.

LA VILLE DE PARIS

EN VERS BURLESQUES

CONTENANT

LES GALANTERIES DU PALAIS, LA CHICANE DES PLAIDEURS,
LES FILOUTERIES DU PONT-NEUF,
L'ELOQUENCE DES HARANGERES DE LA HALLE,
L'ADRESSE DES SERVANTES QUI FERRENT LA MULLE,
L'INVENTAIRE DE LA FRIPPERIE,
LE HAUT STILE DES SECRETAIRES DE SAINT-INNOCENT,
ET PLUSIEURS AUTRES CHOSES DE CETTE NATURE,

PAR

LE SIEUR BERTHOD

A MES AMIS DE LA CAMPAGNE

Vous me demandez si souvent des nouvelles de Paris, et des particularitez de ce qui s'y passe, que je veux, pour vous satisfaire, vous en donner qui vous feront peut-estre rire quelque quart-d'heure, si vous prenez la peine de les lire. Tout le monde envoye dans les Provinces des Relations de ce qui se passe de beau dans cette grande et celebre Ville, et chacun s'estudie à bien debiter les magnificences que l'on void à la suite du Roy, dans les Palais des Princes et dans les Ceremonies publiques; moy-mesme je m'y suis escrimé comme les autres. Mais c'est une matiere trop serieuse : je veux, dans celles que je vous envoye, vous parler de quelque chose qui ne soit pas si fort eslevé. Si vous n'entendiez discourir que des beautez de Paris, elles ne vous paroistroient pas si rares, et vous n'en feriez pas l'estime que vous devez. Le grand nombre des belles choses en amoindrit le prix, et une confusion de merveilles empesche de les bien considerer. C'est pour cela (mes chers Amis) que j'ay voulu vous divertir, par la lecture des Vers que je vous presente, où vous apprendrez ce que j'ay fait voir à un nouveau venu dans cette Ville. Je l'ay mené d'abord dans les endroits où l'on voit la confusion et le desordre, afin qu'après il eust plus de plaisir à voir le Palais Royal, le Cours, la Comedie, et toutes les autres choses de cette nature. Je l'ay promené sur le Pont Neuf, où je luy ay fait remarquer cent drolleries qui s'y font. Je l'ay mené dans la Gallerie du Palais, où les Marchands disent cent choses à la fois. Je l'ay fait considerer la diversité des Plaideurs, et des gens de procez, dans la grand' Salle. Je l'ay mené boire à la Buvette, où j'ay fait causer la Maistresse. Je l'ay engagé dans un embarras devant le Palais, où il s'est trouvé parmy des Chariots et des Carrosses accrochez, des Tumbereaux pleins de bouës renversez, des boutiques de Merciers par terre, entre des Laquais, des porteurs de chaises, des boüeurs, des Charetiers et des Savetiers qui se gourment. Je luy ay fait voir une ruë en alarme, et tout un voisinage soûlevé, qui court avec des broches et des hallebardes, après un homme qu'on prend pour un autre. Je l'ay mené aux Charniers de S. Innocent, où je luy ay montré les illustres Secretaires de ce pays-là. Je luy ay fait entendre la lecture d'une lettre de haut stile de ces Messieurs. Je luy ay fait considerer une Servante, qui fait reformer un memoire pour ferrer la mulle; les marmousets de papier, et des vendeurs d'Images. Je luy ay montré tous les guenillons de la Friperie. Je luy ay fait entendre les injures des Harangeres de la Halle, et une infinité d'autres choses semblables que vous verrez dans ces Vers que je vous donne, puisque vous me les avez demandez et que je ne puis vous les refuser, parce que je suis vostre amy et vostre serviteur.

LA VILLE DE PARIS

EN VERS BURLESQUES

Ouy, Paris, fussé-je pendu,
Quand on me l'auroit deffendu,
Je veux, deussé-je vous déplaire,
Décharger sur vous ma colere.

Commençons donc, Monsieur Paris,
Quoy que vous emportiez le prix
Sur toutes les Villes du monde ;
Ma foy, je veux que l'on me tonde,
Que l'on me berne, et qu'en un mot
Que l'on me tienne pour un sot,
Si jamais plus chez vous je rentre,
Et je veux bien qu'un mal de ventre
Me fasse courir[1] quinze jours,
Que je sois velu comme un ours,
Que le farcin avec la galle
Fassent ma peau comme une malle
Ou comme le cuir d'un bahu,
Que je montre tousjours le cu,
Et que malgré le vent de bise
Je marche tousjours sans chemise;
Que je devienne aussi taigneux

---

[1] Aller souvent à la garde-robe; expression familière, encore usitée.

Que le plus miserable gueux ;
Que j'aye la teste pelée,
Que j'aye la barbe gelée,
Et qu'enfin tous les plus grands maux
Penetrent jusques dans mes os,
Si jamais plus je vous aborde.

LES FILOUTERIES DU PONT-NEUF.

Sois-je pendu cent fois sans corde,
Si jamais plus je vais chez vous,
Maistresse Ville des Filoux,
Et si je me mets plus en peine
D'aller voir la Samaritaine [1],
Le Pont Neuf [2], et ce grand Cheval [3]
De bronze, qui ne fait nul mal,
Tousjours bien net, sans qu'on l'estrille
(Dieu me damne, s'il n'est bon drille) :
Touchez-le tant qu'il vous plaira,
Car jamais il ne vous mordra :
Jamais ce Cheval de parade
N'a fait morsure ny ruade.

Vous, rendez-vous de charlatans,
De filoux, de passe-volans,
Pont-Neuf, ordinaire theatre
De vendeurs d'onguent et d'emplastre,
Sejour des arracheurs de dents,
Des fripiers, Libraires, Pedans,
Des chanteurs de chansons nouvelles [4],

---

[1] Voy. ci-dessus, *Paris ridicule*, n° XLV et les notes.
[2] Voy. ci-dessus, *Paris rid.*, n°° XLII, XLIII, XLIV et les notes.
[3] Voy. ci-dessus, *Paris rid.*, n°° XLVI, XLVII et les notes.
[4] Voy. dans les *Aventures burlesques de Dassoucy*, publiées par M. Emile Colombey (*Bibl. gauloise*), de curieux détails sur le Savoyard et sur les *chantres* du pont Neuf.

D'entremetteurs de Damoiselles,
De coupe-bourses, d'Argotiers,
De Maistres de sales mestiers,
D'Operateurs et de Chymiques,
Et de Medecins spagiriques,
De fins joüeurs de gobelets,
De ceux qui rendent des poulets.

« J'ay, Monseu, de fort bon remede,
Vous dit l'un, (jamais Dieu ne m'ayde!)
Pour ce mal-là que vous sçavez?
Croyez-moy, Monseu, vous pouvez
Vous en servir, sans tenir chambre.
Voyez, il sent le musc et l'ambre :
C'est du mercure preparé,
Et jamais Ambroise Paré
Ne bailla remede semblable. »
— « Cette chansón est agreable,
Dit l'autre, Monseu, pour un sou! »
— « La, hé! mon manteau, ha, filou!
Au voleur, au tireur de laine! »
— « Hé, mon Dieu, la Samaritaine,
Voyez comme elle verse l'eau,
Et cet Horloge, qu'il est beau!
Escoute, escoute, comme il sonne :
Dirois-tu pas qu'on carillonne?
Regarde un peu ce jacquemard?
Teste-bleu, qu'il fait le monard[1] !
Tien, tien, ma foy, aga, regarde,
Il est fait comme la Guimbarde[2],

---

[1] Ce mot n'a été recueilli dans aucun dictionnaire. Nous croyons qu'il signifie : qui fait la grimace, la moue. Peut-être faut-il lire momard; de momon, mome, etc.

[2] Outil de menuisier, espèce de rabot qu'on promène dans une rainure avec un mouvement régulier et machinal.

Pardy, c'est pour estre estonnez :
Il frape l'heure avec le nez [1]. »

Voyons ces tireurs à la blanque [2],
Qui, pour ornement de leur banque,
Ont quatre ou cinq gros marmousets
Plantez dessus des tourniquets,
Tenans en main une escritoire,
Faite de bois, d'os ou d'yvoire,
Un peigne de plomb, un miroir
Garny de papier jaune et noir,
Des chausse-pieds, des esguillettes,
Des cousteaux pliants, des lunettes,
Un estuy de peigne, un cadran,
Barboüillez avec du saffran ;
De vieilles Heures Nostre-Dame
A l'usage d'homme et de femme,
Moitié françois, moitié latin [3] ;
De vieilles roses de satin ;
Un fusil [4] garny d'allumettes,
Deux ou trois vieilles savonnettes,
Une tabaquiere [5] de bois,
Une visse à casser des nois,
Un petit marmouset d'albastre,

---

[1] Le *jacquemard*, qui sonnait les heures à l'horloge de la Samaritaine, était alors assez célèbre, pour que Scarron ait publié plusieurs épitres burlesques dans lesquelles il fait parler ce marmouset de fer, qu'on supprima en 1712, lorsqu'on reconstruisit la Samaritaine.

[2] Loterie ; de l'italien *bianca*.

[3] Depuis la fin du seizième siècle, on ne réimprimait plus les *Heures de Nostre Dame en françois et en latin*, ornées de fig. en bois et de *belles histoires*, qui avaient eu de si nombreuses éditions chez Simon Vostre, Antoine Verard, Pigouchet, Kerver, etc.

[4] Briquet.

[5] On ne disait pas encore *tabatière*, qui s'éloigne de l'étymologie, *tabac*.

Des gans blanchis avec du plastre,
Un meschant chappeau de castor,
Garny d'un cordon de faux or,
Une fluste, un tambour de Basque,
Un vieux manchon, un meschant masque.
« Çà, messieurs, mettez au hazard !
On tire deux fois pour un liard !
(Dit ce coquin, dans sa boutique,
Vestu d'un habit à l'antique,
Qui peste contre les passans
De ce qu'il n'a point de marchans.)
Pour un sou, vous aurez six balles !
Dit ce marchand d'estuis de balles;
A moy, Monseu ! Qui veut tirer,
Avant que de me retirer ?
Çà, chalans, hazard à la blanque :
De trois coups personne ne manque ! »

LES ENTRETIENS D'UN GASCON.

Pardy, voicy quelque nigaut :
C'est un Gascon, ou peu s'en faut.
Abordons-le : « Monsieur, je pense
Estre de vostre connoissance ?
Je crois vous avoir veu à Mets ?
— *Pourroit bien estre, Monsu ; mais*
Qui estes-bous, ne bous desplaise ?
— Monsieur, on me nomme saint Blaise.
— *Demeurez, par la bertu bieu !*
Je bous ay beu en quauque lieu :
Diou me dane, c'est en Olande,
A Bolduc, ou bien dans Ostende.
— Dans Ostende, pardonnez-moy.
— *Attendais, j'y suis, par ma foy;*
C'est put estre en la Cathalongne ?

— Non, non, Monsieur, c'est en Gascongne.
— *Parbleu, bous dites bray, j'en suis.*
Mais où est-ce que je bous bis ?
— Je ne sçay pas, mais il me semble
D'avoir fait un voyage ensemble.
— *Cap de bious! sans tant vadiner,*
Jou m'en bau vien lou debiner;
Il faut que ce soit à Mirande,
San Macary, ou vien Marmande[1].
— Sur mon ame, je n'en sçay rien,
Mais pourtant il me semble bien
Que je connois vostre visage.
Venez, parlons-en davantage,
Faisons un tour : nous causerons
En lieu moins sujet aux affrons;
Vous vous pourriez trouver en peine.
Où logez-vous, que je vous meine
Chez vous, Monsieur? Que pensez-vous?
Ce pont est farcy de filoux[2].
— *On le dit, mais j'attens mon frere :*
Il est allé chez son veau Pere.
— C'est bien fait, mais, en attendant,
Gare la bourse cependant.
— *Ma vourse, mordy, malle-peste;*
Peu cap de bous, je bous proteste.
— Aga, hé, que dit ce badaut?

---

[1] Proverbe gascon qui réunit les noms de trois petites villes de Gascogne : Mirande (Gers), Saint-Macaire (Gironde) et Marmande (Lot-et-Garonne).

[2] « Quant aux voleurs, dit Colletet dans son ouvrage intitulé : *La Ville de Paris* (1679), on les craint à présent si peu, chose étonnante, que sur le Pont Neuf où il n'y avoit point de sûreté passé quelques heures, on y marche à présent avec aussi peu de crainte qu'en plein jour, par l'augmentation qui s'est faite des compagnies du guet qui marchent à toutes heures et qui conduisent mesme chez elles les personnes égarées ou qui se trouvent prises de vin ou de quelque autre accident. »

— *C'est bous qui estes le nigaut !*
Rendez-moy, ou je bous assomme ?
Mais bous n'estes pas Gentil-homme !
Je ne me bats pas contre bous. »

Ce passe-temps n'est-il pas doux ?
Frottez-vous-y ! Mais, vous, Riviere,
Où l'on voit mainte lavendiere,
Noyez-moy, si vous m'y trouvez,
Vous, Seyne, l'esgoust des privez [1]
D'une si grande et sale Ville !

Passons maintenant dedans l'Isle [2] :
Voyons ce qu'on fait dans ce lieu,
Où je croy qu'on tromperoit Dieu,
Dans ce pervers siecle où nous sommes,
Ainsi qu'on y trompe les hommes.

LES GALANTERIES DU PALAIS

Et puis, entrons dans le Palais [3],
Où nous verrons que Rabelais
N'a point dit tant de railleries,
Qu'il s'y fait de friponneries :
Nous y verrons de fins trompeurs,
D'illustrissimes affronteurs.

---

[1] Autrefois, la plupart des fosses d'aisance, dans toutes les maisons voisines de la Seine, communiquaient avec la rivière, soit par des conduits souterrains, soit à travers les terres. Ce fut à partir du règne de François 1er que la police exigea que les fosses ne laissassent plus échapper les matières solides ou liquides ; mais il fallut plus de deux siècles pour obtenir l'exécution de cette mesure de salubrité publique (*Voy.* ci-dessus *Paris rid.*, n° L).

[2] L'île de la Cité, qu'on appelait alors l'Ile du Palais. (*Voy.* ci-dessus *Paris rid.*, n° LII.)

[3] *Voy.* ci-dessus *Paris rid.*, n°° LV, LVI, LVII, et les notes.

Allons y voir la grande presse
De gens, allans, venans sans cesse,
Qu'on y voit presque tous les jours :
Là, les courretieres d'amours
Font mille tours de passe-passe.
Le mal s'y fait de bonne grace :
Les plus sages y sont trompez.
J'en sçay qui furent attrapez,
Allans, un jour, par raillerie,
Faire un tour de la Gallerie
Du Palais [1], où l'on fait ces coups.

« Çà, Monseu, qu'achepterez-vous ?
Dit une belle librairesse.
Venez voir une belle piece,
Les *Heroynes* de Du Bosc [2] ?
J'ay les œuvres de Parabosc [3] ;
Tenez, voicy l'*Honneste Femme* [4].
Venez icy, tenez, Madame ?
Voilà les œuvres de Caussin [5] ;
J'ay des Heures, de papier fin :
Elles sont à la Chanceliere [6],

---

[1] Pierre Corneille a fait, en 1634, une comédie qui porte ce titre, parce que c'est le lieu de la scène. Cette galerie, qui a subsisté, bien dégénérée de son ancienne splendeur, jusqu'en 1852, se nommait aussi la *Galerie marchande*.

[2] Cet ouvrage, intitulé : *Les Femmes héroïques comparées avec les héros*, par Pierre Du Bosc, théologien normand, parut d'abord en 1644, in-4, et fut réimprimé plusieurs fois.

[3] Ce sont sans doute les ouvrages (*Rime, Diporti, ovvero Novelle et Lettere amorose*) de Girolamo Parabosco, souvent réimprimés au seizième siècle en Italie, mais non traduits en français.

[4] *L'Honneste Femme*, par Pierre Du Bosc, publ. avec une préface par d'Ablancourt (1632), in-8, et souvent réimprimé.

[5] *La Cour sainte*, de Nicolas Caussin (2 vol. in-fol.), fut réimprimée trois ou quatre fois à cette époque (1637, 1645, 1653) ; les autres ouvrages du même auteur étaient alors très-recherchés.

[6] Ce sont probablement les *Heures* de P. Moreau, imprimées avec des caractères imitant l'écriture bâtarde. Les exemplaires tirés sur

J'ay la *Cassandre* toute entiere [1].
Voulez-vous les œuvres d'Arnaut [2]?
J'ay bien icy ce qu'il vous faut.
Monseu, cherchez-vous quelque chose?
J'ay les pieces que Belle-rose
Conservoit le plus cherement :
Je les ay eu secretement,
Depuis qu'il est hors du Theatre [3].
Avez-vous veu sa *Cleopastre* [4]?
C'est une piece qui ravit,
Sur tout quand Antoine la suit.

Voulez-vous voir la *Galatée* [5]?
La *Niobé* [6], la *Pasitée* [7],
La *Mort de Cesar* [8], *Jodelet* [9],

papier fin étaient plus grands que les autres. On appelle encore *papier à la chancelière* le papier à lettre, de grand format, semblable à celui qu'on employait pour adresser des requêtes au chancelier.

[1] La *Cassandre*, de La Calprenède (1642-44, 10 vol. in-8), était alors le roman en vogue; il fut réimprimé en 1648, 1654, 1660.

[2] Ce sont les *Œuvres chrétiennes* d'Arnaud d'Andilly (1644, in-4).

[3] Ce passage nous apprend que le comédien Bellerose (Pierre Le Messier, dit), de l'Hôtel de Bourgogne, possédait une belle collection de pièces de théâtre, qu'il vendit longtemps avant sa mort, arrivée en 1670.

[4] Il y avait plusieurs tragédies de ce nom. Celle dont il est question ici doit être la *Cléopâtre* de Benserade, dédiée au cardinal de Richelieu, jouée et imprimée en 1636, in-4.

[5] La *Galatée divinement délivrée* est une pastourelle en cinq actes, de Jacques de Fonteny, confrère de la Passion; elle fut imprimée en 1587, dans un recueil intitulé : *Les Ressentiments de Jacques de Fonteny, pour sa Céleste*, in-12.

[6] Tragédie en cinq actes et en vers, avec des chœurs, par Frenicle, imprimée en 1632, in-8.

[7] Tragi-comédie, de Pierre Troterel, sieur d'Aves, imprimée en 1624, in-8.

[8] Quoiqu'il y eût plusieurs tragédies sur ce sujet, nous pensons qu'il s'agit ici de celle que Georges de Scudéry fit représenter avec succès et imprimer en 1636, in-4.

[9] Le *Jodelet ou le Maître valet*, de Scarron, représenté et im-

Le *Cinna*[1], le *Maistre valet*,
Tout le recueil des Comedies ;
Voicy de belles Tragedies
Qu'on a faites depuis deux jours.
J'ay bien encore les *Amours*
Du Prince de la Grand'Bretagne[2].
Voicy les *Essais* de Montagne[3].
J'ay bien quelque chose de beau :
C'est Davila, couvert de veau,
En beau papier, beau caractere[4].
Monseu, voicy bien vostre affaire :
J'ay tout Rablais et l'Agrippa[5],
Sans qu'il y manque un iota...
C'est pour porter à la pochette,
Mais je vous le vends en cachette.
J'ay Charon, non pas des nouveaux :
Le mien est de ceux de Bourdeaux[6].

primé en 1645, in-4, a donné le type du personnage, lequel reparut depuis dans plusieurs autres pièces ; mais, comme le *Maître valet* qui figure dans le vers suivant ne peut être que cette même pièce, il faut que Berthod ait voulu citer ici le *Jodelet astrologue* d'Antoine Le Metel, sieur d'Ouville, comédie imprimée en 1646, in-4.

[1] C'est le *Cinna* de Pierre Corneille, représenté et imprimé en 1643, in-4.

[2] Voici le titre de ce roman : *La Galatée ou les Aventures du prince Astyages, histoire de nostre temps où sous noms feints sont representez les amours du Roy et de la Reyne d'Angleterre*, par A. Remy. Paris, 1625, in-8.

[3] Les *Essais* furent réimprimés cinq ou six fois, de 1636 à 1652.

[4] *Histoire des guerres civiles de France*, trad. de l'italien de Davila, par Jean Baudoin. Paris, 1644, 2 vol in-fol.; plusieurs réimpressions.

[5] Le Rabelais n'avait pas été réimprimé depuis le commencement du siècle, mais les anciennes éditions étaient fort communes. On voit ici qu'elles se vendaient en cachette, de même que le *Baron de Fœneste*, par Agrippa d'Aubigné. (*Voy.* l'excellente édition de ce chef-d'œuvre, publiée par M. Mérimée dans la *Bibl. Elzevirienne* de M. Jannet.)

[6] C'est le *Traité de la Sagesse*, de Pierre Charron, l'émule de Montaigne. Les éditions de Bordeaux (Millanges, 1601) renferment

J'ay ceans l'*Histoire secrette*[1] :
C'est une piece fort bien faite.
J'ay bien quelque chose de prix :
La *Doctrine des beaux esprits*[2].
Monseu, si vous estiez un homme
Pour y mettre une bonne somme,
Je pourrois vous en faire part :
Je l'ay dans un coin à l'escart.
C'est bien une piece fort bonne ;
C'est pour cela que la Sorbonne
A tretous nous a deffendu,
Sous la peine d'estre pendu,
D'en imprimer aucune chose :
Ainsi personne de nous n'ose
Dire qu'il a ce livre icy,
Mais, pour celuy-là que voicy,
C'est l'original, sur mon ame ! »

— « Approchez-vous icy, Madame ?
Là, voyez donc, venez, venez,
Voicy ce qu'il vous faut, tenez !
Dit un autre Marchand qui crie
Du milieu de la Gallerie.
J'ay de beaux masques, et de beaux glans,
De beaux mouchoirs, de beaux galans[3] :
Venez icy, Mademoiselle,

plusieurs passages qui ont été supprimés ou adoucis dans les éditions de Paris.

[1] Nous n'avons pas découvert quel était cet ouvrage.

[2] *Doctrine curieuse des beaux esprits de ce temps*, combattue par François Garasse (Paris, 1624, in-4). Le sieur Ogier ayant répondu à cette furieuse attaque par le *Jugement et censure du livre de Fr. Garasse*, la Faculté de théologie intervint dans le débat, et condamna comme scandaleux l'ouvrage du fougueux et mordant jésuite. On voit ici que tous les livres du P. Garasse étaient à l'index.

[3] On appelait ainsi des nœuds de rubans que les hommes et les femmes de qualité attachaient à leurs habits.

J'ay de bellissime dentelle,
Des points coupez [1] qui sont fort beaux,
De beaux estuis, de beaux cizeaux,
De la neige [2] des plus nouvelles;
J'ay des cravates les plus belles,
Un manchon, un bel éventail,
Des pendans d'oreilles d'émail,
Une coëffe de crapaudaille [3];
J'ay de beaux ouvrages de paille. »

— « Monseu, dit un autre, voicy
Ce qui ne se trouve qu'icy,
Des cousteaux à la Polonoise,
Des collets de buffle à l'Angloise,
Un castor qui vient du Japon.
Venez voir un feutre fort bon,
Il est excellent pour la pluye :
C'est de ceux qu'on porte en Turquie;
Des canons [4], des bas à botter.
Monseu, voulez-vous achepter? »

Mais escoutons cette marchande :
« Monseu, j'ay de belle Holande,
Des manchettes, de beaux rabats,
De beaux collets, de fort beaux bas.
Acheptez-vous quelque chemise?
Voicy de belle marchandise!
Venez, monseu, venez à moy,
Vous aurez bon marché, ma foy? »

Allons, laissons la Gallerie,

---

[1] Points d'Alençon et points de Venise, dentelles en application.
[2] Dentelle légère faite au métier.
[3] Corruption du mot *crepodaille*, crépon, gaze.
[4] Amples hauts-de-chausses, qui jouent encore leur rôle dans les *Précieuses ridicules* de Molière.

Voyons une autre droslerie.
Vien, vien, suy-moy, passons icy.
Tu connoistras un racourcy
De l'Enfer, en sa piperie :
Tu trouveras la tromperie
Des Advocats, des Procureurs,
Qui fourbent [1] les pauvres plaideurs.

Hé bien ! nous voicy dans la SALLE [2] :
Dirois-tu pas que c'est la Halle?
Escoute un peu quel beau sabat :
Regarde un Laquais qui se bat
Contre un vendeur de pain d'espice?
Tien, tien, vois-tu pas un qui pisse
Contre un pilier? Ha ! par ma foy,
Tout droit sous l'Image du Roy !
Regarde, voy ce pauvre Prestre,
Accoudé sur cette fenestre,
Tenant un fagot [3] de papiers,
Qu'il montre à des fesse-cahiers :
Sans doute il plaide un Benefice.
Mordy, voy donc? Escoute un Suisse,
Comme il parle à son Rapporteur.

UN SUISSE QUI PARLE A SON RAPPORTEUR.

« Monsieur, il en est chicaneur!
Monl partie luy point produire :
Luy vostre Clerc vouloir seduire,
Luy luy avoir donné cinq frans,

---

[1] Trompent.
[2] C'est la fameuse grand'salle, qui, brûlée en 1618 avec une partie du Palais, avait été reconstruite par Jacques Debrosse. Les arcades du milieu qui supportent la voûte étaient alors garnies de boutiques.
[3] Amas, paquet.

Pour ne point venir les Sergens
A son maison, le diable emporte!
Moy luy enfoncer bien son porte. »

Morbleu! voy ce gros mamelu [1],
Qui porte un grand bonnet pelu [2]?
Ma foy, c'est un Huissier sans doute.
Mais vien donc viste, escoute, escoute :
Voicy trois francs solliciteurs,
Ce sont d'illustres affronteurs;
Lors que je les voy, je deteste :
Ils sont meschants comme la peste.
Voy-tu bien là ce nez camus,
Qui parle de *committimus?*
Ma foy, c'est le plus meschant homme
Qui soit d'icy jusques à Rome.
Cet autre ne vaut gueres mieux,
Que tu vois au milieu des deux :
Car l'autre jour j'eus une affaire
(C'est dequoy je ne puis me taire) :
Ce fripon de solliciteur,
Et le Clerc de mon Rapporteur,
Meschans tous deux comme deux diables,
Fabriquerent (choses effroyables!)
Un faux Arrest du Parlement,
Qu'ils firent si parfaitement,
Que, si le Ciel par sa justice
N'eust fait connoistre leur malice,
Sur mon ame, j'estois perdu ;
J'estois à tout le moins pendu,
Mais la malle-peste les creve,
Ou bien qu'au milieu de la Greve,
Dedans des charbons allumez
Ces deux pendarts soient consommez!

[1] Chargé d'embonpoint.
[2] Pour : *poilu;* de peluche.

Passons; laissons là ces infames.
Regarde un peu ces pauvres Dames,
Qui suivent cet homme à grands pas,
Et qui ne les regarde pas :
C'est un Conseiller des Requestes,
Ou bien un de ceux des Enquestes.
Elles parlent de confirmer
Une Sentence, ou l'infirmer,
D'un appel, d'une incompetence,
D'un decret contre l'Ordonnance.

— Que diable veut dire *infirmer*,
Et cet autre mot : *confirmer* ?
— Quoy! tu n'entens pas la chicane ?
Vien, vien, suivons cette soûtane,
C'est un homme de grand caquet,
Qui va plaider dans le Parquet.
Remarque toutes ses paroles,
Son action, ses imperboles.
Il dira de beaux mots nouveaux,
Des mieux choisis et des plus beaux;
Il parle comme un frenetique,
Quand il discourt de sa pratique :
En sa prononciation,
Tout se termine par *sion*.
Je croy que l'antique Grammaire,
Et le langage populaire,
Parmy les discours les plus vieux,
N'ont rien dit de plus ennuyeux.
Il croit faire une belle frase,
Et discourir avec emphase,
Quand il se sert de *jussion*,
Et de *qualification*.
Ce sont des discours à sa mode.
Quand il veut expliquer le Code,
Il dit la *validation*;

Il dit *certification*,
Quand il se parle de criées ;
Lors qu'elles sont certifiées,
Il dit *signification ;*
Il dit une *assignation.*
Ma foy, si je voulois tout dire,
Je te ferois pisser de rire.
Ce sont des mots du temps jadis,
Comme en usoient les Amadis [1].

Mais sortons d'icy, je te prie ?
J'entends là loing quelqu'un qui crie.
Vertubieu ! c'est un paysant
(Cecy n'est pas trop mal plaisant) :
Regarde comme on le secouë,
Et comme diable il fait la mouë ?
Un sergent le tient au collet.
Mordy ! regarde ce valet,
Comme il crocque une tartelette,
Accosté sur cette tablette ?
Ha, vertubieu ! regarde icy :
Malle-peste ! voicy, voicy
Un franc nigaud, dans cette foule,
Qui porte en sa main une poule ;
Il suit de près un Procureur.
Pardy ! c'est quelque Laboureur,
Ou quelque Vigneron ; je gage
Que c'est un homme de village.
Voy, voy, comme il tient son chapeau ?
Escoute : il parle d'un troupeau

---

[1] On disait proverbialement : *du temps des Amadis*, pour caractériser une époque très-ancienne, une vieille mode, un langage suranné. La traduction française du roman espagnol, faite sous François Ier par plusieurs bons écrivains, avait été longtemps considérée comme le type le plus parfait de la langue qu'on parlait à la cour.

Que l'on saisit un jour de feste,
Sans avoir presenté Requeste.

UN PALEGRE[1] QUI PLAIDE.

« Ardé, regardé bien, Monsieu,
Je sis tout moüillé, car y pleu,
Et si pourtant je vous apporte
Une poule, le guiebé emporte !
Plaidez-moy fort bian et fort biau,
Car je creve dedans ma piau,
Et je sis si fort en coleze,
Que, pargué, je ne me puis taize,
Voigeant mes brebis en prison !
Mergué, c'est une trahison
D'un des beaux frezes de ma fame.
Vouy, j'enrage dessus mon ame !
Boutez, gaignez-moy mon procez :
Si j'en pouvois voir le succez,
Que j'en ayons les mains levées,
Et que mes brebis soient sauvées,
Je vous fezé un biau present.
Je sais qu'ou estes bien disant ?
Allez, plaidez-moy bian ma cause,
C'est sur vous que je me repose. »

Cecy n'est-il pas bien boufon ?
Ce pauvre pitaut se morfond,
Et s'explique comme une beste,
Suivant son Procureur nud teste.

Passons, laissons là ce nigaut.
Considere un peu ce sourdaut[2],
Comme diable il preste l'oreille ?

---

[1] Rustre, manant, villageois.
[2] Sourd.

Sans doute quelqu'un le conseille,
Dessus quelque procez qu'il a.

Approche icy, tien, tien, voilà
De quoy rire un demy quart d'heure !
Voy-tu bien celle-là qui pleure ?
C'est la femme d'un Armurier,
Qui voudroit se desmarier.
C'est bien la plus plaisante affaire
Que jamais femme ait voulu faire [1] ;
Vien donc, vien, vien, accours, accours,
Entendons un peu son discours.
La voilà desja qui s'escrime,
Et qui fait passer pour un crime
La vieillesse de son mary :
Elle dit qu'il n'a jamais ry.

LA FEMME D'UN ARMURIER, QUI VEUT ESTRE DESMARIÉE.

« Vraman, Monsieur, c'est bien dommage
De voir une femme, à mon aage,
Estre avec un homme si vieux,
Tout morfondu, tout chassieux !
Pour moy, je veux que la Justice
Me tire de ce malefice,
Car je ne sçaurois plus souffrir.
J'ayme bien mieux cent fois mourir,
Que de me trouver obligée
De vivre tousjours affligée,
Outre que je feray trouver,
Et mesme je pourray prouver,

---

[1] Il s'agit certainement d'une affaire qui était alors portée devant le Parlement de Paris, et qui fournissait à la chronique scandaleuse une de ses pages les plus divertissantes.

Qu'alors que je fus fiancée,
Ma mere m'y avoit forcée,
Et personne n'a point oüy
Que j'aye jamais dit oüy.
Je sçay qu'à la Cour de l'Eglise,
Alors qu'une fille est surprise
Ou contrainte par ses parens
(Et mesme on voit, parmy les grands,
Quand une femme est mescontente),
Souvent on souffre qu'elle invente
Quelque chose qui soit mauvais,
Disant : « Mon mary est punais ! »
Ou bien qu'il a mauvaise haleine;
Et, sans se mettre guere en peine,
Dire quelquefois en passant :
« Mon mary est un impuissant[1] ! »
Ainsi, Monsieur, je vous supplie
De m'oster de melancolie;
Donnez-moy conseil, s'il vous plaist,
Si je pourrois point par arrest
Faire rompre mon mariage,
Le contract et le cariage[2];
Car je vous jure, sur ma foy,
Que j'emploiray tout mon dequoy,
Je vendray jusqu'à ma chemise,
Afin de n'estre plus soumise
Aux humeurs de ce vieux penart!
J'ayme bien mieux perdre le quart
Ou bien la moitié toute entiere

---

[1] Les procès, pour cause d'impuissance, étaient à cette époque si fréquents devant l'officialité, que plusieurs avocats généraux s'élevèrent avec indignation contre ces scandales publics, qui aboutissaient aux épreuves de l'infâme congrès. Les noms les plus illustres ne craignaient pas de se salir dans ces procédures honteuses, pour obtenir un arrêt en nullité de mariage.

[2] Charroi, attelage, au figuré.

(Quoy que je sois bonne heritiere)
De ce que j'ay porté chez luy.
Et quand je devrois dès meshuy
Me trouver reduite à l'aumosne,
Qu'on me recommandast au prosne !
Voyez-vous, Monsieur, j'ayme mieux
Perir, que vivre avec ce vieux,
Car, par ma foy, je vous asseure,
Et c'est sans que je me parjure,
C'est bien l'homme le plus malin,
Le plus sale, le plus vilain,
Le corps le plus remply d'ordure,
De salleté, de pourriture ;
Il put dix fois plus qu'un rat mort,
Il vesse tousjours quand il dort ;
C'est bien la plus vilaine panse
Qui soit au Royaume de France,
Il mange comme un loup garou ;
Jamais il ne dit : J'en ai prou.
Il a tousjours le nez au verre !
Nous sommes en éternelle guerre :
Il gronde comme un gros matou,
Tous les soirs il est demy saoul,
Et puis il dort comme une beste,
Et vous diriez que la tempeste
Soit tombée au milieu de nous,
Quand il ronfle sur ses genoux ;
Mais ce qui m'est insuportable,
C'est qu'il est jaloux comme un diable.
Je n'oserois sortir un pas,
Non pas mesme prendre un repas
Chez nostre plus proche voisine,
Qu'il ne me traitte de coquine :
Il dit que je viens du Bordel [1] !

---

[1] A cette époque, les femmes mariées se prostituaient souvent

Non, jamais on n'en vit un tel ;
Tousjours peste, toujours renasque [1],
Il est bouru, fascheux, fantasque,
Et le pis est que ce pendu
M'a très-cherement deffendu,
Tant sa jalousie est meschante,
De frequenter avec ma tante ;
Mesme il a dit à son voisin,
Que je couche avec mon cousin ;
Quand il me veut chercher querelle,
Il dit que je suis maquerelle,
Que je connois tous les filoux :
Et ce cagneux est si jaloux,
Si fascheux et si fantastique,
Qu'il me chasse de la boutique,
Quand il voit venir un marchant...
Voyez s'il n'est pas bien meschant ?
Tant seulement, le jour de Pasques,
J'allis au sermon à Sainct-Jacques,
Et, lors que je fus de retour,
Sans respecter un si bon jour,
Il m'enfermit dans nostre cave
Et me traittit comme un esclave ;
J'y demeuris toute la nuit,
Sans qu'ame vivante me vit !
Voyez donc, Monsieur, je vous prie,
Si c'est sans sujet que je crie,
Si je n'ay pas bonne raison
De quitter l'homme et la maison,
D'abandonner tout son mesnage,
Et de rompre mon mariage ? »

par l'entremise de certaines vieilles, qui faisaient métier de leur trouver des clients. Voy. les *Mémoires curieux sur l'histoire des Mœurs et de la Prostitution en France*, par Pierre Dufour.

[1] Pour : *revêche*.

Quittons cela, passons icy,
Car tu n'as jamais veu cecy;
Voy-tu? C'est la Chambre dorée [1].
Regarde comme elle est parée :
Là, sont assis les Presidents,
Tretous rangez sur ces deux bancs.
C'est icy que le monde tremble,
Lors que le Parlement s'assemble.
Vertu-bieu ! voicy des Huissiers,
Des Procureurs et des Greffiers.
Sans doute on vient à l'Audience,
Car un chacun prend sa seance.
Sortons ! Voicy les Conseillers.
Rangeons-nous contre ces piliers;
Voyons-les passer à la file.
Tien, ce vieux demeure dans l'Isle?
Cet autre, qui vient à grands pas,
Se tient proche Sainct-Nicolas ;
Et ce bon homme qui se cambre,
C'est le Doyen de la grand'Chambre :
L'autre, un President au Mortier,
Qui fait à ravir son mestier,
Car celuy-là n'a pas le vice
De commettre aucune injustice.
Après luy, c'est un Officier
Qu'on appelle Audiencier,

---

[1] La *Chambre dorée*, ancienne grand'salle du Parlement, fut décorée en 1506 de tentures en velours bleu, semées de fleurs de lis, de tribunes ou lanternes de style gothico-renaissance, et d'un magnifique plafond à culs-de-lampe. L'or brillait sur tous les détails de cette décoration; de là la nouvelle désignation de cette salle, qu'occupe aujourd'hui la Cour impériale. Quelques années après 1715, l'on changea les tentures et l'on modernisa les tribunes; il ne resta de l'ancienne disposition que les pendentifs du plafond et le tableau de la Crucifixion, peint vers 1440. Ce plafond, encore subsistant sous Louis XVI, disparut vers la fin du dernier siècle. A. B.)

Et ces trois autres, ce me semble,
Que tu vois qui marchent ensemble,
Ce sont trois Advocats plaidans,
Qui suivent deux grands Presidents :
Celuy qui tient une baguette,
Qui porte un collet à languette,
Et qui marche si bellement,
C'est un Huissier de Parlement.
Regarde comme il fait le drole,
Avec sa verge sur l'espaule ?
Pour tous ces autres que tu voy,
Ce sont messieurs les Gens du Roy.

Veux-tu que nous passions plus outre ?
Allons par dessous cette poutre.

LA BUVETTE DU PALAIS.

Nous gaignerons tout droit là bas.
Suy-moy ? Nous n'avons pas cent pas :
Nous entrerons dans la Buvette.
Tu verras une cahuette [1],
Où tous les Messieurs vont manger.
On y peut aller sans danger.
Nous ferons causer la maistresse :
Tu verras une belle Hostesse
Qui discourt agreablement ;
Elle parle très-joliment.
Veux-tu venir ? Nous boirons pinte.
Nous y pouvons aller sans crainte :
Tout le monde est fort bien venu,
Mesme jusqu'au plus inconnu.
Vien, vien, suy-moy ! « Bonjour, Madame !
Nous mourons de soif, sur mon ame !
Donnez-nous chopine de vin ?

[1] Cabane, logette.

Nous avons couru, ce matin,
Pour attrapper à l'Audience
Un chien de Thresorier de France.
Que la peste du Thresorier!...
Depuis le mois de Fevrier,
Je suis à poursuivre une affaire:
Diable emporte, si j'ay pû faire
Non plus que le premier jour!
J'en feray ma plainte à la Cour.
— Monsieur, donnez-vous patience:
Si vostre affaire est de finance,
Vous pouvez bien vous asseurer
Que vous avez beau murmurer,
Vous en avez pour une année.
Toutefois, cette matinée,
Peut-estre que ceans viendra
Quelqu'un tel qu'il vous le faudra,
Car c'est celuy-là qui preside,
C'est celuy-là qui tient en bride
Le grand Bureau de Thresoriers.
Vous luy ferez voir vos papiers,
Vous luy conterez vostre chance,
Vous ferez vostre doleance;
Pour moy, je vous y serviray,
Moy-mesme je luy parleray.
Cependant mangez quelque chose?
Voulez-vous un bon plat d'alose?
Un bon petit plat de barbeaux,
Un excellent plat de naveaux?
Il est ravissant, je vous jure.
Si vous voulez de la friture,
J'ay bien la moitié d'un brochet...
— Non. Qu'avez-vous à ce crochet?
— Monsieur, c'est du lard de baleine [1].

---

[1] Jusqu'à la fin du dix-huitième siècle, on faisait à Paris une

— Fy! Cela fait mauvaise haleine.
Hé! qui diable mange cela?
— Voyez-vous bien ce morceau-là?
Monsieur, avant qu'il soit Dimanche,
Je n'en auray pas une tranche.
Messieurs les Clercs en mangent bien,
Et, s'ils ne disent pas combien,
Ils font avec cela grand chere,
Et si la viande n'est pas chere
(C'est un morceau des plus friands),
Quand ils viennent boire ceans.
Si vous vouliez de la moruë,
En voila bien, mais elle est cruë :
Faudroit la mettre sur le gril,
Avec un petit de persil,
Ou bien de l'huile ou du vinaigre.
Monsieur, si vous voulez du maigre,
C'est un très-bon poisson de mer ;
On dit qu'il est un peu amer,
Mais tous ces plaideurs de Gascogne,
Quand il pueroit comme charogne,
Pourveu qu'il soit tant soit peu chaut,
En mangent tretous comme il faut.
Tenez, Messieurs, tenez, un verre!
Margot, qu'on appelle grand Pierre ;
Dis qu'il aille tirer du vin?
Louyse, apporte icy du pain?
Là, mettez là la serviette?
Allons, à chacun un assiette!
Çà, Messieurs, que mangerez-vous?
Voyez, regardez, dites-nous?

énorme consommation de chair et de graisse de baleine, salée et fumée. C'était surtout dans le golfe de Gascogne qu'on pêchait de petites baleines, qui servaient à la nourriture du peuple en France, comme dans la plupart des autres pays. On peut supposer que cette espèce de baleine, aujourd'hui disparue, avait une chair moins coriace que celle des grandes baleines de la mer du Nord.

Choisissez : voilà des lentilles,
Des raisins, de bonnes noisilles [1],
Des excellens pois fricassez,
Qui ne sont pas mal espicez ;
De petits fromages de Brie.
Çà, dites-moy donc, je vous prie,
Messieurs, que voulez-vous manger ?
Vous estes long-temps à songer !
Dites ce que vous voulez prendre ?
Je n'ay pas le loisir d'attendre.
— Donnez-nous du vin seulement ?
Nous boirons un coup vistement. »

LES EMBARRAS DEVANT LE PALAIS.

Allons-nous-en, sortons bien viste
De cet espouvantable giste ?
Nous irons tout droit dans la cour,
Nous tournerons tout à l'entour,
Auprès d'un vieux marchand de brosses,
Afin d'esviter les carrosses,
Car voicy l'heure de midy,
Et c'est aujourd'huy Samedy :
Nous trouverons cinq cens charrettes,
Des tumbereaux, et des brouëttes.
J'apprehende fort l'embaras...
Allons viste, car tu verras,
Qu'il nous sera presque impossible
De sortir de la presse horrible
Que nous rencontrerons là bas.
Allons, suy-moy donc pas à pas ?

Morbleu ! voilà quelqu'un qui crie !
Tout cela n'est pas raillerie ;
J'entends qu'on dit : « Je suis blessé !
Ha ! mon Dieu ! j'ay le bras cassé ! »

[1] Noisettes.

Voyons que c'est, je t'en supplie?
Sans doute, c'est quelque folie;
Peut-estre quelqu'un s'est battu !
Allons donc le sçavoir, veux-tu?
Malle-peste, c'est un pauvre-homme,
Qui crie au meurtre, qu'on l'assomme.
Voy-tu comme il saigne des dents?
Passons viste, entrons là-dedans,
J'entends un sabat diabolique.
Fourons-nous dans cette boutique :
Ce marchand le souffrira bien.

« Monsieur, nous ne gasterons rien ;
Souffrez-nous un demy quart d'heure?
Nous n'osons passer, ou je meure!
— Là, là, Messieurs, entrez, entrez !
Vous vous estes bien rencontrez.
Car voilà le bruit qui s'augmente,
Et tout le monde est en attente :
Personne ne sçauroit passer;
On est contraint de rebrousser,
Du costé de la grande Horloge [1].
En voyez-vous un qui desloge,
Et qui court en diable et demy,
Pour gagner saint Barthelemy [2] ? »

Tout de bon voicy grand' bagarre :

---

[1] C'est la tour carrée, dite de l'Horloge, qui fait le coin du Palais vis-à-vis le pont au Change; l'horloge peinte, qui existait sur la face orientale de cette tour, a été rétablie de nos jours dans son ancien état.

[2] Saint-Barthélemy, l'ancienne paroisse de nos rois qui habitèrent le Palais, avant la construction de la Sainte-Chapelle, avait été reconstruit plusieurs fois. Cette église fut démolie en grande partie, à la fin du dix-huitième siècle. On y établit, sous la République, le théâtre de la Cité et le bal du Prado. On y voit encore deux galeries voûtées qui se croisent à angle droit et qui paraissent appartenir à l'ancienne nef de l'église. (A. B.)

Nous allons voir du tintamarre ;
Nous verrons des chapeaux perdus,
Des nez cassez, des bras rompus.
Mais voicy bien la mallebosse [1] !
Car voicy venir un carosse ;
Nous allons voir joüer beau jeu.
Patientons, voyons un peu,
S'il pourra passer à son aise,
Parmy tous ces porteurs de chaise.
Mais voila bien pis, à ce coin :
Un grand chariot plein de foin,
Auprès de la Savaterie [2],
Vient augmenter la diablerie.
Je vois desja qu'un Savetier
Veut aller gourmer le Chartier,
Car il accroche, avec sa roüe,
Un tombereau remply de boüe,
Et, s'il avance encore un pas,
Je voy le tombereau là bas.
Ha, ha, le voila qui renverse !
Voy-tu voy-tu, comme il se berce ?
Ha ! Dieu, le voila respandu ;
Sur mon ame ! tout est perdu.
Il va donner de la pratique
A tous ces courtaux de boutique.
Malle-peste, quel margoüillis,
Quel desordre, quel patroüillis [3] !
Une boutique renversée !
De la marchandise cassée !

[1] Malencontre, mésaventure.

[2] C'est la rue Saint-Éloi, qui avait porté le nom de la *Savaterie* ou *Cavaterie* depuis le treizième siècle, et qui conservait ce nom dans le peuple ; elle était encore habitée par des savetiers et des cordonniers.

[3] Les mots *margouillis* et *patrouillis* sont restés dans le langage trivial ; le premier, avec le sens de *mélange embrouillé*, et le second, avec le sens de *tripotage*.

On tient le boüeur au collet,
Qui se gourme contre un valet.
« Allez chercher le Commissaire ?
Dit un gros vieux Apotiquaire.
Menez ce coquin en prison :
Il faut qu'il nous fasse raison. »

Cependant mes porteurs de chaise,
Qui ne sont pas fort à leur aise,
Qui ne sçavent où reposer,
Et ne peuvent se soulager,
Pour trop crier et dire gare,
Commencent un autre bagarre :
Ils heurtent les uns en passant,
Ils poussent d'autres en marchant,
Mais, après avoir bien poussé,
Un laquais, se voyant pressé,
Et n'aymant pas fort ces caresses,
Lasche un coup de pied dans les fesses
D'un des porteurs, qui, tout surpris,
Sans bien rappeller ses esprits,
Tout d'un coup lasche sa bricolle
Et fait faire une caracolle
A cette chaise, qu'il portoit,
Sans songer qu'il la renversoit,
Et plantoit son Monsieur par terre,
Tombé contre un gros tas de pierre,
Tout au milieu d'un grand bourbier,
Devant la maison d'un Barbier.
La chaise estoit toute fenduë ;
Pour la vitre, elle estoit rompuë,
Et le Monsieur s'estoit blessé
Du verre qui s'estoit cassé,
Et faisoit tant soit peu paroistre
Le bout du nez par la fenestre,
Honteux de se voir, comme un veau,

Couché tout plat dans un ruisseau :
Sa perruque estoit barboüillée,
Toute sale et toute moüillée.
Enfin, jamais Enfariné[1]
Ne s'estoit veu plus estonné :
Quand il consideroit ses bottes,
Il les voyoit pleines de crottes ;
Il avoit perdu son chapeau ;
Il avoit traisné son manteau,
Par un des bouts, dedans la fange,
Et, dans cette posture estrange,
Monsieur le Courtisan sortit,
Ainsi qu'un pourceau de son lict,
Et fut contrainct, le diable emporte !
De se sauver dans une porte,
Dix fois plus viste qu'un magot,
Sans oser jamais dire un mot,
Afin d'esviter la crierie,
Le sabat, et la raillerie
De tout le monde qui sortoit,
Afin de sçavoir que c'estoit.

Mais, sur cecy, survient un coche,
Lequel, voulant passer, s'acroche
A deux ou trois grands chariots,
Pleins de cotrets et de fagots.
Là se commence un preambule :
Le Cocher veut que l'on recule ;
Un Chartier dit qu'il ne peut pas
Reculer seulement un pas ;
Sur cela, le Cocher s'obstine,
Et jure, en refrognant sa mine,
Que, par la mort, il passera,

---

[1] L'*Enfariné*, c'est le Giles de l'ancien théâtre italien ; le *sot* de l'ancien théâtre français.

Que le Chartier reculera,
Et que, s'il fait trop le bravache,
Il luy frotera la moustache.
Mon Chartier, un peu glorieux,
Luy donne d'un fouët sur les yeux.
Le Cocher, dispos et fantasque,
Descend, et, sautant comme un basque,
Se jette sur son marroquin [1],
Et le traite comme un coquin ;
D'autre costé, le Chartier frappe,
Et fait en sorte qu'il attrape
Le Cocher en certain endroit,
Qu'on n'ose dire tout à droit.
Lors, le Cocher hurle et deteste [2]
Et jure, par la malle-peste,
Par la mort, qu'il l'estranglera,
Ou du moins qu'il le quitera [3].
Enfin, c'est un bruit dans la ruë,
C'est un vacarme, une cohuë :
Tous les marchands font un grand bruit ;
On voit tout le monde qui fuit ;
Et mesme un vendeur de Gazettes,
S'est trouvé pris dans des charettes,
Qui l'ont pressé jusqu'à tel point,
Qu'elles ont rompu son pourpoint,
Deschiré toute sa chemise,
Et fait tomber sa marchandise [4].
Un pauvre petit marmiton,

---

[1] C'est-à-dire : son cuir, sa peau.
[2] Maudit.
[3] C'est-à-dire : qu'il le payera en même monnaie.
[4] Nous voyons ici que les gazettes se vendaient dans les rues, comme les journaux se vendent aujourd'hui. Il n'y avait alors que la *Gazette*, créée par Théophraste Renaudot en 1631, laquelle paraissait tous les cinq jours par huit pages in-4, la *Gazette burlesque*, en vers, de Loret, formant toutes les semaines quatre ou huit pages in-folio, et la *Gazette burlesque*, de Scarron.

Portant un gigot de mouton,
A si fort receu sur la jouë,
Qu'on l'a boulversé dans la bouë;
Il estoit fait comme un lutin
Et comme un petit diablotin.
Et ce pauvre Marchand d'esguille,
Qui se tient proche la Coquille [1],
A veu tomber son estably,
Et tout son ouvrage remply
D'eau, de vilenie, et de crotte;
Mesme il a perdu sa calotte;
Encor, de peur d'estre batu,
Il a fallu qu'il se soit teu.

LE PONT AU CHANGE.

Sortons d'icy, je t'en conjure,
Car quelque meschante avanture,
Nous pourroit peut-estre arriver.
Passons, quand nous devrions crever;
Gaignons tout droit le Pont au Change.
Pousse-moy ce marchand d'orange?
Allons donc, saute vistement;
Mordy! tu vas trop lentement?
C'est s'amuser à la moutarde.
Vertu-bleu! tu ne prens pas garde
Que tu te laisses embarasser,
Et tu ne pourras plus passer;
Puis, après, ce sera le diable;
Tu seras pillé comme sable,
Et peut-estre tu ne pourras
Te tirer de cet embaras.
Tien, pousse cette chambriere;

---

[1] « L'hostel de la Coquille, proche Saint-Landry, qui estoit anciennement l'Hostel de Ville. » Fr. Colletet, *la Ville de Paris*.

Gagne droit à cette fruitiere,
Et de là saute hardiment
Chez ce vendeur de passement[1].
Sauve-toy, le long des boutiques,
Chez ce marchand qui vend des piques,
Et demeure là de pié quoy,
Jusqu'à ce que je sois à toy.
Moy, je passe dans l'autre ruë,
Car j'entends qu'on dit : *Tuë, tuë!*
Je voy là bas grande rumeur...
Je me sauve, peur du malheur.
Adieu ! va-t-en, ou que je meure,
Je suis à toy dans un quart-d'heure.
Hé bien, me voilà de retour!
Par ma foy, j'ay fait un beau tour!
Bien m'a valu de sçavoir courre!
On m'a voulu frotter la bourre.
Un petit gentilhommereau,
Me prenoit pour un maquereau,
Et disoit, me nommant infame,
Que j'avois suborné sa femme.
Il crioit comme un enragé,
Et faisoit si fort l'outragé,
Qu'en chantant un si beau ramage
Il sousleva le voisinage.

LES BOURGEOIS EN RUMEUR.

Au mesme temps, j'ay veu sortir
Des gens qui vouloient m'investir;
Les uns formoient un corps de garde
Avec chacun une hallebarde;

---

[1] *Passementerie.* On appelait *passement* la dentelle, la cannetille, le galon, la broderie d'or ou d'argent, dont la mode chargeait les habits des hommes et des femmes.

Les autres avoient un espieu ;
Quelques-uns, des armes à feu ;
Celuy-cy tenoit une broche ;
Cet autre, une meschante pioche ;
D'autres, des bastons à deux bouts,
Et hurloient tous comme des foux.
Chacun crioit à pleine teste :
« Arreste, arreste, arreste, arreste !
Prenez, Messieurs, prenez, prenez,
Ce coquin, et le retenez !
Il faut que nous comptions la chance
A ce maquereau d'importance. »

Cependant j'ay drillé [1] tousjours,
Sans m'amuser à leurs discours,
Et, dans quatre sauts, sur mon ame,
J'ay gaigné le Pont Nostre-Dame,
Et pour mieux esviter l'affront,
J'ay bien tost traversé le Pont :
Sautant viste comme une chevre,
J'ay passé sur le Quay de Gevre,
Et j'ay couru jusques icy,
Où vous me voyez, Dieu mercy !

Après cet accident estrange,
Sortons, passons le Pont au Change ;
Nous irons vers Saint-Innocent [2].
Je te feray voir, en passant,
Dequoy passer une heure entiere,
Sous les Charniers du Cymetiere.
Mais cache bien ton pistôlet ?
Faut passer sous le Chastelet [3],

---

[1] Couru, sauté.

[2] L'église et le cimetière Saint-Innocent. (Voy. ci-dessus *Paris ridicule*, nᵒˢ xxxiv à xxxviii.

[3] « Il restoit, avant la Révolution, quelques vieilles tours de

Et ce diable d'endroit fourmille
D'Officiers de l'Hostel de Ville,
Qui sont des Archers, des Sergens,
Et de cette sorte de gens.
C'est une race très-meschante,
De qui la vie est insolente,
Et qui, sans rime ny raison,
Vous fourent un homme en prison,
Sous une simple conjecture,
Pour dire qu'ils ont fait capture.
Cache donc bien ton pistolet,
Qu'on ne te saisisse au collet?

Despeschons, une heure est sonnée :
Faut employer l'après-disnée,
Car il nous reste encore à voir
Plusieurs choses, avant ce soir.

Voicy donc ce grand Cymetiere,
Qui nous fournira de matiere
A faire pour le moins cent vers,
En parlant des sujets divers,
Et de cinq cens badineries,
Que l'on voit sous ces galleries.
Passons icy premierement,
Car j'y trouvay dernierement
Un drole qui me fist bien rire,
Quand je le regardois escrire :
Peut-estre le trouverons-nous,
Si nous passons icy dessous.

l'ancien édifice, sous lequel était encore le passage étroit, obscur et humide qu'on était obligé de franchir en allant du Pont-au-Change à la rue Saint-Denis. » *Hist. de Paris*, par Dulaure, 2ᵉ éd., t. III, p. 126. Voy. ci-dessus, *Paris rid.*, nº LXVIII.

LE HAUT STYLE DES SECRETAIRES DE SAINCT INNOCENT.

Ma foy, je le voy, c'est luy-mesme ;
Je le connois à son teint blesme.
Suy-moy, nous rirons aujourd'huy.
Je voy qu'un homme, auprès de luy,
S'en va parler de quelque affaire
A cet illustre Secretaire.
Avançons, oyons leurs discours ?
Ce drole icy parle d'amours ;
Il veut escrire à sa maistresse.
Faut escouter avec finesse ;
Approchons-nous de ce tombeau [1],
Regardons dans cet escriteau [2],
Et nous ferons semblant de lire.
Mais donne-toy, garde de rire :
Faut escouter avec loisir,
Si tu veux avoir du plaisir.
Tien, le Secretaire commence
De desployer son éloquence ;
Escoute plustost l'amoureux :
« Monsieur, je suis tres-malheureux ;
J'ayme une jeune Damoiselle,
Mais je ne suis point connu d'elle.
Elle se nomme Louïson,
Et je sçay fort bien sa maison.
Il faut que vous preniez la peine
De m'escrire une lettre, pleine
De beaux discours, où vous marquiez

---

[1] Sous les Charniers, les tombeaux étaient en partie masqués par les échoppes d'écrivains publics, de marchands d'estampes, de lingères, et de marchandes de modes : il était donc assez difficile de lire les épitaphes, qui faisaient un si singulier contraste avec les marchandises qu'on y étalait.

[2] Épitaphe, inscription.

Par des vers, où vous expliquiez
Le jour que j'eus sa connoissance,
Et qu'il n'est point dedans la France
D'homme plus amoureux que moy;
Que je luy veux donner ma foy;
Après, vous luy direz encore
Que dans mon ame je l'adore,
Que ses beaux yeux me font mourir.
Vous sçavez fort bien discourir :
Vous ferez, s'il vous plaist, le reste,
Et comme enfin je luy proteste,
Que je veux vivre desormais
Son serviteur à tout jamais;
Et puis, sur le dessus d'icelle,
Il faut mettre : *A Mademoiselle,*
Mademoiselle Louïson,
Demeurante chez Alizon,
Justement au cinquiesme estage,
Près du Cabaret de la Cage,
Dans une chambre à deux chassis,
Proche Saint-Pierre des Assis [1].
— Hé bien, hé bien, laisse-moy faire,
Dit cet illustre Secretaire.
Quand il est question de rimer,
Je sçay fort bien m'en escrimer,
Je depite [2] homme de la ville,
Qui me puisse esgaler en style.

« Laissez-moy faire, j'ay compris!
Voyez, cependant que j'escris,

---

[1] La petite église de Saint-Pierre-des-Arsis, rue de la Vieille-Draperie, derrière celle de Saint-Barthélemy dans la Cité, fut fondée en 926, lors de l'épidémie des Ardents qui désolait la ville de Paris. Reconstruite en 1424, modernisée en 1711, supprimée à l'époque de la Révolution, elle tomba en 1800, pour faire place à une nouvelle rue.

[2] Je défie.

Parmy ce grand nombre d'images :
Vous y verrez de beaux visages,
Et puis je vous advertiray ;
Après cela, je vous liray
La lettre, quand je l'auray faite :
Je l'escriray tout d'une traitte ! »
Parbleu ! faut que nous sçachions tout :
Faut entendre jusques au bout.
Cependant lis cet Epitaphe ;
Tu verras un bel ortographe.
A la fin de son compliment,
Je t'appelleray doucement.
Peht ! il a fait son escriture.
Vien-en entendre la lecture ?
Despesche-toy donc d'avancer ?
Le voila qui va commencer.

LETTRE DU HAUT STYLE, OU L'EXTRAVAGANCE D'AMOUR.

« Quand le Ciel, par sa destinée,
« Eut formé cette matinée
« Où vous lançastes vos regards,
« Pointus et perçans comme dards,
« Que dans cette belle rencontre
« Que je puis nommer bonne encontre,
« Vous allumastes, de vos yeux
« Plus clairs que le Soleil des Cieux,
« L'interieur de mon microcosme [1],
« Près la Fontaine de Saint-Cosme [2] :

---

[1] Au moyen âge, on avait appelé le corps humain un *microcosme* ou petit monde, parce qu'on croyait que chacune de ses parties correspondait avec une des planètes célestes.

[2] Cette fontaine était située dans la rue des Cordeliers, près de l'église Saint-Cosme.

« En cet endroit, vos doux attraits
« Percerent mon cœur de cent traits :
« Et dans cette heureuse entreveuë,
« Sans jamais vous avoir connuë,
« Je sentis tous mes intestins
« Se remuer comme lutins,
« Ou comme pois en la marmitte,
« Ou comme carpe demy-fritte ;
« Vous fistes bruit dans mes boyaux,
« Comme si j'eus mangé naveaux ;
« Vous boulversates mes entrailles,
« Plus fort que celles des volailles,
« Quand on les veut accommoder,
« Pour les farcir ou les larder ;
« Mon cœur sauta comme une pie,
« A ma langue vint la pipie,
« Et mes sens surpris si très-fort,
« Que j'en pensay devenir mort.

« Mais maintenant je me ravise,
« Et vous escris, belle Louïse,
« Afin de vous faire sçavoir,
« Que je desire fort vous voir,
« Pour vous entretenir à l'aise
« Du feu, des charbons, de la braise,
« Dont mon esprit est allumé,
« Et mon jugement consommé.
« Mais peut-estre que vostre mere,
« Pour estre d'humeur trop severe,
« Ne voudroit vous laisser sortir,
« Dont j'aurois très-grand repentir.
« Je vous escris donc cette lettre,
« Dedans laquelle je veux mettre,
« Sans me servir de fiction,
« Où me porte ma passion ;
« Et je prens cette hardiesse,

« De vous nommer, chere Maistresse,
« L'objet des beaux maux que je sens,
« Plus grand que ceux des Innocens,
« Puis qu'ils souffroient dans leur enfance,
« Et moy dans mon adolescence.
« Jour à jour, petit à petit,
« Je vois finir mon appetit,
« Et la viande ne m'est plus bonne,
« Quand je songe à vostre personne ;
« Je passe les nuicts sans dormir,
« A soupirer, et à gemir ;
« Quand je songe à vostre visage,
« Je ne mange plus de potage,
« Et les metz plus delicieux
« Sont à mon goust très-ennuyeux ;
« Mes genoux tremblent de foiblesse,
« Et mes yeux pleurent de tristesse.
« Vous auriez très-grande pitié,
« Si vous sçaviez mon amitié :
« En voyant mon visage blesme,
« Vous connoistriez le mal extresme,
« Que vous avez fait à mon corps,
« Et par dedans, et par dehors.
« Mais il n'importe ! à la bonne heure,
« Je suis content, quoy que je pleure,
« Quand vos beaux yeux je me remets,
« Et vostre amour je me promets.

« Recevez donc, belle meschante,
« Qui les cœurs des mortels enchante,
« Le don que je vous fais de moy,
« Pour me soûmettre à vostre loy :
« Mes volontez seront les vostres,
« Et jamais je n'en auray d'autres ;
« Je feray ce que vous direz ;
« J'iray par tout où vous irez,

« Et n'auray d'inclinations
« Qu'à suivre vos affections.
« Belle, j'attends vostre responce.
« Je loge auprès Monsieur le Nonce
« Tout vis-à-vis des Mathurins,
« A l'enseigne des Trois Tarins [1],
« Sur le dessus de vostre lettre,
« Belle Louïse, il faudra mettre,
« De peur d'interception,
« S'il vous plaist, cette inscription :
« *A Monsieur; Monsieur la Ramée,*
« *Volontaire suivant l'armée,*
« *Depuis les sieges de Clerac,*
« *De Nerac, et de Bergerac* [2]. »

Hé bien ? Que dis-tu de ce stile ?
Cet homme n'est-il pas habile ?
Ne fait-il pas de fort beaux vers,
Bien crochus et bien de travers ?
Allons-nous-en vers cette tente.
Joignons un peu cette servante,
Qui parle à cet autre Escrivain,
Et tient un papier en sa main.

LA SERVANTE QUI FERRE LA MULLE [3].

« Monsieur, prenez vostre escritoire ?
Je veux refaire ce memoire,

---

[1] Le tarin est une espèce de serin vert et jaune.

[2] C'est en 1621 que l'armée royale fit le siége de ces trois villes, dont les protestants s'étaient emparés, et les prit après une courte résistance. Il est possible que ce passage fasse allusion aux lettres amoureuses de Cyrano de Bergerac.

[3] *Ferrer la mule* équivaut à notre expression proverbiale toute moderne : *faire danser l'anse du panier.* Voy. l'origine de ce proverbe dans la *Bibl. de Cour,* par Gayot de Pitaval, édit. de 1746, t. I, p. 135.

Dit-elle, car il ne vaut rien ;
Faites m'en un, mais qui soit bien,
Afin que j'y trouve mon compte :
Prenez bien garde qu'il se monte,
Je croy, quinze livres dix sous,
Qui sont arrestez au dessous ;
Faut qu'il monte vingt livres seize,
Car, voyez-vous, ne vous desplaise,
Afin qu'il soit fait comme il faut,
Mettez-moy le prix un peu haut.
Sans que je vous le dissimule,
Je veux un peu ferrer la mulle,
Car je ne puis pas autrement
M'entretenir honnestement :
Nos Maistres ont pris cet usage
De ne donner que peu de gage;
Nous ne gaignons seulement pas
Pour nous entretenir de bas.

— Çà, voyons, dit le Secretaire;
Je m'en vay faire vostre affaire.
Dépeschez, dites vistement,
Car j'escris fort subtilement.
Premierement; pour des saucisses,
Pour des pois et des escrevisses,
Vous mettez cinquante six sous :
A cela que me dites-vous ?
— Que je dis ? Faut mettre soixante.
— Soixante ? Soit ! Pour de la mante,
De la marjolaine et du tain,
De la lavande et du plantain,
Du moron, de la sariette,
Tant soit peu d'espine-vinette,
Aussi pour trois petits paniers,
Il y a vingt sols six deniers...
— Ostez-les, mettez-en quarante.

Cela joint avec les soixante,
Feront tout justement cinq francs.
Après? Lisez? — Pour des harans,
Pour trois maquereaux, et deux vives,
Et pour deux carpes toutes vives,
Vous avez mis trois livres six?
— Il faut mettre trois livres dix.
— Plus, pour du beurre et du fromage,
Des herbes à mettre au potage,
De la salade et des naveaux,
Des choux pommez et des poireaux,
Avec un plein panier d'ozeille ;
Et pour des figues de Marseille,
Des amandes et des pignons,
Des pistaches, des champignons,
Et pour du raisin de Corinthe,
Aussi pour deux fagots d'absinthe,
Vous mettez dix francs et demy...
— Rayez-les donc, mon cher amy :
Au lieu de dix, mettez-en onze ;
Plus, pour un petit pot de bronze,
Mettez seize sols seulement,
Car c'est le compte justement :
Cela fait mes vingt livres seize.
Bon, bon, ça, ça, je suis bien aise!
Donnez, s'il vous plaist, mon papier?
— Oüy-da, mais il me faut payer?
— C'est la raison que je vous paye ;
Il le faut, malgré que j'en aye.
Hé bien, ça, que faut-il donner?
— Il faut dix sols, sans chicaner.
— Comment dix sols! Mort de ma vie!
C'est un peu trop, je vous supplie ;
Vous vous contenterez de huict...
— Disputez jusques à la nuict :
Il faut dix sols, c'est mon salaire.

— Dix sols! Je ne le veux pas faire.
Gardez donc plustost vostre escrit...
Aga donc! pour avoir transcrit
Une pauvre meschante page,
Vous faut dix sols! C'est grand dommage
Que vous n'escrivez tout un jour.
Diable! un Conseiller de la Cour
Ne gaigneroit pas mieux sa vie.
Prenez mes huict sols, je vous prie;
Autrement, je m'en vay, ma foy :
Vous n'aurez pas un sou de moy.

— Plaist-il, Madame la servante?
Parbieu! vous estes bien plaisante!
Quoy! j'auray donc escrit très-bien,
Et vous ne me donneriez rien?
Si ferez, ma foy, je le jure,
Vous payerez mon escriture,
Ou j'auray le mouchoir du cou.

— Mon mouchoir? Aga, hé, le fou!
Aga donc, l'Escrivain de nefle [1] !
Voyez ce beau valet de treffle,
Regardez bien comme il est fait?
Ne luy faut plus qu'un atiffait [2],
Pour ajuster sa chevelure.
Voyez qu'il a belle encolure!
La malle-bosse du poüilleux!
Voyez comme il est croustilleux,
Avec sa teste de filace!
Va, t'as beau faire la grimace,
Tu n'auras, ma foy, pas un sou!

---

[1] Terme de mépris, les nèfles étant le fruit le plus commun et le plus dédaigné.
[2] Ornement de tête, pompon, nœud, aigrette.

Demeure là, fais le hou hou [1],
Et gaigne autant l'après-disnée,
Que tu fais cette matinée.

— Comment, Madame la putain !
J'auray donc perdu le matin,
Pour tes beaux yeux, double carogne?
Par la jarny, si je t'empoigne,
Je te froteray le museau !
— Viens-y donc, vien, vieux maquereau?
Tu n'en as pas la hardiesse ! »

LE VENDEUR D'IMAGES.

Allons, quittons cette diablesse;
Passons deçà, voyons plus bas,
Avance un peu, doublons le pas;
Allons voir ce Marchand d'Image.
C'est un illustre Personnage :
« Dieu vous gard, Monsieur Guerineau [2] !
N'avez-vous rien icy de beau?
Avez-vous des pieces nouvelles?
— Oüy, Messieurs, j'en ay des plus belles :
J'ay de beaux crayons [3] à la main,
Qui sont faits sur du parchemin.
J'ay de bellissimes Estampes,
Que j'ay eu d'un Peintre d'Estampes [4].

---

[1] Fais le méchant, le moine-bourru.

[2] Il s'agit ici probablement de René Guerineau, ou Guerigneau, graveur d'ornements, et, en même temps, éditeur d'estampes. Le Catalogue Soleinne lui attribue la scène théâtrale du *Procès comique*, gravée vers 1630. On lit, au bas de cette pièce rare : *Guerignau exc.* (A. B.)

[3] Dessins au crayon.

[4] C'est-à-dire : né à Etampes. Le poëte équivoque sur le nom de cette ville, sans vouloir désigner aucun peintre en particulier.

Si vous en voulez acheter,
Vous les pourrez tous feüilleter :
Ils sont auprès Saincte-Opportune,
A l'Enseigne de la Fortune?
Je reviendray dans un moment.
— Allez donc, courez vistement! »

Quand tu verras sa marchandise,
Tu verras bien de la sotise.
Il nous montrera des grimaux [1],
Qu'il nous fera passer pour beaux,
Des tailles-douces enfumées,
Mal-faites et mal-imprimées,
De meschants petits charbonis [2],
De vieux morceaux de griffonis,
Desquels il fait autant d'estime
Que d'une chose rarissime.
Bon, bon, le voicy qui revient ;
Il nous va montrer ce qu'il tient :
Nous verrons des badineries
Et de plaisantes drosleries.
« Çà, Monsieur Guerineau, voyons,
Montrez-nous un peu ces crayons ?
Sans doute ils sont de consequence.
— Oüy, Messieurs, ils sont d'importance.
Je m'en vais vous les montrer tous ;
Vous verrez qu'ils sont touchez doux.
J'en ay de beaux de Caravage,
Du Titian et du Carage [3];
J'ay des pieces du Tintoret,
Du Parmaisan, d'Albert Duret [4];

---

[1] Pochades, croquis; on dit encore, dans le même sens : des *bons hommes*.
[2] Dessins à l'estompe, au charbon, au fusain.
[3] Annibal Carrache ou l'un de ses frères.
[4] Pour : *Durer*.

J'ay la *Danaé* de Farnese [1],
Deux grands desseins de Veronese,
L'*Architecture* d'Ondius [2],
Les nuditez de Goltius [3],
Quatre crayons faits par Belange [4],
Et trois autres par Michel-Ange,
Un beau dessein de Raphaël :
Jamais homme n'en vit un tel ;
C'est une piece à la sanguine.
J'ay, de plus, une *Proserpine*,
Faite par un certain Flamand,
Qui tient quelque chose du grand.
J'ay des esquisses de La Belle [5],
Les paysages de Perrelle [6] ;
J'ay du Guide quatre desseins
D'un grand tableau de la Toussains ;
J'ay deux testes de Veronique,
Qui sont faites d'après l'antique ;
Trois figures à demy corps,
Faites par un certain Du Cors [7] :

[1] C'est le célèbre tableau de *Danaé*, qui fut commandé au Titien par Octave Farnese, duc de Parme et de Plaisance.

[2] *Les Cinq Rangs de l'Architecture, toscane, dorique, ionique, corinthienne*, etc., composé par Henry Hondius. Amst., 1617, in-fol., fig.

[3] Henri Goltzius, dont le burin excellait à rendre le nu, mettait volontiers des nudités dans toutes ses compositions.

[4] Jacques Belange, né à Nancy le 13 novembre 1594, élève de Henriet, mort en 1638 ; mauvais peintre et mauvais graveur. L'abbé de Marolles, dans son *Livre des Peintres*, après avoir fait l'éloge de Callot et de La Belle, dit :

Bellange est au-dessous de ces mains si parfaites.

[5] Stephano della Bella, célèbre graveur florentin, qui travailla longtemps à Paris, né en 1600, mort en 1664.

[6] Gabriel Perelle, né à Vernon-sur-Seine, mort en 1675, gravait alors des vues de Paris d'après ses propres dessins et d'après les dessins d'Israel Silvestre.

[7] L'abbé de Marolles n'a pas fait mention de cet artiste dans le *Livre des Peintres*, ni dans la Description succincte de Paris en vers, où il nomme les principaux brodeurs de son temps.

C'estoit un brodeur d'importance.
Après, j'ay, des peintres de France,
Tout ce qu'ils ont fait de nouveau,
Mais c'est quelque chose de beau ;
Ce sont des desseins à la plume,
En grand et en petit volume :
J'en ay de Voüet[1], de Poussin[2],
De Stella[3], La Hire[4], Baugin[5],
De Perrier[6], du Brun[7], de Fouquière[8]
(De celuy-cy, je n'en ay guere) ;
J'ay bien encore du Sueur[9]
Le griffonnement du Sauveur.
Enfin, j'ay quantité de pieces.
J'ay tous les Dieux et les Deesses,
Faites par un certain Pinal[10],

---

[1] Simon Voüet était mort en 1649.

[2] Nicolas Poussin, qui habitait Rome, était, à cette époque, dans tout l'éclat de sa réputation. Il mourut en 1665.

[3] Jacques Stella, mort en 1657, et son frère François, en 1647. Antoine Broussonet Stella, neveu des précédents, né à Lyon en 1630, mourut en 1682.

[4] Laurent de La Hyre, élève de Vouet, mort en 1656.

[5] Lubin Baugin, peintre et graveur au burin, vivait encore vers 1660. Il est cité dans le *Livre des Peintres*.

[6] François Perrier, né à Mâcon en 1590, mort en 1660, peintre et graveur, dont l'abbé de Marolles a dit, dans son *Livre des Peintres* :

François Perrier, grand peintre et graveur de Bourgogne.

[7] C'est Charles Lebrun, qui était déjà célèbre, pour avoir décoré de ses peintures l'hôtel Lambert et plusieurs autres hôtels, à Paris.

[8] Jacques Fouquières, né à Anvers en 1580, mort en 1659, peintre et graveur à l'eau-forte. L'abbé de Marolles lui consacre cette strophe entière dans le *Livre des Peintres* :

Qu'on ne s'attende pas que je laisse Fouquière
Dans une multitude où j'ay nommé Pelais ;
Ce desbauché mérite une entrée au Palais
Et pour le paisage on prise sa manière.

[9] Eustache Lesueur, mort en 1655. On voit ici que ses moindres esquisses étaient alors fort recherchées.

[10] L'abbé de Marolles, dans son *Livre des Peintres*, le nomme Pinac, en disant qu'on peut le louer.

Qui peint au Palais Cardinal ;
J'ay cinq ou six crayons de Lasne [1],
Entr'autres une piece profane.
J'en ay trois autres du Meslan [2];
Sur tout, vous verrez un Milan,
Qui porte en l'air une figure,
La plus belle de la nature.
J'en ay bien aussi de Daret [3],
D'autres de la main de Huret [4];
J'ay la grande These du Carme,
Où Mars paroist comme un gendarme :
Elle est du Pere Suarez.
Ensuite vous verrez après
Quatre ou cinq pieces merveilleuses,
Très-rares et très-curieuses :
On n'a rien veu de plus mignon,
C'est de Bosse [5] ou de Calignon [6];
J'ay quelque chose d'admirable;
Jamais on n'a rien veu semblable :
Un crayon qui n'a point de pair,
Dessigné par Monsieur Linclair [7],
Dont Silvestre [8] a fait une planche ;

---

[1] Michel Lasne, dessinateur et graveur au burin, né à Caen en 1596, était encore dans toute la vigueur de son talent.

[2] Claude Mellan, né à Abbeville en 1598, mort en 1688. Voy. l'excellent Catalogue raisonné de son œuvre, par M. de Montaiglon (Abbeville, 1856, in-8).

[3] Pierre Daret, graveur, auteur d'un grand nombre de portraits, né à Pontoise en 1610, mort en 1675.

[4] Grégoire Huret, graveur, né à Lyon en 1610, mort en 1670.

[5] Abraham Bosse, célèbre graveur, né à Tours en 1611, mort en 1678.

[6] C'est François Colignon, et non *Calignon*, né à Nancy, graveur habile dans le genre de Perelle ; il devint marchand d'estampes à Rome. Il a gravé à la pointe des vues topographiques de France, Paris, Tours, Saint-Cloud, etc.

[7] L'abbé de Marolles a dit de lui, dans le *Livre des Peintres*:

Je ne meprise point ni Lincler, ni Beaufrere.

[8] Israel Silvestre, dessinateur et graveur, né à Nancy en 1621,

Mais je ne l'auray que Dimanche ;
C'est un grand profil de Paris[1],
Mais il n'est pas de petit prix.
Enfin, j'ay quantité de choses.
J'ay toutes les Metamorphoses[2] :
Si vous voulez, nous verrons tout?...
Mais vous estes là tout debout :
J'ay grand peur qu'il ne vous ennuye,
Et puis voicy venir la pluye ;
Peut-estre vous vous moüilleriez,
Puis après vous vous fascheriez.
Vaut mieux remettre la partie.
A demain donc, je vous en prie.
— C'est bien dit, vous avez raison ;
J'iray dedans vostre maison.
Adieu donc jusqu'à la reveuë ! »

Ce drole icy nous prend pour gruë?
C'est un meschant double camard,
Un illustrissime bavard.
As-tu remarqué sa manie,
Et la plaisante litanie
Qu'il a faite de tous ces gens?

Allons, passons icy dedans.
Il faut, ma foy, que je t'y meine :
Cet endroit en vaut bien la peine.

mort en 1691. (*Voy.* le Catalogue raisonné de son œuvre, par M. Faucheux.)

[1] Il s'agit de la grande Vue de Paris, prise du Pont-Rouge ou Barbier, et datée de 1650, époque où l'ouvrage de Berthod fut imprimé pour la première fois. Le dessin de Linclair est peut-être la copie d'un des tableaux de Le Sueur, qui ornaient le petit cloitre des Chartreux. Ce tableau est identique, dans tous ses détails, à la gravure de Silvestre. (A. B.)

[2] Les *Métamorphoses* d'Ovide ont été mises en estampes par beaucoup d'artistes, entre autres par Virgile Solis; mais nous croyons que le marchand veut parler ici de la suite gravée à l'eau-forte par W. Baur, en 1611.

L'INVENTAIRE DE LA FRIPPERIE.

Je te feray voir cent manteaux,
De vieux pourpoints, de vieux chappeaux,
Des casaques et des mandilles [1],
Une infinité de guenilles,
De vieux juste-au-corps de velours,
Les uns trop grands, d'autres trop courts,
Le long de la Tonnellerie,
En passant dans la Fripperie [2].

Allons, viens donc? Despeschons tost,
Nous y voicy presque tantost,
Nous n'avons pas cent pas à faire.
Mais prends bien garde : il te faut taire;
Entends les Frippiers seulement.
Ils parlent éternellement,
Et par certaine rhetorique
Ils font entrer dans leur boutique,
Quand bien vous ne voudriez pas,
Et quand vous doubleriez le pas.
Çà, nous y voicy ! Prends bien garde
A cette vieillerie de harde;
Considere ce grand pourpoint :
Voy qu'il a le colet bien joint?
Cette vieille robe fourrée,
Comme diable elle est rembourrée !
Le collet, c'est un cocluchon,
Doublé de quelque vieux manchon.

[1] Casaques de laquais.
[2] La rue de la Tonnellerie, qui s'appelait déjà ainsi au treizième siècle, était alors occupée par les fripiers, ainsi que les deux rues de la Grande et de la Petite Friperie, qui viennent y aboutir. Les Piliers des Halles régnaient d'un côté de cette rue, qui a presque disparu dans les récentes démolitions. Voy. ci-dessus, *Paris rid.*, n°° XXXI-XXXIII.

Vois-tu celuy-là qui la porte,
En parade dessus sa porte?
Jarny, voici qui vient à nous!
« Icy, Messieurs, approchez-vous?
Venez voir une camisolle,
Un pantalon à l'Espagnolle :
C'est de ratine de Beauvais;
Voyez, il n'est pas fort mauvais?
C'estoit d'un marchand de Holande;
J'ay bien aussi la houpelande,
Avecque de grands passements...
Le diable emporte, si je ments!
Ha, Monsieu, voicy quelque chose :
Un juste-au-corps couleur de rose,
Garny de gros boutons d'estrain [1].
Avec des freluches [2] de crain;
La bigarrure n'est pas laide.
Prenez-le? Jamais Dieu ne m'aide,
S'il ne vous ira comme il faut ;
Il n'a pas un petit defaut,
Il est juste sur le corsage :
Il estoit fait pour vostre usage.

— Malle peste! vous vous mocquez!
J'aurois tous les sens disloquez,
Si je m'habillois de la sorte!
— Hé, pourquoy non, Monsieur, qu'importe?
Ce juste-au-corps n'est-il pas beau?
Aussi beau au jour qu'au flambeau?
Monsieu, vous pourriez prendre pire?
Il vous est fait comme de cire...
Mais pourtant, s'il ne vous plaist pas,
J'ay bien quelque chose là bas,

---

[1] Pour : *étain*.
[2] Pour : *fanfreluches*, franges, garnitures.

La plus belle piece du monde,
Un grand bufletin à la Fronde [1],
Qui fut trouvé dans Charanton [2],
Après le combat (ce dit-on) :
Il a bien quelque coup de balle,
Et par le collet il est salle,
Mais, avec un peu de savon,
Ou bien en le frotant de son,
Quand il seroit noir comme un merle,
Il deviendra plus clair que perle.
Si vous voulez vous équipper,
Je vous feray participer
Au butin que j'eus de la guerre ;
J'ay tout cecy dans une serre,
Mais je ne l'ose pas monstrer,
Craignant qu'on vint à rencontrer
Quelque habit ou bien quelque juppe :
Alors je serois pris pour duppe.
Mais vous estes un estranger ?
Je ne sçache point de danger
A vous montrer toutes mes nippes :
En voicy desja des principes.
Je vous connois homme legal [3] ;
Je croy ne m'adresser pas mal,
En vous monstrant ma marchandise :
J'en ay de jaune, verte et grise ;
Sur tout j'ay trois grands pistolets,
Avec les fourreaux violets ;
Ils sont de Sedan, je vous jure,
On le voit bien par l'escriture ;

---

[1] Justaucorps de buffle, que les Frondeurs avaient mis à la mode.
[2] Le combat de Charenton eut lieu le 8 février 1649, pendant le Blocus de Paris. L'armée royale, commandée par Monsieur le Prince et le duc d'Orléans, s'empara de Charenton.
[3] Pour: *loyal*.

Il est vray qu'ils sont fort roüillez,
Et les fourreaux tous barboüillez ;
Ce n'est pourtant que de la crotte.

« Tenez, regardez cette cotte?
Comme elle estoit belle autrefois!
Elle fut prise dans un bois,
Avec un collet à languette,
Que l'on me vendit en cachette :
Elle est très-bonne asseurément,
Je vous le dis sincerement.
Prenez-la, Monsieur, sur mon ame !
C'est un meuble pour vostre femme :
Elle la portera dessous :
Cela garde bien les genoux,
Quand elle est, dedans une Église,
Exposée au vent de la bise.

— Helas ! Monsieur, je n'en veux point,
Quoy qu'elle ait un arriere-point :
Fust-elle cinq cens fois plus belle,
Je n'ay point de femme pour elle;
Jamais femme ne me fut rien.
Ainsi, je ne dy pas combien...
— Hé bien, Monsieu, cela n'importe.
Vous allez voir ce qu'on apporte?
Allons, hé, Jean, viens vistement?
Apporte à Messieurs promptement
Ce grand paquet, couvert de toile,
Où tu verras peinte une Estoile;
Il est auprès du grand buffet.
Tu sçais fort bien comme il est fait?
Çà, donc, çà, Jean, allons, despesche!
Oste ce manteau qui t'empesche.
Or sus, voicy nostre pacquet !

Tenez, voulez-vous ce roquet [1]
(Il est doublé de bonne frise),
Ou bien cette casaque grise
(Qui n'est pas neufve, mais pourtant
Vous n'en aurez jamais autant,
Qui ne vous couste une pistole;
Je vous le dis sans hyperbole :
C'est un fort bon drap de meusnier),
Qui fut prise dans un grenier,
Du temps de la guerre de Brie [2]?
Achetez-la, je vous en prie;
Je vous jure, sur mon honneur,
Qu'elle vous portera bon-heur :
Elle estoit d'un vieil gentil-homme
(Je ne sçay pas comme il se nomme),
Mais je suis très-bien asseuré
Qu'il est beau-frere d'un Curé,
Qui demeure, ainsi qu'on le compte,
Proche Ville-neufve-le-Comte.
Quoy qu'il en soit, achetez-la,
Ou bien prenez ce manteau-là?
C'est bien vostre fait, ce me semble.

— Fy, fy, quand je le voy, je tremble :
Il est pelé de bout en bout.
Regardez-le donc bien partout
Comme diable il montre la corde?
Jarny, j'ay peur qu'il ne me morde.
Malle bosse! il montre les dents :
Il feroit peur aux pauvres gens.

— Ha! Messieurs, ne vous en desplaise,
Croyez-vous que je sois bien aise,

---

[1] Manteau court.
[2] Pendant la nouvelle Fronde de 1652.

Que l'on se mocque ainsi de moy?
Voulez-vous achepter, ou quoy?
Dites-le-moy, je vous en prie,
Car je n'entens pas raillerie.
On ne se mocque pas ainsi
Des hommes en ce pays-cy! »

Allons, quittons cette boutique,
Je voy le Marchand qui se pique.
Dedans ce lieu faut filer doux :
Peut-estre iroit-il mal pour nous,
Si nous le raillons davantage,
Car il n'entend pas ce langage.
Allons-nous-en, laissons cela,
Passons tout droict dans ce coin-là :
Nous aurons le plaisir de faire
Le racourcy d'un inventaire
De cinq cens mille guenillons,
De vieux morceaux de cotillons,
L'un d'un quartier, l'autre d'une aune,
De verd, de bleu, de gris, de jaune,
De toutes sortes de couleurs,
Qui sont le butin des voleurs,
Et de tous les tireurs de laine,
Qui font, vers la Samaritaine,
Laisser aux Bourgeois des manteaux
(Souvent ils en prennent de beaux),
Qu'ils donnent à cette canaille;
Car cecy est une racaille,
Qui sert souvent de receleurs
A tous ces infames voleurs.
Ces Fripiers sont du badinage;
Ils vous font changer de visage
A tous les habits qu'on a pris :
Les noirs, ils les font quasi gris,
Et les mettent en telle sorte,

Qu'on ne peut (le diable m'emporte!
Tant ces Fripiers sont entendus),
Jamais trouver d'habits perdus.
Ces rapetasseurs, sur mon ame!
D'un meschant cotillon de femme
(Au moins à ce que l'on m'a dit)
Font, ce nous semble, un bel habit,
Qui n'est pourtant qu'une vetille,
Puis qu'il est fait d'une guenille;
Un juste-au-corps devient pourpoint :
Ainsi l'on ne le connoist point.
Un long manteau se fait casaque;
C'est une horrible micque-macque :
Ce qui fut un buffle autrefois,
N'est plus qu'un pourpoint de chamois;
Enfin, c'est, en la Friperie,
L'abregé de la tromperie.
N'importe, passons au travers.
Tien, regarde ces habits verts,
Chamarez d'une vieille nuë [1],
Proche le coin de cette ruë?

Cela n'est-il pas surprenant?
Faut estre Caresme-prenant [2],
Ou maistre des Marionnettes,
Ou bien vendeur de savonnettes,
Estre aprentif de Charlatan,
Ou valet de l'Orvietan [3],

---

[1] Galon de couleur passée.
[2] Masque.

Je possède un curieux prospectus imprimé et entouré d'un encadrement gravé sur bois, où figurent grossièrement des armoiries, des vipères, crapauds, lézards, champignons, etc. En tête, on rappelle un privilége en date du 9 avril 1647, confirmé le 28 septembre 1741, date de ce prospectus. Il énumère toutes les vertus de la drogue, dite l'*Orviétan*, qui se débitait alors rue Dauphine, au Soleil d'or, à la descente du pont Neuf. Il résulte de cette pièce que:

Pour avoir la bizarrerie
D'achepter cette droslerie !

Regarde un tant soit peu plus bas?
Par ta foy, n'admires-tu pas
Cette boutique bigarrée?
Voy comme diable elle est parée :
Trois meschans morceaux de velours,
Un long habit, deux manteaux courts,
Quatre chapeaux et trois mandilles
Arrangez dessus ces chevilles ;
Quinze ou vingt pourpoints de laquais
Assemblez en divers paquets ;
Deux manteaux longs de feüille-morte
(Vis-tu jamais rien de la sorte?)
Chamarrez de grand passement...
Voy qu'ils sont faits crotesquement?
Jamais aux Rois une chandelle
N'eut la bigarrerie plus belle :
Deux blancs, deux rouges et deux verts,
Quatre de long, deux de travers.
Quelle fantasque bigarrure !
Sans doute c'estoit la parure
Du grand Chancelier du Japon,
Ou du Roy de Colintampon.
Faut estre Suisse à triple estage,
Pour se charger de ce bagage.
Examinons un peu de près

Hiérosme Feranti (peut-être natif d'Orvieto) est l'inventeur. Il obtint un privilége à Paris, en avril 1647, et livra plus tard son secret à Jean Vitrario. En 1741, le successeur de Vitrario était Jean-Louis Contugi de Rome, nommé par le vulgaire l'*Orviétan*, comme ses deux prédécesseurs. Louis XIV, en juillet 1700, fit examiner cette sorte de panacée, par le sieur Andry, et Louis XV, en sept. 1741, par le sieur Dionis. L'Orviétan dont parle Berthod est donc Jérôme Feranti, qu'on désignait, lui et sa drogue, sous ce même nom. (A. B.)

Ce que nous voyons tout auprès :
Cinq ou six manteaux d'escarlatte,
Trois vieux escheveaux de soye platte,
Six capuchons de baracan [1],
Quatre bas de serge de Caën
Deschirez par les talonnieres,
Et deux meschantes devantieres [2]
De taffetas, rapetassé
D'un morceau de satin passé;
Trois vieux bonnets de broderie,
Deux chaises de tapisserie,
Trois mulles avec un patin,
Dont le dessus est de satin;
Des bas à botter de futaine,
Bordez d'une frange de laine;
De grands canons de vieux treillis [3],
Qui furent noirs, mais qui sont gris...
Voy-tu là cette camisolle?
C'est un reste de justobolle [4],
Car il ne se peut autrement,
Qu'homme d'un peu d'entendement
L'eust osé porter de la sorte.
Regarde bien dans cette porte,
Considere ce grand panier,
Et cette corbeille d'ozier,
Comme ils sont plains de bagatelle,
De petits morceaux de dentelle,
Des jartieres de pantalon,
Cinquante morceaux de galon,
Quatre masques sans mentonniere,
Le dessus d'une gibeciere,
Quatre plottons, deux esguilliers,

---

[1] Pour : *bouracan*.
[2] Tabliers, juppes.
[3] Haut-de-chausses de vieux tricot.
[4] Jeu de mots sur *justaucorps*.

Cinq ou six estuis de cuilliers,
Une piece de broderie,
Qui fait à la galanterie,
Avecque ce meschant chiffon,
Qui pend auprès de ce manchon,
Vis à vis de cette fenestre,
Afin de faire mieux paroistre
Cette escharpe de taffetas,
Et ces guenillons en un tas ;
Enfin regarde ces boutiques :
Tous les chiffres arithmetiques
Ne seroient jamais suffisans,
Pour nombrer ce qu'on tient dedans,
Et le meilleur compteur de France
Perdroit bien toute sa science,
S'il vouloit, avec ses jettons [1],
Suputer tous ces vieux chiffons.
Voilà pourquoy gaignons la Halle :
Ce lieu-cy pue, il est trop salle :
Allons, nous ne ferons pas mal !
Cet endroit sent fort l'Hospital.
Entrons par dessous cette arcade,
Proche ce vendeur de salade :
Nous trouverons asseurément
De quoy rire quelque moment.

Or sus, voicy la Halle illustre [2] !
Elle est aujourd'huy dans son lustre :
Voilà quantité de poisson.
Nous rirons de bonne façon,
Si tu veux prendre patience,
Car c'est icy le lieu de France,

---

[1] Tous les comptes se faisaient encore à l'aide de jetons, chez les marchands et les particuliers, comme à la Chambre des comptes.

[2] Voy. ci-dessus, *Paris ridicule*, n°ˢ xxv-xxix.

Où se disent les meilleurs mots;
On fait les contes les plus sots,
Surtout parmy ces poissonnieres,
Qui ne sont jamais les dernieres
A dire le mot en passant :
Quand elles attrapent un marchand
Qui leur fait un tant soit peu teste,
Alors elles font belle feste;
Elles luy donnent son paquet,
En disant quelque sobriquet.
Abordons cette Harangere,
Vis à vis de cette Lingere?
Entendons ce qu'elle dira :
Bien-tost elle querellera.

COMPLIMENT DES HARANGERES DE LA HALLE [1].

« Venez à moy, Monsieur le Maistre?
Jamais vous n'avez veu paroistre,
Dedans la Halle, du poisson
Qui soit de si bonne façon.
Regardez cette grande raye
Que voila dessus cette claye :
Vous n'avez rien veu de si beau.
Si vous voulez ce maquereau,
Il est tout frais, sur ma parole !
Ou bien acheptez cette solle?
Vous en aurez contentement;
Prenez-la tout presentement,
Car, autrement, elle est venduë,
Avec ce flanchet de moruë.

---

[1] Il faut comparer ce *compliment* avec ceux que Vadé a reproduits deux siècles plus tard dans ses poésies poissardes, en se posant comme l'inventeur du genre. Vadé est moins abondant, moins naïf et moins vrai que Berthod.

— Je n'en veux point, Dame Alizon.
— Tredame, Monsieu, pourquoy non?
Ma marchandise vaut une autre,
Quoy! je n'auray donc rien du vostre?
Là, là, venez, vraman, samon[1]!
Allons, prenez-moy ce saumon?
Il est, sur mon ame, admirable;
Ce sera l'honneur de la table.
Prenez aussi ce grand brochet,
Que vous voyez à ce crochet?
Il n'est mort que depuis une heure.
Voyez-le, Monsieur? Que je meure,
S'il ne vaut plus de cent bons sous!
Allons donc, là, despeschez-vous?
— Non, je n'en veux point, Dame Jeanne.
Je m'en vay chez la commere Anne :
J'y trouveray certainement
Ce qu'il me faut entierement.

— La commere Anne, Noutre-Dame!
La malle-peste de la femme!
Elle, et la sœur à Jean Pignon,
Nous portent toutes deux guignon :
A cause qui sont un peu belles,
Tout chacun veut aller sieux elles;
Tous ces guiebles d'hommes y vont !
Je sçavons bien ce qu'ils y font.
Marci-guieu! sont de bonnes bestes!
Mais tous les jours ne sont pas festes :
A n'aron pas toujou bon tans;
Peut-estre avant qui set deux ans,
Y pourraint bien avoir les huitres,
Pu salles que de vieilles vitres.
Vraman ouy, et là là j'aurons,

[1] Ancienne interjection, qu'on éc ait : *c'est mon.*

Et peut-estre que je sçaurons,
Aussi bien qu'eux, faire des mienne.
N'est-il pas vray, dame Basquienne
Que je varons bien queuque jour,
Que tout chacun ara son tour? »

Ha, ha, voicy bien nostre affaire.
Prends garde à ce que l'on va faire?
Ces deux icy, dans un moment,
Querelleront asseurément :
L'une est desja fort en colere.
Tien, regarde un peu, considere,
Comme elle refrogne le nez?
Nous en verrons bien d'estonnez,
Si l'ont peut commencer la dance.
La voilà, ma foy, qui commence.

« Va, va, l'on te connoist, carongne,
Infecte comme la charongne!
Va-t'en auprès des Trois Cuilliers[1],
Dans la ruë des Gravilliers,
Chez Dame Jeanne la fruictiere !
T'as bien fait là la chere entiere?
On te connoist dans le bordeau;
C'est là que tu tiens ton bureau,
Vilaine louve diffamée,
Reste des goujats de l'armée?
Va, va, l'on sçait partout ton nom :
Tu t'es acquise un beau renom !
Tu veux faire de la Bourgeoise,
Camuse, puante, punaise !
Vraman, c'est bien à faire à toy !
Tu t'y tiens sur ton quant-à-moy,
Tu t'imagines estre belle,

---

[1] C'était probablement une enseigne de mauvais lieu.

Tu veux faire la Demoiselle ;
Sans le valet d'un mareschal
Tu fusses morte à l'Hospital !
Va, va, Madame au cul de crotte,
Va-t'en, de peur qu'on ne te frotte !
Si j'empoigne ton chaperon,
Je te feray dire : Au larron !
Tu fais Madame l'entenduë,
Avec ta teste au coû de gruë,
Et tes yeux de chauve-souris :
Va-t'en voir ce vestu de gris,
Qui parle à la Dame Florence ?
Il te contera bien ta chance,
Car il ne t'a pas pardonné
Le mal que tu luy as donné.

— As-tu donc tout dit, vieille louve ?
Que diable fais-tu là ? Tu couve
Des œufs dedans un pot de fer ?
Vieille peste, tison d'enfer,
Vieille sorciere, vieille chienne,
Visage de magicienne,
Maquerelle de porte-faix,
Je sçay le mestier que tu fais :
T'es une bonne larronnesse,
Une gourmande, un yvrongnesse ;
Chacun t'a veu, vieux cû pourry,
Donner le fouët au pilory[1] ;
Tout le monde sçait bien ta vie ;
Nous connaissons ta maladie,
A ton chien de nez bourgeonné,
Et ton visage boutonné
Montre bien, meschante borgnesse,

---

[1] Les femmes de mauvaise vie et les maquerelles publiques étaient fouettées au Pilori des Halles, par le bourreau.

Que t'es une insigne ladresse.
Tu le fis voir dernierement,
Quand le bourreau si joliment
T'avoit l'autre jour espoustée :
Tu n'en fus point espouventée,
Et tu ne dis seulement pas
Une petite fois : Helas!
Mais le bourreau, ny sa rudesse,
Ne t'incommoda pas, ladresse;
Long-temps y a que tu sçais bien
Que les ladres ne sentent rien [1].
Je te recommande au grand Pierre,
Le Suisse à Monsieu Bassompierre [2],
Qui te fouëtta tant, l'autre jour,
Tout au biau milieu de la Cour,
Où, troussant ta chemise salle,
Il fit voir ton cû plein de galle.
Va donc, ladresse, maquerelle,
Va-t'en ailleurs chercher querelle,
Vieille garce du temps passé,
Vieille rongneuse au cû cassé,
Putain du temps de La Rochelle [3],
Vieux fourniment, vieille escarcelle,
Va-t'en au diable et dans l'enfer
Servir de femme à Lucifer!
Va-t'en luy baiser au derriere :
Aussi-bien, es-tu sorciere;
Va-t'en luy donner de l'ébat :
C'est aujourd'huy jour de sabat.

— Aga, hé, t'es donc bien sçavante,
Dy donc, Madame l'impudente?

---

[1] On croyait que la lèpre rendait les ladres insensibles.
[2] Le fameux maréchal Bassompierre ne vivait plus depuis 1646, mais le souvenir de ses galanteries s'était conservé dans le peuple.
[3] Le fameux siége de la Rochelle datait de 1628.

Parle donc, hé, grande putain,
Tu dois sçavoir parler latin?
T'es la garce des Escholiers.
T'ont-ils pas donné les souliers
Que tu portes tous les Dimanches?
Dy donc, qui t'a donné ces manches?
Va, va, nous sçavons bien qui c'est!
Tu trouves là bien ton acquest :
C'est le fouëtte-cù de Navarre [1].
Voyez, c'est une piece rare?
Va, va, garce de fouëtte-cû,
Au College de Montegu [2]!
C'est là que tu trouves ton compte.
Ne devrois-tu pas avoir honte?
Villaine garce, pour un liard,
Hé! qui voudroit ton nez camard?
Aga donc, la belle Madame!
Voyez, regardez cette infame,
Cette putain, oüy, par ma foy,
Qui nous voudroit faire la loy!

— Moy, la loy? Louve, c'est toy mesme!
Tu l'as bien faite, ce Caresme,
La loy, quand t'avois entrepris
De vendre les filles à bas prix?
Tu pensois m'avoir attrapée,
Gaignant une piece tapée,
Mais je vis ta meschanceté

---

[1] Il y avait encore, en 1650, dans les principaux colléges de Paris, des pères fouetteurs. C'était une fonction spéciale, un rouage du système universitaire. Trois vers plus bas, l'auteur cite celui du collége de Montaigu. Plus d'une estampe ancienne atteste ce régime. La verge était un sceptre qu'on voit encore entre les mains des pédagogues de petites écoles trop pauvres pour se procurer le luxe d'un fouetteur spécialement préposé à cet office. (A. B.)

[2] Ce collége passait pour le plus pauvre et le plus sale de tous les colléges de Paris.

Vieille carcasse, dos foüetté,
Impudente, double vilaine :
T'avois lors la pance bien pleine,
T'estois soule jusqu'au gozier,
Et de bonnes verges d'ozier
Eussent bien lors fait ton affaire,
Pour bien espouster ton derriere.
Race, t'avois beu comme un trou,
Tu grimaçois comme un matou :
Vilaine, tu m'avois venduë !
Mercy guieu ! tu seras pendue,
Si tu vis jusqu'à l'autre mois :
Nous te verrons, au coin d'un bois,
Donner le fouët, à la potence ;
C'est là qu'il faudra que tu dance,
Avec ton chien de corps tout nud,
Bien mieux que lorsque t'as trop bû.
La voulez-vous voir, Proserpine ?
Regardez sa chienne de mine,
Considerez bien son museau ?
N'est-ce pas le vray cû d'un viau ?
Voyez cette vieille ranceuse,
Qui veut estre encore amoureuse !
Il t'en faut, hé, des amoureux,
Pour te lécher ton nez morveux ?
Voyez un peu la belle piece !
Descouvre seulement ta fesse ?
Hée, on verra ton cû galeux !
Sors donc, sors de dessus tes œufs,
Viens un peu que je t'accommode ?
Je veux te coeffer à la mode !

— Qui, toy ? Quoy donc, tu me batras ?
Si je sors d'icy, tu verras
Comment je cogneray ta bosse !
Je te bailleray sur l'endosse.

Laide camarde, nez puant,
Choüette, hibou, cha-huant,
Coureuse de nuit par la ruë,
Tu sçais fort bien que l'on t'a veuë?...
Tu m'entends, quand je dy cela?
Vilaine, croy-moy, sors de là,
Si tu ne veux qu'on t'accommode,
Et qu'on ne t'estrille à la mode :
Tu verras bien ce que je sçais,
Et de quelle façon je fais. »

LES VENDEUSES DE MARÉE.

Allons, laissons ces Harangeuses ;
Voyons ces autres revendeuses :
En passant de l'autre costé,
Nous verrons quelque nouveauté.
« Approchez-vous, dame Nicole?
Dit l'une ; voyez, une sole,
De grands brochets, de beaux barbeaux.
Des anguilles et des carpeaux.
Venez donc ; voicy de la tanche,
De la moruë toute blanche,
Des excellens macquereaux frais;
J'ay des grenouilles de marais,
De belle carpe toute fresche :
On la vient sortir de la pesche.
Ça, venez donc, venez, prenez !
Escoutez, Madame, tenez,
Si vous voulez de la lamproye,
J'ay la plus belle qui se voye.
Icy vous pouvez achepter,
Sans vous amuser à trotter :
Ma marchandise vaut une autre. »

LA VENDEUSE DE POIS.

« Ça, ne prenez-vous rien du nostre?
Dit une autre marchande de Ris.
Venez voir : j'ay de beaux pois gris,
J'en ay de verts pour le Caresme,
Qui sont aussi doux que la cresme;
Si vous en voulez au cù noir,
J'ay les plus beaux qu'on puisse voir.
Prenez-en, soyez asseurée,
Qu'ils font d'excellente purée :
Ils cuisent de la premiere eau.
C'est bien quelque chose de beau;
Ils sont venus de la Rochelle.
Acheptez-en, Dame Michelle?
Sur mon ame! ils sont merveilleux.
Choisissez-en de tous les deux :
Voyez cette feve marine,
Regardez qu'elle a bonne mine?
Encore a-t-elle meilleur jeu.
Ne la faut que monstrer au feu,
Vous la verrez toute en boüllie.
Entrez un peu, peur de la pluye :
Vous moüillez vostre cotillon.
Là, prenez un eschantillon
De cette belle marchandise :
Demandez à Dame Denise,
La servante du gros Flamant,
S'ils ne cuisent pas promptement?

— Hé bien, çà donc, Dame Christine,
Allongez un peu vostre eschine,
Et me faites voir ces beaux pois?
Il m'en faudra de tous les trois;
Aussi, de petite fevrolle :

Il faut qu'elle soit un peu molle,
Car, l'autre jour, le Medecin,
En regardant dans le bassin
Du petit qui fut à la selle,
Reconnut bien que la mamelle
De la nourrice n'alloit pas ;
Il ordonna qu'à ses repas
On en feroit de la purée,
Disant comme chose averée
Que la fevrolle asseurement
Fait venir le lait doublement.
C'est pourtant chose bien certaine
Que la purée en est vilaine,
Mais n'importe ! Çà, çà, donnez,
Allons donc, despeschez, venez,
Parce qu'il faut que je m'en aille ;
Prenez contre cette muraille,
Et puis descendez promptement,
Car faut que je sois vistement
Au logis, où Monsieur le Maistre
Est desja devant moy peut-estre :
Il revient tous les Samedis,
Avant quatre heures, au logis.

— Vertu chou ! Madame Michelle,
Me faut monter sur une eschelle ;
Je n'y vay pas si rudement :
Faut aller un peu doucement.
Si je tombois à la renverse !...
Voulez-vous que je me boulverse,
Et que je me rompe le coû,
Comme un navet, ou comme un chou ?

— Ho, ho, vrament, Dame Christine,
Vous estes un peu bien mutine :
Si vous traittez le monde ainsi,

Je pense bien que (Dieu mercy!)
Vous pouvez fermer la boutique.
Quoy! la moindre chose vous pique!
Tout autre part, on ne voit point
De marchande prompte à ce poinct.
Ha, ha, pour une revendeuse,
Vous faites trop la dédaigneuse?
Adieu, adieu, gardez vos pois,
Vos feves, et toutes vos noix!
Je ne veux pas qu'on me barguine,
Ny qu'une femme me rechine :
Alors que je viens achepter,
Vous ne faites que marmoter.

— Tredame, Madame Michelle,
Vous faites bien la Damoiselle!
Hé, là, là, je vous connoissons,
Il ne faut point tant de façons.
Il semble à voir, à vous entendre,
Que vous vouliez icy m'apprendre
Comme il faut faire mon mestier?
Allez-vous-en au Savetier
Faire des contes de la sorte;
Allons, sortez, gaignez la porte!
Autrement, je vous chasseray,
Peut-estre je vous frotteray.

— Toy, me frotter, Dame Christine?
Par ma foy, t'en as bien la mine!
Tu me battras? Peste! la gueuse!
Voyez cette double cagneuse,
Cette marchande de trois pois,
Avec son escuelle de bois,
Comme elle fait de l'entenduë!
Semble qu'on ne l'ait jamais veuë!

Helas, que l'on te connoist bien !
Je sçay beaucoup et ne dy rien.

— Tu ne dis rien ? Hé, boute, boute !
Voila le monde qui t'escoute :
Ne feins point, parle seulement ?
Allons donc, boute hardiment,
Degoise, chante ton ramage,
Comme un perroquet dans sa cage !
Tu sçais beaucoup ? Hé, que sçais-tu,
Michelle, avec ton nez pointu ?
Parle donc, dis, que veux-tu dire ?
Quoy ! tu viens icy pour médire
De moy, jusques à mon logis ?
Qu'est-ce que j'ay fait ? Parle ? dis ?
Suis-je garce ? suis-je carongne ?
Ay-je la taigne ? ay-je la rongne ?
Ay-je la galle, ou le farcin ?
Suis-je macquerelle ou putain ?
Ou, si je suis quelque autre chose,
Allons, dis-le donc, si tu l'ose ?

— Si je l'ose ! Oüy, je l'ose bien ;
T'es une qui ne valut rien,
Estant fille comme estant femme.

— Mercy-guieu ! Hé, belle Madame,
Je ne vaux rien ? T'en as menty !
Jeanne, appelle-moy l'Apprenty,
Qu'il frotte un peu cette carongne ?
Jarny ! qu'il faut que je te congne !
Quoy, jusques dedans ma maison,
Tu veux faire comparaison ?
Dans ma boutique tu m'harcelle !
Tu me viens faire une querelle,
Cuisiniere de trois deniers !

Compagne de palfreniers,
Torchon de pot, frotte-marmitte,
Tu faisois tant la chatte-mitte,
Et le Diable ne dit jamais
Les injures comme tu fais.

— Oüy da, j'en dis, si j'en veux dire.
Quoy ! tu me penses contredire ?
Encor que tu sois sur ton ban,
Je querellerois tout un an,
Toy, ta Mere, et toute ta race ;
Mais, si j'estois dedans la place,
Je parlerois bien autrement :
Je chanterois tout hautement
De ta vie une Kyrielle,
Si tu n'estois point sur ta selle,
Et que tu fusses là dehors,
Je te frotterois bien le corps ;
Mais je m'en vais !... Un jour, j'espere,
Et peut-estre avant qu'il soit guere,
Par ma foy, tu le payeras,
Hé, bien, bien, là, là, tu verras !

— Je verray ? Quoy ! que veux-tu dire ?
Helas ! j'en on bien veu de pire,
Qui ne me font pas mal au cœur,
Et si je n'en avons pas peur.
Vraman, vraman, j'en on dans l'aisle,
J'avons peur de dame Michelle !
Au guieble-zo si j'en aurons !
Et bien, bien, là, là, je varrons,
Je ne craignons pas les servantes,
J'en on bien veu de pù méchantes. »

Hé bien ! as-tu pris du plaisir
De les entendre discourir ?

Les servantes de ton village
Ont-elles un si beau langage?
Allons-nous-en, il se fait tart,
Je te veux mener autre part...

LA RUE DE LA HUCHETTE [1].

Vers la ruë de la Huchette;
Mais prens bien garde à ta pochette?
Autrement, l'on t'attrapera,
Et sans doute on te duppera,
Car, en ce lieu-là, c'est la source
D'où sortent les coupeurs de bourse.
Viens donc par icy, viens, suy-moy,
Mais sur tout prens bien garde à toy.
Toutefois, allons vers la Greve,
Car je voy le jour qui s'acheve.
Aussi bien, est-ce ton quartier :
N'est-ce pas proche un patissier,
Au bout de la Coutellerie [2],
Tout devant une hostellerie,
Attenant un maistre Horloger,
Que ton pere t'a fait loger?
— Parbleu! je croy que tu devine :

---

[1] Elle existe encore (en partie du moins) derrière le quai Saint-Michel, et parait bien ébahie du voisinage du boulevard de Sébastopol. Sur le plan de Math. Mérian (1615), chacune des anciennes maisons de cette ruë porte une enseigne en saillie, indiquant sans doute ces hôtelleries de bas étage, d'où sortaient les coupeurs de bourses en question. Les maisons qu'on y voit offrent un aspect sale, mais peu pittoresque, et d'ailleurs elles ont été, pour la plupart, depuis 1650, rebâties ou transformées. (A. B.)

[2] La rue de la Coutellerie, qui commence rue Jean-Pain-Mollet et finit rue de la Vannerie, devait son nom aux couteliers qui l'habitaient depuis le quinzième siècle.

Je suis avecque ma cousine
Dans cette maison justement.

— Ho bien, bien, allons vistement.
Passons dedans la Lingerie [1],
Et puis dans la Ferronnerie [2],
Et de là nous nous en irons
Vers Sainct Jacques [3], et gaignerons
Un carrefour, où l'on rencontre
Justement devant soy la Montre [4] ;
Nous verrons là quelle heure il est.
Je sçay que, pour ton interest,
Il faut que tu sois de bonne heure
Dans la maison où tu demeure.

Çà, marche, gaigne le devant ;
Mais je voudrois auparavant
Passer aux Recommandaresses [5] :
Tu verrois là bien des souplesses,
Et d'excellens tours qui s'y font,
Lors que les Servantes y sont.

---

[1] La rue de la Lingerie porte ce nom depuis le treizième siècle, où Louis IX autorisa les pauvres lingères à étaler leur marchandise le long du cimetière des Innocents ; elle avait d'un côté le vieux mur des Charniers.

[2] La rue de la Ferronnerie, ainsi nommée dès le treizième siècle, s'étendait le long des Charniers, depuis la rue Saint-Denis jusqu'à la rue de la Lingerie.

[3] L'église paroissiale de Saint-Jacques-la-Boucherie.

[4] C'était sans doute une horloge publique ou bien un cadran solaire, qui dépendait de l'église.

[5] C'était le vieux nom de la rue de la Vannerie.

UN HOMME QU'ON PREND PRISONNIER POUR UN AUTRE.

Ha, mon Dieu! voila du vacarme.
Je voy tout le monde en allarme.
Morbleu! nous sommes attrapez!
Où diable sommes-nous campez?
C'est un prisonnier que l'on meine.
Jarny! nous voicy bien en peine!
Ha! teste bleu, où sommes-nous?
Taschons à gaigner là-dessous :
Mais quel moyen? Voicy la presse!
Nous n'aurons, ma foy, pas l'adresse
De nous tirer jamais d'icy.
La malle bosse! Le voicy!
Regarde comme on le saboule,
Au beau milieu de cette foule?

Diable! c'est un homme bien fait.
Demande un peu ce qu'il a fait?
Toutefois, non; j'y vay moy-mesme,
Et j'useray de stratagesme,
Pour en sçavoir la verité,
Car je voy le monde irrité.
Il est vray que cette canaille
Ne fist jamais chose qui vaille :
Deux hommes en amassent six,
Et les six en font venir dix;
A dix on en voit venir trente,
A ces trente il en vient quarante,
Enfin l'on voit en un moment,
Qu'il se fait un soûlevement,
Sans que personne puisse dire
Ce qu'il veut, ny ce qu'il desire.

Il faut que je sçache, pourtant,
Pourquoy c'est qu'on le presse tant.

« Monsieur, un mot, je vous en prie :
Y a-t'il quelque batterie ?
Où meine-t'on ce prisonnier ?

— Je ne sçay, mais un Cordonnier,
Qu'on nomme maistre Dominique,
L'a veu passer, de sa boutique,
Et s'est mis à courre après luy ;
Lors cet homme-là s'en est fuy.
Le Cordonnier dit qu'on le prenne,
Que l'on l'arreste et qu'on luy meine ;
Au mesme temps, des crocheteurs
Et grand nombre de serviteurs,
Sont tous sortis de chez leur maistre,
Aussi-tost qu'ils ont veu paroistre
Celuy-là que l'on poursuivoit,
Et qui fuyoit tant qu'il pouvoit.
Mais, près de la ruë Tirechape [1],
Un Fripier a dit : « Je te hape ! »
Et l'a saisi par le colet,
Luy presentant un pistolet.
Alors l'on a veu la marmaille
Se mesler parmy la canaille,
Qu'il tient ce pauvre prisonnier,
Et le traite en vray saffrannier [2].
Cependant le Cordonnier drille [3],
Et va regaigner sa famille :
Il confesse qu'il a grand tort,

---

[1] Cette rue, qui n'a pas changé de nom depuis le douzième siècle, commence rue Bethisi et finit rue Saint-Honoré. Elle était occupée par des fripiers et des tapissiers.
[2] Banqueroutier.
[3] Court, s'éloigne en courant.

Qu'il s'est mespris un peu trop fort,
Et s'enfuit dedans l'autre ruë,
En reconnoissant sa beveuë;
Car il avouë ingenuëment
Qu'il s'est trompé très-lourdement;
Et qu'il prenoit ce pauvre diable,
Pour un qu'il estimoit coupable
D'avoir débauché son valet,
Un jour, en joüant au palet :
Cependant cet homme se trouve,
Dans une troupe, qui controuve
Cent mille maux qu'il n'a pas fait. »

Regarde bien : vis-tu jamais
De plus grande badauderie ?
On voit tout le monde qui crie,
Et qui court sans sçavoir pourquoy !
Allons, laissons cela, suy-moy;
Depeschons, on ne voit plus goutte;
Il nous faut prendre une autre route.

Ha ! teste-bleu ! je suis perdu !
Faut-il avoir tant attendu,
Pour estre traicté de la sorte?
Jarny bieu ! le diable l'emporte !
Ce fils de putain de brutal,
Que tu vois là sur ce cheval,
A remply mon habit de bouë ;
Malle-peste ! je te l'avouë,
Je suis touché sensiblement;
Voila tout mon habillement
Perdu sans aucune ressource.

Adieu, je m'en vay, d'une course,
A mon logis, pour me changer.
Va-t'en ! Tu n'as plus de danger.

Mordy ! mes canons, mes manchettes,
Mes galans, et mes esguillettes !
Je suis gasté jusqu'au colet !
Le fils de putain de valet !
Ce coquin-là, dans une ruë,
Piquer une beste qui ruë !
C'est bien pure mechanceté.
Jarny-goy ! que de salleté !

Ho, bien, adieu, car je te quitte :
Dans un autre jour je t'invite
A voir le reste de Paris.
Cependant chante, dance, et ris.

LA
FOIRE SAINT-GERMAIN
EN VERS BURLESQUES

PAR

SCARRON

LA
FOIRE SAINT-GERMAIN[1]
EN VERS BURLESQUES

A MONSIEUR[2].

Sangle au dos, baston à la main,
Porte-chaise, que l'on s'ajuste?
C'est pour la Foire Sainct Germain :
Prenez garde à marcher bien juste;
N'oubliez rien, monstrez-moy tout,
Je la veux voir de bout en bout,

[1] Cette foire, qui avait été établie par Louis XI, en 1482, au profit de l'abbaye de Saint-Germain-des-Prés, s'ouvrait le 5 février et durait jusqu'au dimanche des Rameaux. Elle se tenait sous de grandes halles en charpentes, qui furent détruites par un incendie en 1763 et qui ont été remplacées par le marché Saint-Germain. Cette foire, garnie de boutiques de toute espèce, attirait une foule énorme de curieux et devenait souvent le théâtre de grands désordres. Pierre de l'Estoile raconte qu'à la foire de 1605 « se commirent à Paris des meurtres et excès inouïs procédans des débauches de la Foire, dans laquelle les pages, laquais, escoliers et soldats des gardes firent des insolences non-accoutumées, se battant dedans et dehors, comme en petites batailles rangées. » C'était aussi un lieu de débauche où affluaient les escrocs, les joueurs de profession et les femmes de mauvaise vie.

[2] Gaston, duc d'Orléans, frère de Louis XIII, auquel il survécut jusqu'en 1660, était un des mécènes de Scarron; ce prince avait toujours eu un goût prononcé pour la poésie burlesque et gaillarde.

Car j'ay dessein de la descrire.
Muse au ridicule museau,
De qui si souvent le nazeau
Se fronce à force de rire,
Muse qui regis la Satyre,
Viens me reschauffer le cerveau !

Guide de mon esprit follet,
Qui sur tout cheris le burlesque,
Souffle-moy, par un camoufflet,
Un style qui soit bien crotesque;
J'en veux avoir du plus plaisant,
Et fust-il un peu médisant,
J'emploiray tout, vaille que vaille :
Mais, devant que de rimasser,
Bannissons de nostre penser
Tout souvenir qui le travaille,
Et commençons par la canaille
Qui nous empesche de passer.

Que ces badauts sont estonnez
De voir marcher sur des eschasses !
Que d'yeux, de bouches et de nez !
Que de differentes grimaces !
Que ce ridicule Harlequin
Est un grand amuse-coquin [1] !
Que l'on acheve icy de bottes !
Que de gens de toutes façons,
Hommes, femmes, filles, garçons.
Et que les culs, à travers cottes,

---

[1] Il y avait, dans l'enceinte de la Foire, plusieurs petits théâtres que l'abbé de Saint-Germain louait à des troupes de bateleurs et de comédiens ambulants. Tel fut l'origine du Théâtre de la Foire, qui devint l'Opéra-Comique. Quant au personnage d'Harlequin, avait paru en France dès le règne de Henri III, dans les farces du théâtre italien. Voy. l'*Hist. plaisante des faicts et gestes d'Harlequin, comédien italien* (Paris, 1585, in-8).

Amasseront icy de crottes,
S'ils ne portent des calleçons.

Ces Cochers ont beau se haster,
Ils ont beau crier : Gare ! gare !
Ils sont contrains de s'arrester ;
Dans la presse rien ne démare.
Le bruit des penetrans sifflets,
Des flustes et des flageolets,
Des cornets, hautsbois et musettes,
Des vendeurs et des achepteurs,
Se mesle à celuy des sauteurs
Et des tabourins à sonnettes
Des joüeurs de Marionnettes,
Que le peuple croit enchanteurs.

Mais je commence à me lasser
D'estre si long-temps dans la bouë :
Porteurs, laissez un peu passer
Ce carrosse, qu'il ne vous rouë?
Et puis, pour marcher seurement,
Appliquez-vous soudainement
A son damasquiné derriere?
Moins de monde vous poussera;
Le chemin il vous frayera.
Mais, s'il reculoit en arriere,
De peur de briser nostre biere,
Faites de mesmes qu'il fera.

Quelqu'un sans doute est attrapé?
J'entends la trompette qui sonne :
Bien souvent, pour estre duppé,
Icy tout son argent on donne.
Ha! je le voy, le maistre sot,
Qui se gratte sans dire mot,
En recevant la babiole,

Qui de son argent est le prix !
Dieux ! de quelle joye est espris
Le maudit blanqueur[1] qui le vole,
Et que la duppe qu'il console
A peine à r'avoir ses esprits !
Mais qu'est-ce que je viens de voir ?
Une Dame au milieu des crottes !
Est-ce gageure ou desespoir ?
Mais peut-estre a-t'elle des bottes ?
Ha ! vrayment, je n'en dis plus rien :
En l'approchant, je connois bien
Que c'est une belle homicide,
Au nez de laquelle un beau fard
Composé de craye et de lard,
Déguise bien plus d'une ride,
Et que le Filou qui la guide
Est son Brave[2] ou bien son Cornart[3].

Que de peinturez affiquets,
Dont les meres et les nourrices
Regaleront leurs marmouzets !
Que de gasteaux et pain d'espices !
Icy maint laquais bigarré,
Maint petit diable chamarré,
Fait au Bourgeois guerre cruelle,
Tandis que son Maistre coquet
Pousse maint amoureux hoquet
Vis à vis de quelque Donzelle
Qui l'amuse de sa prunelle
Et de son affeté caquet.

Que ces soüillons de gauffriers
Font sentir l'odeur du fromage !

[1] Le maître d'une blanque ou loterie.
[2] Souteneur, *bravo*, coupe-jarret.
[3] Pour : *cornac*.

Et que ces noirs chauderonniers
Font un facheux carillonnage !
Mais nous voila quasi dedans.
Bon jour, la Foire ! Dieu soit ceans !
Je suis un pauvre cul de jatte,
Qui vien tout exprès de chez nous,
Non pour acheter des bijoux,
Mais pour, au grand bien de ma ratte,
Sur vostre los qui tant éclatte,
Faire quelque Vers aigre et doux.

Prenez bien garde à ce soldat,
Ou plustost ce grand as de pique ?
De fine peur le cœur me bat,
Que contre nous il ne se pique.
Porteurs, marchez discrettement,
Ne heurtez rien, mais posément
Menez-moy par toute la Foire ?
C'est icy, Monsieur mon cerveau,
Qu'on verra si je suis un veau,
Si je merite quelque gloire,
Et si nostre docte escritoire
Fera quelque chose de beau.

Petit Rimeur trop esventé,
Gardez-vous bien de rien promettre ;
Rengainez vostre vanité !...
Où diable vous allez-vous mettre ?
Et quoy ! ne sçavez-vous pas bien
Qu'un conte ne vaut jamais rien,
Quand on dit : Je vous feray rire ?
Je crains pour vous quelque revers ;
Je crains que les Marchands divers,
Sur lesquels vous allez escrire,
N'habillent, au lieu de les lire,
Leur marchandise de vos Vers.

Arrestez! Certain jouvenceau
Chez un Confiturier se glisse;
Son dessein n'est que bon et beau,
Mais j'ay peur qu'il ne reüssisse.
Car je remarque, à ses costez,
De Pages fort peu dégoustez
Une troupe bien arrengée,
Et mal-faisante au dernier poinct :
Que pour eux il sort bien à poinct,
Tenant à deux mains sa dragée,
Qui des Pages sera mangée
Et dont il ne mangera point!

Il ne sçait pas de quel Destin
Sa confiture est menacée,
Et qu'elle sera le festin
De la gent à gregue troussée...
Ha! le voila devalisé!
Dieux! qu'il en est scandalisé!
Que son sucre, qui se partage
Parmy tous ces demy-filous,
Luy cause un estrange courroux,
Et qu'à ses yeux remplis de rage,
Un Escuyer foüettant un Page
Seroit un spectacle bien doux!

Que ces Gentils-hommes à pié
Sont de nature peu courtoise!
Que ces Damoiseaux sans pitié,
Pour peu de chose, font de noise!
Qu'ils ont de sucre respandu,
Qui pourtant ne sera perdu!

---

[1] Les pages portaient des hauts de chausses en trousse, bouffants autour des reins.

Car, de cette Irlandoise ¹ bande,
Il sera bien-tost ramassé ;
Mais les lieux où l'on est pressé
Ne sont pas ceux que je demande :
Dégageons de foule si grande
Nostre corps demy fracassé.

Allons faire de l'inconnu
Au milieu de l'Orfevrerie;
Sans doute j'y seray tenu
Entaché de bijarrerie ;
Vous en serez questionnez :
Le desir de me voir au nez
S'emparera de quelque teste,
Mais lorsque quelqu'un qui l'aura,
De mon nom vous enquestera,
Sans luy faire beaucoup de feste,
Dites-luy que c'est une beste
Qui peut-estre le piquera.

Icy le bel art de piper
Très-impunément se pratique,
Icy tel se laisse attraper,
Qui croit faire aux pipeurs la nique.
Approchons ces gens assemblez,
Hommes parmy femmes meslez ?
J'y voy, ce me semble, une duppe :
Car ce beau porte-point-couppé ²,
D'un touffu pannache huppé,
Près de cette brillante juppe,
Qui bien plus que son jeu l'occupe,
Qu'est-ce qu'un Damoiseau duppé ?

¹ Nous ne savons pas pourquoi cette épithète était prise en mauvaise part ; elle semble vouloir dire que les pages et les laquais venaient la plupart d'Irlande.

² Les gentilshommes portaient autant de dentelles et de *poit-couppé* de Venise que les femmes dans leur habillement.

Qu'ils sont d'accord, ces assassins,
Qui de paroles s'entremangent!
Qu'ils sont pour faire de larcins,
De leurs dez qu'à tous coups ils changent!
Que ces deux Demons incarnez
Sont sur ce pauvre homme acharnez,
Qui perd tout, en grattant sa teste,
Et sans dire le moindre mot!
Ha! qu'il a bien trouvé son sot,
Celuy-là qui jure et tempeste!
Et que l'autre fait bien la beste
Avec son serment de bigot?

Foire, l'élement des coquets,
Des filoux et des tire-laine,
Foire où l'on vend moins d'affiquets
Que l'on ne vend de chair humaine :
Sous le pretexte des bijous,
Que l'on fait de marchez chez vous,
Qui ne se font bien qu'à la brune!
Que chez vous de gens sont deceus!
Que chez vous se perdent d'escus!
Que chez vous c'est chose commune
De voir converser sans rancune
Les galans avec les cocus!

Tout ce qui reluit n'est pas or,
En ce pays de piperie,
Mais icy la foule est encor
Sans respect de la pierrerie.
Menez-moy chez les Portugais?
Nous y verrons à peu de frais
Des marchandises de la Chine :
Nous y verrons de l'ambre gris,
De beaux ouvrages de vernis,
Et de la porcelaine fine

De cette contrée divine,
Ou plustost de ce Paradis.

Nous achepterons des bijous,
Nous boirons de l'aigre de cedre [1]...
Mais comment diable ferons-nous
Pour trouver une rime en *edre*?
N'importe, ne radoubons rien,
Edre et *cedre* riment fort bien,
N'en deplaise à la Poësie.
La fabrique de tant de Vers
Sur tous ces objets si divers
Dont j'ay l'ame toute farcie,
M'a fatigué la fantasie,
Et mis l'esprit presque à l'envers.

Beau Portugais de Portugal,
Qu'un verre net on me délivre?
Si l'aigre de cedre est loyal,
J'en achepte plus d'une livre.
Couvrez donc un peu vos *esté* [2],
Un peu moins de civilité,
Et bon marché que marmelade;
Sçachez, homme au petit rabat [3],
Que je suis plus friand qu'un chat,
A cause que je suis malade :
Ne montrez donc rien qui soit fade
Ou qui ne soit pas delicat.

---

[1] Sorte de liqueur alors à la mode; elle était faite avec du jus de citron, du cédrat et du sucre, dans de l'eau fraîche ou glacée.

[2] Comme le vendeur d'aigre de cèdre était un Portugais, Scarron lui conseille de déguiser mieux sa prononciation étrangère, dans laquelle il croit entendre à chaque instant le mot *esté*.

[3] Les serviteurs du Portugais, les premiers qui remplirent en France le rôle de garçons de café, portaient de petits rabats, comme des clercs de procureurs.

Il est, ma foy, delicieux,
Il est merveilleux, ce breuvage !
Il n'est muscat ny condrieux [1]
Qui m'en fit mépriser l'usage ;
N'en déplaise, aux beuveurs de vin,
Par mon chef ! il est tout divin.
Laquais, tenez cette bouteille,
Mais gardez bien de la casser,
Et taschez de vous en passer ?
En amy je vous le conseille,
Car je veux bien perdre l'oreille,
Si vous ne vous faisiez chasser.

Adieu, Seigneur Lopes, bon soir !
Bon soir aussi, Seigneur Rodrigue [2] !
Lors que je viendray vous revoir,
Vous me trouverez plus prodigue.
Il est, ce me semble, saison
De retourner à la maison.
Je voy desja de la chandelle,
Et ne voy plus rien de nouveau,
Qui puisse porter mon cerveau
A faire une Stance nouvelle :
Puis, j'en voudrois faire une belle,
Et je ne voy plus rien de beau.

Tou beau, petit Poëtte, tout beau !
Vous allez apprester à rire :
Vous ne voyez plus rien de beau ?
Certes, cela vous plaist à dire :
A cette heure, de tous costez,
Arrivent icy des beautez

---

[1] Le vin de Condrieux était alors aussi estimé que le vin d'Espagne.
[2] C'étaient les noms des entrepreneurs de ce buffet de rafraichissements, à la mode du Portugal.

Qui n'y viennent qu'à la nuict sombre,
A cette heure, quand pour Philis,
Poudrez, frisez, luisans, polis,
Les appellans, soleils à l'ombre,
Leurs disent fleurettes sans nombre
Sur leurs roses et sur leurs lis.

Voyons un peu ces Espiciers,
Chez lesquels tant de monde achepte?
O poivre blanc [1], que volontiers
Pour vous je vuide ma pochette !
Sçachons s'ils en pourront avoir :
Mais je n'apperçoy que du noir,
Qui fort peu l'appetit réveille,
Au lieu que ce poivre de pris
Qui purifie les esprits,
Est de l'Orient la merveille,
Preferable à la sans-pareille [2]
Et comparable à l'ambre gris.

Adieu, Peintres, adieu, Lingiers !
Je laisse vostre belle Histoire,
Et celle des autres Merciers,
A quelque meilleure escritoire.
Adieu, la Foire Sainct Germain !
Je vay, non pas en parchemin,
Mais, en papier blanc comme craye,
Travailler à vostre tableau :
Mais de mon stile un peu nouveau
Avecques raison je m'effraye,
Et j'ay bien peur qu'on ne me raye
Comme un malheureux poëttereau.

[1] On regardait alors comme une merveille ce prétendu poivre blanc, qui n'était que du poivre noir macéré dans l'eau de mer et dépouillé de son écorce.
[2] Sorte de dragée de différentes formes et de différentes couleurs; de là son nom.

Ainsi chantoit un mal-heureux,
Quoy qu'il n'eust quasi point d'haleine,
Et que son poulmon catharreux
Ne fist sortir sa voix qu'à peine.
Il le faisoit pourtant beau voir,
Car juste-au-corps de velours noir
Habilloit sa carcasse tendre;
Sa main un baston soustenoit,
Qui par tout alloit et venoit,
Où sa main ne vouloit s'estendre,
Executant sans se mesprendre
Ce que le malade ordonnoit.

Quoy que son chant fust enroüé,
Que ridicule fust sa Lyre,
Si creut-il qu'il seroit loüé,
Si Monsieur [1] daignoit en sousrire :
Car il n'a chanté seulement,
Que pour son divertissement;
Toute autre fin il desadvoüe;
Et quand quelqu'un s'en mocquera,
Et son carme [2] mesprisera,
Il luy fera, ma foy, la mouë :
Et, qu'on le blasme ou qu'on le loüé,
Au diable s'il s'en soucira !

[1] Gaston, duc d'Orléans, à qui cette pièce est dédiée.
[2] Vers; du latin *carmen*.

LE TRACAS DE PARIS

OU

LA SECONDE PARTIE DE LA VILLE DE PARIS

EN VERS BURLESQUES

CONTENANT

LA FOIRE SAINCT-LAURENT, LES MARIONNETTES, LES
SUBTILITEZ DU PONT-NEUF, LE DÉPART DES COCHES, L'INTRIGUE
DES SERVANTES, LE PAIN DE GONNESSE,
L'AFFETERIE DES BOURGEOISES DE PARIS, LE VIN D'ESPAGNE,
LES MAUVAIS LIEUX QU'ON FAIT SAUTER,
LES CRIEURS D'EAU-DE-VIE, LES AVEUGLES, LES GOBELINS,
LES ETRENNES, ET DIVERSES AUTRES DESCRIPTIONS
PLAISANTES ET RECREATIVES,

PAR

FRANÇOIS COLLETET

A MONSIEUR DE LINGENDES[1]

Monsieur,

Je ne sçaurois souffrir que vous soyez si longtemps ensevely dans la tristesse; c'est assez soûpirer la perte que vous avez faite, dans vostre famille, de deux excellens hommes. La Republique des belles Lettres, qui connoissoit leur merite et leur vertu, verse assez de larmes sur leurs cendres illustres, sans que vous soyez encore obligé de laisser couler les vostres. Il est temps, en un mot, Monsieur, de donner quelque trêve à cette douleur aussi juste qu'elle est naturelle; et cette illustre moitié de vous-mesme[2] auroit à se plaindre si vous ne borniez vostre déplaisir, puisqu'il interesseroit vostre santé qui luy doit estre si precieuse. Pour moy, qui prends tant de part à tout ce qui vous touche, et

---

[1] La première édition du *Tracas de Paris* ayant paru en 1665, on doit croire que cette dédicace, où il est fait mention de la mort récente de deux *excellents hommes* de la famille de Lingendes, connus dans la république des lettres, est adressée à Nicolas de Lingendes, maître d'hôtel ordinaire du roi, auteur de l'*État des officiers et commensaux du roi, de la reine et des princes* (Paris, Guignard, 1651, in-12), frère de Jean de Lingendes, évêque de Sarlat, puis de Macon, célèbre prédicateur qui mourut au commencement de l'année 1665, et parent du P. de Lingendes, savant jésuite, mort en 1660. Nicolas de Lingendes leur survécut jusqu'en 1697.

[2] La femme de Nicolas de Lingendes.

qui ne cherche qu'à contribuer quelque chose pour vostre divertissement, je me suis advisé, comme vous n'estes pas au pays de nouvelles, de vous en envoyer quelques-unes. Ce sont celles, Monsieur, que vous trouverez imprimées dans ce Livre : Et quoy que ce ne soit pas d'aujourd'huy que vous sçachiez tout ce qui se passe à Paris parmy le peuple, peut-estre serez-vous bien aise que cette peinture burlesque vous en fasse ressouvenir, et qu'elle serve à dissiper en quelque sorte vostre profonde melancolie. Je sçay bien qu'il me seroit plus seant de vous offrir quelque Discours de Morale, comme une chose plus conforme à vostre humeur, et plus prompte dans la conjoncture de vostre deüil domestique ; mais que vous pourrois-je escrire, Monsieur, que vous ne sçachiez mieux que moy ? et quelle consolation vous pourrois-je donner, qui valust ce que vous estes capable de donner vous-mesme ? Il vaut donc mieux, puisque cette folâterie poëtique s'est échappée ces jours-cy de ma plume, que je prenne la liberté de vous la dédier. Elle ne peut arriver dans un temps plus favorable, puisque tous vos amis n'aspirent qu'à vous divertir, et qu'il y avoit longtemps d'ailleurs que je m'estois proposé de vous consacrer quelques-unes de mes veilles, comme à celuy de vostre illustre famille que j'honore plus parfaitement, à qui j'ay le plus d'obligation, et de qui je suis avec toute sorte de respect,

Monsieur,

Le très-humble et très-obéissant serviteur,

COLLETET.

AVIS AU LECTEUR

CURIEUX DE LA POÉSIE BURLESQUE

Je pensois laisser échapper ce petit livret sans rien dire au Lecteur, puisque les matieres qu'il traite y sont si claires, qu'elles n'ont pas besoin d'explication. Mais, comme ces jours passez il vint un jeune homme me consulter sur un Ouvrage burlesque qu'il desiroit mettre au jour, que je trouvay tout à fait remply de mots obscenes, qui, representant les choses trop librement, laissoient une sale imagination dans l'esprit, capable de donner un dégoust du Livre, et d'en blamer justement son Auteur; j'ay crû qu'il ne seroit pas hors de propos de dire un mot icy de ce genre de Poësie, qui servira d'avis à ces jeunes poëtes du siecle, lorsqu'ils s'égayeront l'esprit dans cette maniere d'escrire enjoüée. Quoy qu'il semble que le Burlesque soit une poësie si libre, qu'il puisse renfermer tout ce qui tombe sous le sens, l a neantmoins ses regles et ses bornes aussi bien que le serieux. Toutes choses indifferemment n'entrent pas dans sa composition; le beau tour n'y doit pas moins estre observé, que, dans l'autre, la tissure, le choix des mots, la rime, la cesure, et toutes ces belles parties qui nous font appeller un Poëme accomply, quand elles s'y rencontrent. Que nos nouveaux grimpeurs du Parnasse ne nous fassent donc plus le

Burlesque si facile, puisque ce n'est pas le sentiment des grands Maîtres de l'art; et qu'ils ne le farcissent plus de vilanies dégoustantes capables de donner de l'horreur de leurs productions. Le Poëte, sur quelque matiere qu'il escrive, doit estre chaste, et tourner si agreablement ses pensées, qu'il délecte son lecteur, et ne le dégouste pas: Et comme m'a dit plusieurs fois cet excellent Ministre de la Justice[1] : « *Les Muses, qui sont des filles chastes, doivent estre traitées avec modestie.* » *Et il vaudroit mieux, selon le sentiment d'Æneas Sylvius*[2], *que le stile d'un Poëte enjoué ne fust pas si fecond et qu'il fust moins lascif:* Malo Musam sterilem quam lascivam, *dit ce grand homme. A propos de quoy il me souvient d'un certain Archilas, qui, se trouvant un jour obligé de prononcer en vers une parole moins honneste que n'exigeoit sa modeste pudeur, aima mieux l'escrire d'un charbon contre la muraille, que d'en remplir les oreilles de ses Auditeurs. Plust à Dieu que nos folâtres*[3] *l'imitassent! On ne verroit pas nos bibliotheques si remplies de fadaises, et nos Magistrats ne seroient pas obligez d'en defendre la lecture et de les condamner aux flammes publiques. C'est une impertinente raison à ces Auteurs, de dire qu'ils ont veu de pareilles expressions dans les livres imprimez; comme si, pour voir le mal, on estoit obligé de le suivre. Qu'ils consultent ceux qui ont excellé dans ce genre d'escrire, qui n'est en usage que depuis quelques années, et dont mesme on ne fait plus guere d'estat, tant il a esté corrompu par ces nouveaux venus de la Republique poëtique:* Gilles Me-

---

[1] Monsieur Daubray, lieutenant-civil. (*Note de l'Auteur.*) — Antoine d'Aubray était le frère aîné de la marquise de Brinvilliers et fut la seconde victime de cette trop célèbre empoisonneuse. Il mourut en 1671, et fut enterré dans l'église de l'Oratoire, rue Saint-Honoré.

[2] Æneas Sylvius Piccolomini, théologien, orateur, canoniste, historien, géographe, poëte, fut pape sous le nom de Pie II, mort en 1464.

[3] Les poëtes érotiques se qualifiaient eux-mêmes de *folâtres*. Un recueil de leurs vers est intitulé : *La Muse folâtre recherchée des plus beaux esprits de ce temps* (Rouen, 1603, 3 vol. in-24). Ce digne prélude du *Parnasse satyrique* fut réimprimé plus de six fois, malgré les arrêts du Parlement contre Théophile et ses complices.

nage ¹, Scarron ², Loret ³ et quelques autres de leur force, sont des hommes que l'on peut imiter. J'ay toûjours profité dans la lecture de leurs Ouvrages; et si j'ay acquis quelque facilité dans mon expression, qui ne déplaist pas aux honnestes gens, je la leur dois, après celle que j'ay reçuë de la Nature. On en pourra voir quelque petit échantillon dans cette Description naïve de la ville de Paris, qui n'est pas le meilleur de mes Ouvrages, mais qui n'est pas le moins divertissant. Je ne l'ay fait, selon ma coûtume, que pour me delasser d'un autre serieux, qui sert d'entretien aux Ames devotes ⁴. Ainsi doit-on meslanger ses productions, et garder dans le gay comme dans le serieux les regles honnestes et civiles que nous enseigne la Morale. Adieu.

¹ François Colletet, en citant Gilles Ménage parmi les maîtres de la poésie burlesque, fait sans doute allusion à quelque poëme que ce savant illustre n'avait pas publié sous son nom. Ménage, né à Angers en 1613, mourut en 1692. Il était plus connu par ses ouvrages d'érudition et de critique, que par ses *folâtreries*.

² Paul Scarron, né en 1610, mort en 1660, avant la publication du *Tracas de Paris*, était le chef de l'école du Burlesque, qui ne tarda pas à disparaître avec lui.

³ Jean Loret, auteur de la *Gazette burlesque* qu'il publia régulièrement jusqu'à sa mort, n'était pas apprécié de son temps comme il l'est aujourd'hui, où l'on a, pour ainsi dire, découvert la finesse, la malice et la bonhomie de sa muse familière. Il mourut assez misérable, en 1665, au moment où le *Tracas de Paris* venait de paraître. Voy. l'excellente édition des Gazettes de Loret, que publient MM. Ed. V. de La Pelouze et J. Ravenel.

⁴ Il est probable que François Colletet veut parler de son ouvrage intitulé : *Apologie de la solitude sacrée ou abrégé de la vie des Reclus du mont Valérien et de Senart, et autres choses curieuses concernant cette montagne* (Paris, 1662, in-12). Au reste, François Colletet se piquait de consacrer sa muse à la religion et à la morale, comme pour expier les *folâtreries* poétiques de son père uillaume, un des éditeurs du *Parnasse satyrique*.

LE TRACAS DE PARIS

ou

LA SECONDE PARTIE DE LA VILLE DE PARIS

EN VERS BURLESQUES

Voicy le plus beau temps du monde;
Phœbus à la perruque blonde,
Qu'Apollon l'on appelle en Vers,
Ou plustost l'OEil de l'Univers,
Par sa clarté chaude et seraine,
Nous promet que cette semaine,
Nous aurons un assez beau temps,
Pour battre la semelle aux champs;
Ou bien, sans aux champs faire gile [1],
Nous divertir dedans la Ville :
Toy, qu'en verité je cheris,
A qui j'ay fait voir tout Paris,
Amy, si tu m'en voulois croire,
Nous irions jusques à la Foire,
J'entends la Foire Saint Laurens [2],
Ce grand sainct qui guerit les dents,
Et que tout le peuple reclame,

---

[1] *Faire gille*, s'enfuir; expression proverbiale.
[2] Cette ancienne foire, qui ne durait que huit jours, dans l'origine, avait été prolongée successivement, depuis l'année 1616; elle s'ouvrait le 28 juin et finissait le 15 juillet; plus tard, elle resta ouverte pendant trois mois.

De bon cœur, et du fonds de l'ame,
Contre le mal presque enragé,
Dont il se trouve soulagé,
Dès qu'il a joint à ses prieres
Des offrandes et des lumieres,
Et que, dans son Temple fameux [1],
Il a fait quelque temps des vœux.

Déjà je connois à ta mine,
Que tu voudrois payer chopine
Du plus friand et du plus fin,
De peur d'avoir mal en chemin :
Mais attendons encor à boire,
Lorsque nous serons dans la Foire,
Car, peut-estre, avant d'en sortir,
Nous y pourrons nous divertir.
C'est le lieu de la goinfrerie,
Le lieu de la galanterie,
Où le temps se peut bien passer,
Si l'on veut argent debourser.

LES HAQUETS DES PLASTRIERS DE LA RUE SAINCT-MARTIN [2].

Mais, afin que nostre voyage
Nous satisfasse davantage,
Prenons les sentiers détournez,

---

[1] L'église de Saint-Laurent, érigée en paroisse sous Philippe-Auguste, fut rebâtie presque entièrement en 1595 : les travaux continuèrent jusqu'en 1622. Cette église, dont nous avons une Vue dessinée par Israël Silvestre, vers 1650, était alors à peu près telle que nous la voyons aujourd'hui.

[2] L'auteur veut parler des plâtriers du *faubourg* et non de la *rue* Saint-Martin. C'est, en effet, vers le faubourg, que s'acheminent les deux amis, puisqu'ils vont à la foire Saint-Laurent. Dans le haut de ce faubourg, il y avait des plâtrières en assez grand nombre, notamment aux environs de l'hôpital Saint-Louis. La butte qui portait le gibet de Montfaucon était elle-même exploitée comme plâtrière, à la fin du seizième siècle. (A. B.)

De peur que nous n'ayons au nez
La poussiere blanche du plastre,
Dont peu de monde est idolâtre,
Chose incommode en ce chemin
Du long quartier de Sainct Martin,
Car on l'avale toute cruë,
D'un bout à l'autre de la ruë.
Ce n'est pas estre limesourt [1]
De sçavoir prendre le plus court :
Déjà tu vois de cette sorte
Que nous approchons de la Porte.

LA PRISON DE SAINCT MARTIN DES CHAMPS.

Leve les yeux [2] : ne vois-tu pas
Le clocher de Sainct Nicolas,
Et de Sainct-Martin-l'Abbaye [3],
Dont l'entrée est un peu haye?
Et cela n'est pas sans raison,
Car à l'entrée est la Prison [4].
Ah! j'apperçois quelque tumulte!

[1] Ce mot, qui n'a pas été recueilli dans les dictionnaires, nous paraît être synonyme de *limaçon*, et signifier *paresseux*.

[2] L'église paroissiale de Saint-Nicolas-des-Champs, qui n'était au douzième siècle qu'une simple chapelle, existe encore à peu près dans l'état où elle se trouvait du temps de Colletet.

[3] Le célèbre prieuré ou abbaye de Saint-Martin-des-Champs, supprimé à l'époque de la Révolution, nous montre encore une partie de ses bâtiments, construits aux treizième et quatorzième siècles, son réfectoire admirable et son église, grâce à l'établissement du Conservatoire des Arts et Métiers, qui a pris la place de la communauté religieuse. *Voy.* la Vue et perspective de l'église de cette abbaye, dessinée par Israël Silvestre, et gravée par Goyrand, vers 1655.

[4] Cette prison est, je crois, la grosse tour, encore debout au coin des rues Saint-Martin et du Vertbois, tour à deux étages, flanquée vers l'est d'une tour plus étroite, qui contient un escalier à vis. Cette tour d'encoignure était jadis la Prison de l'abbaye; elle servait, sous Louis XIV, à renfermer les prisonniers pour dettes, comme l'indique la suite du récit. (A. B.)

Que vois-je? helas! c'est une insulte,
Qu'on fait à quelque homme d'honneur.
Avançons! Je plains son malheur.

UN PRISONNIER QUE L'ON A SAUVÉ.

J'apperçois une troupe armée,
Et de fureur bien animée;
Vois-tu le peuple qui s'enfuit?
C'est un Archer qui le poursuit,
Et qui tient en main une espée,
De bouë et non de sang trempée :
O Dieu! combien de pousse-cus [1],
De Sergens qui n'en peuvent plus,
D'Archers du grand Prevost de l'Isle [2],
Qui font un effort inutile
Chez le Bourgeois, pour y trouver
L'homme qu'il a fait esquiver,
Et qu'ils vouloient, à ce qu'on crie,
Mener à la Conciergerie,
Ou bien plustost à Sainct-Martin,
Comme un lieu propre et plus voisin.
Ils sont à plaindre, je te jure,
D'avoir eschappé leur capture :
Mais, comme il n'est point criminel,
Qu'aucun n'a point de coup mortel,
Et n'est poursuivy que pour dette,
C'est assez qu'il ait la venette,
Et je le tiens un homme heureux
De s'estre ainsi eschappé d'eux;
Car s'il estoit près de ces drosles,

---

[1] Recors, agents subalternes de la justice consulaire.
[2] Le prévôt général de l'Ile-de-France était un des officiers supérieurs du Châtelet de Paris. Il avait sous ses ordres une compagnie d'archers chargés de l'exécution des ordonnances du lieutenant-civil.

Il luy cousteroit des pistoles,
Et n'en seroit pas quitte encor,
Pour de bons coups, avec son or.
Mais, puisque l'émeute est passée,
Suivons la route commencée.

UN HOMME YVRE QUI REVIENT DE LA FOIRE.

Quelle procession de gens,
Qui retourne de Saint-Laurens!
Regarde cette populace
Qui nous precede et qui s'amasse
Autour d'un homme, asseurément
Plus plein de vin qu'un Allemant?
Sans sa femme qui le caresse,
Qui le soustient et qui le presse
De retourner au nom de Dieu,
Il pourroit coucher au milieu
De cette espaisse et sale crotte;
C'est à ce coup qu'il y barbotte,
Car, parbleu, la beste est à bas;
On le tire à force de bras :
Avec son manteau de parade,
Il est fait comme un mascarade [1].
Cependant ce pauvre garçon
Croit estre plus fort qu'un Samson.
Voilà ce que produit la Foire;
Le peuple s'y creve de boire,
Et parfois dans le vin se bat,
S'arrache cheveux et rabat;
Et, comme amateur de carnage,
Se casse le nez du visage,
Et se brise souvent le cou,
Car il frappe sans sçavoir où;

---

[1] Synonyme de *masque*.

C'est alors que les Commissaires
En dressent de bonnes affaires :
Tout y va, la paille et le blé[1].
Le battu, de son sort troublé,
Qui dans le procès ne voit goute,
En veut raison, quoy qu'il en couste.
On fait des informations,
Et puis des confrontations;
On cotte toutes les injures;
En quatre jours, les procedures,
Par un chicaneur micque-mac [2],
A peine tiennent dans un sac.
On se saisit de la personne,
De par le Roy l'on l'emprisonne,
Et paye une provision
Sur une simple vision,
Ou sur un rapport fait en forme,
Et zeste, attendez-moy sous l'orme,
Puisque tel qu'on croit échigné
N'est pas souvent égratigné :
Pour le refrain de la balade,
Suffit qu'il fasse le malade,
Et qu'il s'envelope le chef,
Qui ne receut aucun méchef,
Qu'il montre quelque meurtrisseure,
Qu'il fera passer pour blessure,
Et cela, dis-je, bien souvent,
Autant en emporte le vent.

Te voilà surpris de m'entendre :
Mais le moyen de s'en defendre?
Il faut bien, pour t'apprendre tout,

---

[1] Expression proverbiale empruntée à la meunerie, qui veut dire par là que tout passe à la mouture, la farine comme le son.

[2] C'est-à-dire : un procureur qui excelle dans l'intrigue, le *micmac*.

T'instruire de bout en bout;
C'est un bon secret dans la vie,
De peur que le chemin n'ennuye,
Pour réveiller son souvenir,
D'avoir de quoy s'entretenir.

DESCRIPTION DE LA FOIRE SAINCT-LAURENT [1].

Tu vois que, de propos en autres,
Enfilez comme patenostres,
Nous voilà justement dedans
Cette Foire de Sainct-Laurent :
N'as-tu point déjà les oreilles
Aussi pleines que des bouteilles,
Du bruit que font tant de chifflets?
Donne une paire de soufflets
A ces fripons qui t'étourdissent!
Il semble que tes mains languissent;
Romps leurs flustes et leurs tambours,
Qui nous vont rendre presque sourds.
Et puis tourne deçà ta veuë?

[1] On ne peut se faire idée de la topographie de cette localité, au temps de Colletet. Elle ne figure pas sur le plan de J. Gomboust, et celui de Bullet ne s'étend pas jusque-là. Ceux de Jouvin de Rochefort (vers 1690) et de La Caille (1714) ont représenté le groupe des bâtiments. On voit quelques-unes de ces baraques sur une petite estampe du dix-huitième siècle. Le catalogue des Archives indique trois plans détaillés de cette foire, de 1702 à 1745 (IIIe classe, n°s 271, 291, 581). (A. B.) — On sait seulement que le Champ de foire, après avoir été transporté en différents endroits, fut enfin établi d'une manière fixe, en 1662, sur le terrain où nous avons encore vu les vestiges de cette foire célèbre. L'hôpital de Saint-Lazare, auquel appartenait le privilége de la foire Saint-Laurent, lui avait consacré cinq arpents entourés de murs, plantés d'arbres et remplis de maisons ou plutôt de baraques, qui n'eurent plus rien à craindre ni des attaques des voleurs ni des prétentions arbitraires des sergents du Châtelet. Cette foire a subsisté jusqu'à la Révolution.

THEATRE DE MARIONNETTES [1].

Remarque un peu dans cette ruë,
Sur ce theatre, deux coquins,
Vestus comme des harlequins [2],
Avec trois guenilles de linge,
Qui font sauter un pauvre singe,
Et grimper dessus un baston,
Afin de gaigner le teston [3]?
On entre dedans leurs logettes
Pour y voir des Marionnettes,
Et cependant que l'on est là,
Longtemps droit comme un quinola,
Attendant que le jeu commence,
Empressé de l'un qui s'avance,
D'un autre qui pousse et veut voir,
Sans pour aucun respect avoir :

VOLS QUI SE COMMETTENT AUX ASSEMBLÉES DES MARIONNETTES.

Des gens qui portent la rapiere,
Qui marchent d'une mine fiere,

---

[1] M. Charles Magnin, dans sa curieuse et savante *Histoire des Marionnettes*, a réuni tout ce qu'il a pu recueillir de particularités et de documents sur ces théâtres d'automates ; il n'a pas oublié celui de la foire Saint-Laurent et ses *comédiens de bois*, qui existaient encore, il n'y a pas vingt ans, enfermés dans des caisses au fond du grenier de leur ancienne salle de spectacle. Nous ne savons pas ce que sont devenues ces marionnettes.

[2] On vit paraître pour la première fois l'Arlequin ou plutôt *Harlequin* italien dans les ballets de cour dansés sous Henri III. Cet Arlequin, vêtu de toile blanche, avec pantalon ample et casaque flottante boutonnée par-devant, coiffé d'un serre-tête de linge et masqué d'un demi-masque noir à grand nez recourbé, n'était pas encore l'Arlequin de Bergame au costume bariolé de diverses couleurs. Voy. ci-dessus, p. 174.

[3] On dit maintenant : *la pièce ronde*. Le *teston* représentait toute pièce de monnaie portant effigie royale ou seigneuriale.

Meslez parmy les spectateurs,
Et qui font les admirateurs,
Glissent les doigts, sans vous le dire,
Au fonds de vostre tirelire,
Autrement dite le gousset,
Si bien que vous le trouvez net :
Là souvent des colliers de perles
Y sont pris, comme on prend des merles ;
Des mouchoirs, manchons, monstres d'or,
Des claviers[1] et manteaux encor.
Des chapeaux, à des gens paisibles,
Deviennent parfois invisibles :
Tel le cherche, et fait le surpris,
Qui peut-estre vous l'aura pris;
C'est un si plaisant stratagesme,
Que jamais on n'en vit de mesme.
Si vous dites de bonne foy :
« Monsieur, vous estiez près de moy ? »
Ce Monsieur-là tempeste et crie,
Se met aussi-tost en furie,
Et, le visage tout en feu,
Jure une *Mort* et *Ventrebleu*,
Se fait, menaçant de vous battre,
De ses pareils tenir à quatre.
Les voilà l'espée à la main :
On vous fait esquiver soudain,
Et vous gagnez la porte ouverte,
Sans songer mesme à vostre perte ;
Car la crainte d'estre battu
Vous met bien-tost le feu au cu.

Telles sont les friponneries
Qui suivent ces bouffonneries.
C'est pourquoy, changeant de propos,

---

[1] Trousseaux de clefs.

A ces bouffons tournons le dos.
Il vaut mieux entrer dans la Foire :
On n'y casse point la machoire,
Et, pourveu qu'on soit diligent,
On y garde mieux son argent.

UN PLUMET [1] AVEC SA MAISTRESSE.

N'as-tu pas plus dessein de rire,
De voir ce Plumet qui soupire,
Auprès d'une fiere beauté,
Dont il n'est pas trop escouté ?
Dans l'ardeur qui le passionne,
Il cajole cette mignonne,
A l'oreille il lui dit le mot,
Et le drosle n'est pas manchot :
Il joint, à ses douces paroles,
Le son de deux ou trois pistoles,
Qu'il fait dans sa poche sauter,
Pour la semondre à l'escouter.
Enfin elle rit, la folastre,
Sous son vermeillon et son plastre,
A cause que d'un air plaisant
Il s'offre à luy faire un present.
Marchons toûjours à costé d'elle ?
Elle en veut à cette dentelle :
La marchande, qui le voit bien,
Ne fera pas semblant de rien ;
Elle sçait trop comme à ces filles
Il faut leur vendre ses coquilles.

Le Plumet cependant est pris,
Car la dentelle est de grand prix ;

[1] C'est-à-dire : un beau, un élégant, un fringant. Les plumes, que les hommes à la mode portaient alors sur leur chapeau, étaient la marque de l'élégance.

Il l'amuse de ses paroles,
Parce qu'il a peu de pistoles;
Il en mesprise la façon,
Que ce n'est pas un beau patron,
Qu'elle est trop à la vieille mode;
Le monde qu'il voit l'incommode:
Il se courrouce à ses valets;
Il dit qu'il en veut du Palais[1],
Qu'elles y sont mieux ouvragées;
Mais je croy qu'il butte aux dragées
Qu'il découvre dedans ce coin :
Il tourne la truye au foin,
La fille dans son cœur deteste,
Et luy-mesme peut-estre peste,
Quoy qu'il ne le tesmoigne pas,
D'avoir illec[2] porté ses pas :
Il faut pourtant qu'il s'en retire,
Et que nous achevions de rire.
Enfin voilà l'aventurier
Chez monsieur le Confiturier[3].
Il en va payer une livre.
Je voy le marchand qui luy livre;
Pour faire tant le fanfaron,
Est-ce là ce précieux don?
Il n'est marmiton de cuisine,
De qui maistresse ou bien voisine,
S'il luy faisoit un peu l'amour,
N'en receust autant en ce jour.

Il est bien sec, ce personnage,
N'en devisons pas davantage.

---

[1] C'est-à-dire : de la Galerie du Palais. C'était là que les lingères tenaient boutique depuis près de deux siècles. Rabelais et Clément Marot parlent de la belle *lingère du Palais*.
[2] En ce lieu-là.
[3] Confiseur.

Autre chose s'offre à nos yeux :
Voicy des bijoux précieux,
Dedans cette vaste boutique,
Qui font à cent bijoux la nique.
Je vois beaucoup de regardans,
Mais personne n'entre dedans.
On marchande assez, mais la bourse
Ne peut faire si grande course.

LA FAILLANCE [1].

De ceux qui vendent mieux icy,
Ce sont les Marchands que voicy,
Qui mettent toute leur vaillance
Dans des écuelles de faillance,
Dans des verres et dans des pots,
Qui sont les ames des écots :
Ces debiteurs de limonades
Que boivent et sains et malades,
Ces fruitieres et paticiers,
Et ceux qu'on peut dire épiciers,
Puis qu'ils débitent des épices,
Et les vendeurs de pain d'épices,
Ces merciers à petits balots,
Qui n'estalent que des grelots,
Des boëtes et des poupées,
Toutes figures étripées [2],
Des tableaux de plastre et de plom,
Un moulinet, un violon,
Un chifflet, un cheval de carte [3],
Pour Janot, pour Colin, pour Marte,

---

[1] Ce mot ne se trouve dans aucun dictionnaire; d'après le sens indiqué par les vers suivants, il doit signifier un commerce de rafraîchissements et de friandises, qui étaient exposés dans des vases et sur des assiettes de *faillance* ou *faïence*.

[2] Sans tripes; c'est-à-dire : sans vie.

[3] Pour : *carton*.

Et cent autres petits bijous,
Pour amuser les jeunes fous.

UN NOUVEAU MARIÉ QUI MENE SA FEMME A LA FOIRE.

Mais range-toy vers la muraille :
Laisse passer cette marmaille.
Je gage et j'ay bien parié
Que voicy quelque Marié,
Et sa nouvelle Mariée,
Avecque sa troupe priée :
Ils vont, pour leur ménagement[1],
Faire une emplete asseurement.
Ne ris-tu point du tintamarre
Qu'ils font ensemble, en disant *gare*?
On les croiroit fort affairez,
A voir tous leurs yeux égarez.
Le Marchand, qui se rompt les hanches
A les tirailler par les manches,
En verité, me satisfait,
En disant : « Voicy vostre fait ! »
Je voy déjà la Ménagere
Qui choisit une cremaillere ;
Puis une paire de chenets,
Item, deux petits martinets[2],
Une broche, une léchefrite,
Une platine, une marmite,
Une cuillere, un chandelier,
Un réchaut de fer, un tripier[3],
Un chauderon, une escumoire ;
Il ne faut plus qu'une lardoire,
Et le soufflet, meuble important,
Et chacun d'eux sera content.

---

[1] C'est-à-dire : pour se mettre en ménage.
[2] Chandeliers plats à long manche.
[3] Pour : *trépied*.

Cependant ce ménage couste :
Ils ont du bon argent sans doute,

Ils comptent de beaux escus blancs,
Pendant que ces autres marchans
Crevent de rage en leur chemise
De n'avoir pas leur chalandise [1].
« Hé bien, Monseu, leur disent-ils,
Vous voilà bien garny d'outils ? »
Ou bien d'un air beaucoup plus rogue ;
« Vous avez là de bonne drogue ;
Dieu doint bonne vie aux trompez ! »

Mais les autres sont décampez,
Et, chargez de leur batterie,
Ils se moquent de leur furie,
Et n'en ont point leur cœur touché,
Estant contens de leur marché.
C'est ainsi que l'on les attrape
Sans trebuchet et chausse-trappe,
Ces gens qui font, pauvres bourrus,
Tant les rencheris que rien plus ;
Suivons-les, si tu m'en veux croire,
C'est assez contempler la Foire.
Rien n'égale, pour le certain,
Icy celle de Sainct-Germain [2] :

[1] Clientèle, achalandage.
[2] La foire Saint-Germain, dont parle Colletet, était un double bâtiment immense, reconstruit en 1511. Il fut depuis restauré plusieurs fois et incendié dans la nuit du 16 au 17 mars 1762. Il existe une estampe médiocre du commencement du dix-huitième siècle, qui la représente, sans sa toiture, comme une sorte de petite ville dont les rues se croisent à angles droits. On y indique les places où se tiennent « les oyseliers, parcheminiers, chirurgiens, marchands d'affiquets, les marionnettes, » etc. Cette estampe, signée *Jollain exc.*, a été gravée, je crois, par N. Guérard. Le 10 mars 1858, on a adjugé, pour deux mille sept cent cinquante francs (vente Daugny, n° 204 du Catal.), une tabatière d'écaille, ornée d'une miniature ovale d'une admirable finesse, exécutée en

Elle est beaucoup plus précieuse,
Elle est beaucoup plus spacieuse ;
Et chaque boutique ou maison
Est couverte en toute saison.
Celle-cy pourtant a sa grace :
Elle est dans une belle place,
Et ses bastimens bien rangez
Sont également partagez.
Le temps, qui nous l'a destinée,
Est le plus beau temps de l'année ;
Dedans le plein cœur de l'Esté ;
Temps de joye et de volupté,
Où l'on aime à faire gambade,
Où l'on cherche la promenade
Aux champs, à la ville, partout,
A cause que c'est le mois d'aoust ;
Enfin, l'on peut avec escorte
S'y divertir de bonne sorte.
Amy, sortons-en neantmoins,
Mettons à boire tous nos soins.
Depuis longtemps, de ruë en ruë,
Nous avons fait le pied de gruë ;
Depuis longtemps nous cajolons [1],
De chose et d'autres nous parlons ;
J'en ay la pauvre gorge seche,
Plus que n'est la poudre et la méche,
Et j'ay besoin de m'humecter,
Pour tout encor te raconter :
Entrons dans ce Temple de gloire ?
Je croy que c'est la Teste Noire [2].

1763 par V. Blarenberghe. Elle représente une galerie intérieure de la foire Saint-Germain, d'après un dessin antérieur à l'incendie de 1762. (A. B.)

[1] Le verbe *cajoler* s'employait alors quelquefois dans le sens de *bavarder*.

[2] La plupart des poëtes de ces temps-là connaissaient bien

Le vin y doit estre fort bon :
« Çà, le Maistre, ou bien le Garçon,
Tire-nous une bonne pinte,
Que nous ne faissions point de plainte?
Une couple de cervelas
Valent mieux que tous les repas,
Un plat de cerneaux, du fromage,
Et n'apportez rien davantage. »
Nous voilà bien, tenons-nous-y.
Hé bien, n'ay-je pas bien choisy?
Mon nez ne fait-il pas merveille
Pour sentir le bon jus de treille?
Beuvons-en, puisqu'il est si bon?
De tout mon cœur, à toy, garçon!
Vivent sur la terre les hommes
Qui sont amis comme nous sommes !
Encore n'est-il que nous deux,
Car, en dépit des envieux,
Aprés nostre amitié fidele,
Je croy qu'il faut tirer l'échelle.
La, la... Je ne sçaurois chanter ;
Il vaut, ma foi, bien mieux pinter :
Il fait icy (que l'on me tonde !)
Meilleur qu'en pas un lieu du monde.
Vive le bruit du cabaret,
Vive le blanc et le clairet,
Et le doux cliquetis du verre !
C'est la plus agreable guerre.

Que nostre Roy, plus fort que Mars,
Aille porter ses estendars
Dans les Pays-bas et la Flandre,
Que l'ennemy luy laisse prendre [1] :

---

tavernes et les cabarets de Paris et des faubourgs; François Colletet, à l'exemple de son père Guillaume, était un buveur émérite.

[1] Ces vers nous apprennent que Colletet travaillait déjà au *Tra-*

J'ayme mieux ce jus que voilà,
Que de m'aller chamailler là.
Un coup de mousquet dans la teste
Vous fait mourir comme une beste;
Mais dans le timbre [1] un coup de vin
Vous rend presque l'esprit divin.
Vous cajolez de toute chose,
Vous parlez de vers et de prose,
Et, plus genereux qu'un Cesar,
Vous ne craignez aucun hasard.

BATTERIE DANS UN CABARET.

Mais d'où vient que ces gens éclattent?
Malle-peste! comme ils se battent!
J'ay, pour le Maistre, du soucy :
Retirons nos pintes d'icy,
Fourons-nous dans cette autre salle?
Ces coquins font une cabale;
Leur querelle est asseurément
Une querelle d'Allemant,
Et cette sorte de canaille,
Pour la priser, n'est rien qui vaille.
Vois-tu bien ces quatre soldats,
Qui font icy les fiers-à-bras,
Avec leur brette dégainée,
Jurant comme une ame damnée
Le Sacré Nom de nostre Dieu ?
S'ils estoient sortis de ce lieu,
Et qu'on leur tirast quelques bottes,
Jamais tu ne vis tels pagnottes [2];

cas de Paris vers 1658, lorsque l'armée du roi, commandée par Turenne, prit successivement Dunkerque, Bergues-Saint-Vinox, Furnes, Oudenarde, Menin, Dixmude, Ypres, etc.

[1] Tête, cervelle.
[2] Lâches, poltrons.

Mais ils se tiennent icy forts,
Car aucun ne vient du dehors,
Et nous deux, qui n'avons point d'armes,
Ne pouvons rien dans ces alarmes.
Le Maistre neantmoins l'entend :
Luy seul, contre eux, il se defend ;
Il veut de l'argent, et ces drosles
Ne le payent que de paroles.
Quelle issuë aura ce combat?
Ma foy! le cœur pour luy me bat,
Et je voudrois bien sans échelle
Avoir enfilé la venelle.
Tous ces yvrognes sans raison
Vont investir cette maison...
Teste-bleu! quelle grande foule!
Le moyen de sauver le moule[1] !
Pas un deux ne s'offre à conter,
Et le Maistre a beau contester,
Si un s'échauffe, aussi fait l'autre :
Icy l'un fait le bon apostre ;
L'autre, avec ses vilains cheveux,
Se fait déjà tenir à deux.
Mon Dieu! quel bruit espouvantable !
Ils s'en vont renverser la table :
Adieu les verres et les pots,
Les plats, les serviettes, les brots !
Ils font tout voler à la teste,
Et ne faut pas estre si beste
De s'aller frotter le nez,
Car nous y serions échignez :
Ils ont des pistolets de poche,
Dont ils tirent, dès qu'on approche.
Ah! mon cher amy, quel malheur !
Le Maistre change de couleur :

[1] Le *moule du bonnet*, c'est la tête; le *moule du pourpoint*, c'est le corps, et, par extension, l'estomac.

Il a reçu quelque blessure?
Elle est bien grande, je m'assure :
C'est une balle dans le corps,
Qui luy perce son juste-au-corps;
Au meurtre! au meurtre! A l'ayde! à l'ayde!,
Secours! Un Prestre et du remede!
Courez, quelqu'un, sans tant crier,
Au Capitaine du quartier,
Au Sergent de la compagnie?
O quelle estrange vilenie!
Peut-on souffrir à cette fois
Qu'on assassine le Bourgeois?
Les voisins se peuvent-ils taire?
Que l'on se plaigne au Commissaire?
Voicy déjà le grand Prevost.
Nous allons voir beau jeu tantost.
Ceux qui faisoient tant les bravaches,
Et qui relevoient leurs moustaches,
A la maniere des Filoux,
Font les sages et filent doux.
Pas un maintenant ne dégaine :
Ils sont plus mols que de la laine,
Et surtout j'en remarque deux,
Aussi pasles que des foireux :
Et ce sont ces deux-là sans doute,
Qui sont cause de la déroute;
Ces deux ont le Maistre blessé,
Et, comme ils l'ont fort offensé,
Ils meritent que la Justice
Rigoureusement les punisse.
C'est à ce coup; les voilà pris!
Ces meurtriers sont estourdis.
On les conduit sous seure garde :
Mon ame s'émeut! Il me tarde
Que je ne sçache asseurement,
Quel en sera l'évenement.

INFORMATIONS.

Déjà des gens à bonnes testes
Escrivent et font des enquestes ;
Ils dressent un procès-verbal :
Cependant le Maistre est bien mal.
Voicy venir le Commissaire.
Icy l'on ne se peut pas taire,
Il faut en deux mots, sans jaser,
Contre ces coquins deposer.
On nous va tenir ce langage :
« Dites-moy vostre nom, vostre âge,
Vostre quartier et qualité?
Jurez de dire verité :
Qu'avez-vous vu de la bagare?
Quel est l'auteur du tintamarre?
— Je vay dire, sans avoir beu,
Ce que tous deux nous avons veu.
Monsieur, vuidant une chopine,
Sur cette table de cuisine,
Et lorsque nous n'y songions pas,
Nous avons ouy ces Soldats,
Que vos Archers ont d'une corde
Garotté sans misericorde,
Et tiré de cette maison
Afin de les mettre en prison,
Qui juroient Dieu contre le Maistre,
Et qui vouloient par la fenestre
Jetter les verres et les pots,
Au lieu de payer leurs écots.
Ce Maistre, battu d'importance,
Ne se pouvant mettre en defence,
Car contre six il estoit seul,
Plus pasle et plus blanc qu'un linceul,
A reçu d'eux un coup de balle,

Blessure asseurément fatale,
Car le sang qui couloit dehors
Couloit dessus son juste-au-corps.
Voilà tout ce que je depose,
Et je n'ay vu rien autre chose,
A cause que Monsieur et moy,
Egalement saisis d'effroy,
Ne pouvant trouver d'avenuë
Pour se sauver dedans la ruë,
Nous avons porté nostre vin
Dedans cette salle ou jardin,
Pour n'estre point dans la bataille
Meslez parmy cette canaille,
Et j'affirme ce que j'ay dit,
De mon sang signant cet escrit. »

Voilà nostre interrogatoire.
Achevons vistement de boire,
Et, sans faire tant de façon,
Payons nostre écot au Garçon.
Il me tarde que je ne sorte,
Et que je ne gagne la porte
De ce cabaret de malheur,
Où je suis presque mort de peur.
Grace à Dieu, j'ay bien de la joye
De nous voir libres dans la voye !
Décampons sur nos deux genoux,
Sans regarder derriere nous,
Car je crains trop d'avoir en croupe
Un Commissaire avec sa troupe.
Pour nous oster ce souvenir,
Je vois déjà de loin venir
Un carosse ou plustost un coche,
Où pendent pistolets de poche :

DESCRIPTION D'UN COCHE QUI PART DE PARIS [1].

Où grands fusils sont attachez,
Estuis de chapeaux accrochez,
Panniers et mannes qui brandillent,
Chables et cordes qui pendillent.
Passe avec moy le ruisseau,
De peur que dessus ton manteau
Cette crotte ne rejaillisse,
Et ton rabat blanc ne salisse ?
Ainsi, tous deux, hors d'embarras,
Pour rire, tu remarqueras
La diversité des visages,
Les qualitez des personnages
Qui là-dedans sont entassez,
Dont la moitié montrent le nez
Par la fenestre des portieres
Qui sont de cuir et de lanieres.
Vois-tu déjà trois Allemans,
Qui jargonnent entre leurs dents,
Trois Religieux et deux Prestres
Emmitoufflez de bonnes guestres,
De bons habits, de grands chapeaux,
De bonnes robes et manteaux,
Quatre femmes, fines matoises,
Ou Damoiselles ou Bourgeoises,
Car on n'en peut rien deviner,
A cause qu'allant promener
Nous les voyons toùjours masquées [2],
Et de grands dominos flanquées,
Qui font qu'on ne sçauroit sçavoir

---

[1] Dans les *Adresses de la ville de Paris*, par Abraham du Pradel, astrologue lyonnais (1691), on trouve, p. 56, l'indication des différents coches, par terre et par eau, avec leurs jours de départ.

[2] Les femmes à la mode portaient des demi-masques ou loups.

A les épier, à les voir,
Ou si ce sont femmes honnestes,
Ou si ce sont de bonnes bestes [1];
Mais, soit enfin ce que ce soit,
Ce sont des femmes que l'on voit,
Que l'on distinguera bien viste,
A la couchée, au premier giste.
Item, voilà deux gros Marchands
Qui temoignent d'estre méchans;
Un Gentilhomme de campagne
Habillé d'un bon drap d'Espagne;
Item, quatre autres à cheval,
Montez tellement bien que mal,
Qui font escorte à cette troupe,
Qui porte vingt panniers en croupe,
Quatre malles, quatre ballots,
Trois coffres, tant petits que gros,
Et de l'estoffe et de la toile,
Marquée avec quelque estoile,
Et quelques chiffres enlacez,
Avec l'encre dessus tracez.
Bon Dieu! quel bruit espouventable
Ce monde fait, sans estre à table,
Dans cette grande chambre d'osier [2],
Qu'on voit par le milieu plier,
Et qui par les deux bouts balance
Si fort, qu'il semble qu'elle danse!
Quel plaisir de voir ce Cocher
Yvre et rustique, trebucher,

[1] Femmes de bonne volonté.
[2] On voit un de ces coches représenté sur un immense et peu exact profil de la ville de Paris, en quatre feuilles, gravé vers 1650, par N. Cochin, et un autre du même genre, sur une petite eau-forte, exécutée vers 1750, par N. Ozanne (n° 5 d'un recueil). A droite est l'entrée du jardin des Tuileries; sur le premier plan, à gauche, stationne un grand coche d'osier, attelé, comme celui de l'estampe de N. Cochin, de quatre chevaux. (A. B.)

Culebuter, cu dessus teste,
En voulant monter sur sa beste,
Et s'estre cassé le museau
Au beau milieu de ce ruisseau !
Je croy qu'il tarde à ces personnes,
Surtout à ces porte-couronnes [1],
Que le cocher, de vin épris,
Déjà ne soit hors de Paris,
Car c'est un embarras estrange
Qu'un si grand coche dans la fange ;
C'est presque un village roulant,
Qui n'avance que d'un pas lent,
Et qui trouve dedans les ruës
Toujours quelques coques-cigruës,
Des carosses et des charrois,
Qui l'arrestent autant de fois,
Brisent essieu, disloquent rouë,
Et couvrent les passans de bouë.
Mais avançons deux ou trois pas,
Je viens de découvrir là bas...

UN CAROSSE PLEIN DE MONDE RENVERSÉ.

Quelque nouveauté d'importance ;
Vois-tu comme chacun avance ?
Je ne sçay encor ce que c'est ;
Faites-nous place, s'il vous plaist ?
Nous sommes d'aussi bons apostres,
Que vous pouvez estre, vous autres,
Et voulons rire comme vous,
Car à la presse vont les foux.
Ah ! je voy d'où vient la risée ;
Une roue à demy brisée :
C'est un carosse renversé.
Est-il là quelqu'un de blessé !

[1] Moines, prêtres ; à cause de leur tousure.

Voyons, en dépit de la presse,
Sortir la bouëuse Noblesse
Du creux de ce branlant estuy,
Qui ne branlera d'aujourd'huy :
N'as-tu pas bien dessein de rire,
De voir comme elle se retire,
A force de mains et de bras,
De ce ridicule embarras ?
Ce Plumet, plus laid qu'un Eunuque,
Fait partout chercher sa perruque :
Ses canons, de crotte gastez ;
Ses habits et rubans crottez,
Ses aisles de moulin [1], son linge,
Aussi noir que le cu d'un singe,
Me fait rire, et le plaindre aussi
De le voir detester [2] ainsi.
Que cette Dame est desolée !
On la foure dans cette allée,
Pour laver son petit museau,
Masqué des crottes du ruisseau.
Mais regardons dans le carosse,
Et soignons que l'on ne nous rosse ;
Car ces grands Laquais resolus
Font tant les Diables que rien plus :
Ils frappent sur la populace.
Mais garde aussi qu'elle n'amasse
Le Crocheteur et le Bourgeois,
Qui feroient bien le diable à trois !
Donne la main à cette Dame,
Qui sembloit vouloir rendre l'ame,
Et secourons ce monde aussi,
Qui creve en ce carosse icy ?
Les voilà plus de trois ou quatre,

---

[1] On appelait ainsi les grandes manchettes de dentelles qu'on attachait aux manches du pourpoint.

[2] Donner au diable, maudire l'auteur de l'accident.

Qui ne songent pas à se battre,
Car l'un dessus l'autre entassé
Fait que quelqu'un sera blessé.
Ne vise pas, si l'on te soüille,
A celle qui fait la grenoüille,
Le visage et la teste en bas :
Dégage-luy le pauvre bras,
Et ne sois pas assez Jean-fesse,
Pour la regarder à la fesse?
Comme elle a le cu découvert,
Couvre-la de son habit vert,
Malgré toute cette canaille,
Qui peut-estre de nous se raille?
Après tout, ce ne sera rien.
Ton secours fait que tout va bien :
Elle n'a qu'une égratignure,
Du costé de sa fesse dure,
Qui sera facile à guerir,
Sans qu'elle craigne d'en mourir.
Mais maintenant ce qu'on doit craindre,
Et ce qu'on a le plus à plaindre,
Ce sont ces deux pauvres chevaux,
Presque étouffez sous leurs fardeaux :
Peuple, sans faire des harangues,
Coupez les brides et les sangles,
Ostez leurs enharnachemens?
Ce sont icy d'honnestes gens;
Travaillez avec liesse :
Madame vous promet la piece.
Porte-chaises et porte-faix,
Ne faites point là les niais :
Mettez la main à cet ouvrage,
Relevez avecque courage
Chevaux et carosse abbatu;
Montrez icy vostre vertu.
Cocher, de peur qu'on ne vous rosse,

Ayez soin de vostre carosse :
Vous estes cause qu'il est chu,
Que Madame a montré son cu,
Que Monsieur a perdu sa teste,
Et que le peuple, à demy beste,
Qui le croyoit d'abord pelé,
N'a pas civilement parlé.
Mais laissons là cette machine;
Allons où le sort nous destine :
« Adieu, Madame! adieu, Monsieur !
Vostre très-humble serviteur !
Il suffit, dans cette meslée,
Que nulle teste soit fêlée
Que pas un bras ne soit cassé,
Que personne ne soit blessé,
Et que pas un coupeur de bourse
En vos goussets n'ait fait sa course.
Nous servons avec passion
Ceux de vostre condition,
Et vos paroles trop civiles,
A nostre égard sont inutiles :
Nous vous l'irons dire chez vous. »
Amy, cependant sauvons-nous?
Je pense que toute aventure,
De toute sorte de nature,
Nous doit arriver en ce jour,
En faisant de Paris le tour.
Benissons tous deux la fortune,
Car il s'en presente encore une.

UN CROCHETEUR ACCROCHE LE MANTEAU DE PANNE [1] D'UN BOURGEOIS.

Je découvre grande rumeur.
Je voy de loin un Crocheteur,

---

[1] Étoffe de laine à longs poils, très-souple et très-chaude.

Chargé d'une vieille paillasse,
Qui jure et qui fait la grimasse :
Je pense qu'il est endesvé [1],
Car il jette sur le pavé
Le vieux bois d'une vieille couche,
Et dessus un Monsieur il touche [2].
Soyons tesmoins de leurs combats,
Puisque le monde y court à tas.
Cet homme est d'assez bonne mine,
Et, sans sçavoir, je m'imagine
Qu'en passant près du porte-faix,
La pointe du lit ou des ais
Est le sujet de la bagare,
Veû, possible, sans dire gare,
Et sans qu'il se soit retiré,
Qu'il a son manteau déchiré.
C'est une chose dangereuse,
Dans cette Ville populeuse;
Et tous les jours, par cy, par là,
Nous voyons arriver cela.

Souviens-toy donc dedans les ruës,
Quand tu vois ces ames bourruës,
J'entens ces Crocheteurs chargez
De grands piliers de lits rangez,
Hérissez par les bouts de pointes,
Afin d'éviter leurs atteintes,
Qui pourroient bien te déchirer,
De bien loin d'eux te retirer?

N'ay-je pas bien jugé la chose ?
Ne voilà pas la seule cause,
Qui les fait quereller tous deux?
Ce bon Bourgeois est tout honteux;

[1] Endiablé, enragé, fou furieux.
[2] C'est-à-dire : il frappe.

Il menace de coups de canne ;
Il montre son manteau de panne,
Que ce coquin, avec son lit,
A rompu, sans avoir rien dit :
Il merite que l'on le frotte,
Et qu'on le jette dans la crotte,
Et, si le Bourgeois faisoit bien,
On le traiteroit comme un chien.
Ces marauds se font faire large [1],
Sous ombre qu'ils ont une charge,
Et parfois ils sont si méchans,
Qu'ils n'avertissent pas les gens.
Que l'on saisisse ce qu'il porte ?
La charge en pâtira, n'importe !
Ce coquin a fait le delit,
Il faut viste saisir son lit :
Est-il juste qu'un honneste homme
Perde à coup une telle somme ?
Car asseurément ce manteau
Est tout neuf et fait de nouveau,
Et le voilà, sans raillerie,
Propre à vendre à la Fripperie.

« Monsieur, morbleu ! ne souffrez pas
Qu'il se sauve d'entre nos bras ?
Il faut le battre comme un diantre [2],
Luy fourer ses crochets au ventre,
Pour avoir, en traitre inhumain,
Osé mettre sur vous la main !
— Que diras-tu pour te defendre,
Coquin, qui merites le pendre ?
Diras-tu *gare* desormais,
Quand tu porteras quelque faix ?

---

[1] C'est-à-dire : se font faire place. Les gens qui portent des fardeaux dans Paris crient encore : *Au large !*
[2] Pour : *diable*.

Et seras-tu si temeraire,
Après une semblable affaire,
De ne pas demander pardon,
Au lieu de donner un lardon,
Et de payer, de cent injures,
Celuy qui souffre ces ruptures?
Si tu m'avois ainsi traité,
Je te promets, en verité,
Que, sans faire longue querelle,
Je te casserois la cervelle,
Ou, malgré toy, rouge museau,
Tu me payerois mon manteau.
— Monsieur, monsieur, je vous en prie
De me laisser gagner ma vie!
Vray comme je suis porte-faix,
Je n'ay pas fait la chose exprès :
Les gens comme nous sont-ils yvres,
Quand ils portent quatre cens livres
Pesant, dessus leurs pauvres dos,
Sans trouver un lieu de repos?
Un Monsieur, à qui l'on dit *gare*,
Qui se démarche[1] et qui se care,
Ne voudra pas se reculer,
Deussions-nous là nous aculer :
Et, si par hazard on le touche,
Les menaces dedans la bouche,
Nous n'oyons que ces beaux dictons :
Assommez à coups de bastons!
Comme si nous estions des bestes,
A cause que dessus nos testes
On nous voit porter maintefois
Deux cornes de fer, ou de bois.
Bien souvent on nous fait la guerre,
On nous jette cul contre terre,

---

[1] C'est-à-dire : qui marche d'un pas lent et solennel.

Et parfois des esprits malins
Nous tournent comme des moulins :
Encore ne faut-il pas qu'on gronde.
Traiter ainsi le pauvre monde!
Vous-mesme vous garderiez bien
D'en faire autant à quelque chien.
Comment voulez-vous que je fasse?
Ce n'est pas à moy la paillasse;
Couverture, ny lit, ny draps,
Tout cela ne m'appartient pas.
Je n'avois point des yeux derriere,
Pour voir Monsieur, à mine fiere,
Et pensois qu'il se fust rangé,
M'ayant veu de loin si chargé.
Est-ce ma faute s'il s'accroche?
Pourquoy me faire ce reproche?
Et j'en suis faché, sur ma foy,
Autant pour luy comme pour moy.
Faites, Monsieur, qu'il me pardonne?
Vous estes si bonne personne;
Vous m'avez déjà si sanglé,
Que me voilà presque étranglé :
Tout mon pauvre meuble est à terre;
Le Bourgeois me fera la guerre,
Et payer (quelle cruauté!)
Tout ce meuble que j'ay gasté. »

Son éloquence me fit taire.
Laissons les soins de cette affaire :
Ce Monsieur à la panne et luy
S'accommoderont aujourd'huy ;
Laissons-les là tous deux ensemble;
Qu'ils s'accordent si bon leur semble !
« Mon amy, si Monsieur a tort,
C'est luy qui doit parler d'accord;
Si c'est toy le premier coupable,

Agis en homme raisonnable,
Excuse-toy civilement
De ce coup fait imprudemment?
Il vaut mieux sa panne percée,
Que d'avoir la jambe cassée. »

Cependant, toy, mon cher amy,
Que je n'aime point à demy
Poursuivons toujours nostre piste,
Et continuons nostre liste,
Depuis le matin jusqu'au soir,
Des choses que nous pourrons voir.

En verité, nous pouvons dire
Que l'on a grand sujet de rire
De ce que l'on voit tous les jours,
Dans la Ville et dans les Faux-bourgs.
Un homme qui n'a rien à faire,
A qui sa maison peut déplaire,
Et n'a point matiere de ris,
N'a qu'à faire un tour de Paris :
En moins de quatre promenades,
Il verra faire des gambades
A des fous et des harlequins,
A des yvrognes, des coquins,
Au peuple, cet hydre à sept testes,
Qui suscite mille tempestes,
Met en rumeur tout le quartier,
Et luy seul fait le bruit entier :
Tantost il verra dans la bouë
Un fou qui se roule et se jouë,
Un voisin qui se battera,
Un autre qui s'injurira ;
Une femme dans son ménage,
Qui, cruelle humeur, fera rage;
D'autres (exemple trop honteux!)

Qui s'arracheront les cheveux,
Se chanteront dix mille poüilles,
Se frapperont de leurs quenoüilles,
Et se diront leurs veritez,
A toute heure, et de tous costez ;
Je t'en ay, dans une sortie,
Déjà fait voir une partie :
Tu verras l'autre asseurément,
Devant qu'il soit nuit seulement.
Je voy déjà dans cette ruë
Cent gens qui font le pied de gruë[1];

UN SINGE SUR UNE FENESTRE.

Et des laquais et des enfans,
De cinq, de dix et de quinze ans,
Qui quittent service de maistre,
Pour voir, dessus cette fenestre,
Quelque singe en page vestu,
Qui saute et leur montre son cu[2] :
O siecle plaisant où nous sommes !
Voilà des femmes et des hommes !
Est-il, après ce que tu vois,
Gens plus badaux que les François ?
L'un jette à cette fine beste
Un morceau de pomme à la teste ;
L'autre, une noix ; l'autre, du pain,
Que subtile elle sert soudain,

[1] C'est-à-dire : qui ne se lassent pas d'attendre, comme des grues immobiles qu'on voit de loin se poser tantôt sur un pied et tantôt sur l'autre.
[2] Les singes domestiques étaient alors très-nombreux à Paris. C'est un de ces animaux, qui fut cause de la triste fin de l'auteur de *Paris ridicule*, en jetant par la fenêtre quelques feuilles de papier sur lesquelles le poëte avait écrit des vers impies. Voy. le Commentaire sur les Œuvres de Boileau, par Lefèvre de Saint-Marc, édit. de 1747.

Demeurant dans cette posture,
Tant que le reste du jour dure.
Ah! si le singe estoit à moy,
Je te proteste, sur ma foy,
Que, sur ce Monde qui regarde,
Et qui si longtemps se retarde,
Je renverserois tout à plat
Mon pot de chambre de pissat,
Dust-il se trouver des belistres
Qui voulussent casser mes vitres;
Car souvent ces amusemens
Causent de petits mouvemens :
Les laquais sont battus des maistres;
Là se trouvent parfois des traistres,
Qui, miclos [1], gardent le *tacet* [2],
Et vous fouillent dans le gousset;
L'escholier, qui frippe sa classe [3],
Est sanglé de fort bonne grace;
La servante est mise dehors,
Dont elle a beaucoup de remors;
Le mary, qui peste en son ame,
Du retardement de sa femme,
La querelle avecque raison,
Quand elle vient à la maison :
Dont s'ensuit, dans une famille,
Qu'on a toûjours quelque vetille,
Un mary croyant tous les jours
Qu'elle s'amusera toûjours.
Voilà comme des niaiseries
Engendrent mille broüilleries.

---

[1] Il eût fallu écrire : *miquelots*. On appelait ainsi les gens qui affectaient une mine hypocrite, comme les gueux, qui, sous prétexte d'aller en pèlerinage à Saint-Michel-sur-Mer, mendiaient sur les grands chemins.

[2] Silence : c'est le mot latin ; du verbe *tacere*.

[3] C'est-à-dire : qui fait l'école buissonnière.

Nous-mesmes laissons donc cela,
Et tirons nos chausses de là :
Ces frippons à grandes oreilles,
Qui semblent bayer aux corneilles,
Lorgnent un beau clavier [1] d'argent,
Dont seroit riche un indigent,
Que cette sotte creature
Porte pendant à sa ceinture ;
Et déjà je suis bien trompé
Si ces maraux ne l'ont coupé...
La chose est vraye, ou que je meure !
Amy, la voilà pas qui pleure ?
Et ne l'avois-je pas bien dit ?
Elle a beau crever de depit,
Et s'essuyer les yeux d'un linge,
Elle se souviendra d'un singe,
Et m'assure, pour le surplus
Qu'elle n'en regardera plus :
Elle jure d'estre plus sage...
Il est temps de fermer la cage,
Quand les oyseaux sont envolez.
Ne la regardons plus au nez,
Continuons nos promenades;
N'écoutons plus les gasconnades
De ces deux ou trois fanfarons,
Qui du clavier sont les larrons,
Et qui font les touchez dans l'ame
Du vol qu'on a fait à la femme ;
Avançons encor trente pas :
Ce chemin, que tu ne sçais pas
Et qui t'offusque un peu la veuë,
Traverse dedans une ruë.
Tu crois avec juste raison

---

[1] *Pendant* ou chaîne avec agrafe, pour porter des dés, des ciseaux et autres menus objets ou bijoux.

Qu'on entre dans quelque maison[1]?
Il en est, dans Paris, de mesme
Qui sauvent une peine extreme;
Tous les voleurs le sçavent bien,
Car voleurs n'ignorent rien.

UNE SERVANTE A QUI UNE LARONNESSE A VOLÉ SON PAQUET ET QU'ELLE FAIT ATTENDRE A UNE PORTE[2].

Mais pourquoy pleure cette fille
Qui nous paroist assez gentille?
« Qu'as-tu, mon enfant, à pleurer?
Et pourquoy te desesperer?
Quelqu'un t'a-t-il coupé la bourse?
Ce malheur n'a point de ressource;
Il est coûtumier à Paris
Aux gens d'un estrange païs[3] :
A voir ta mine peu matoise,
Je te crois une Champenoise?
— Vous l'avez deviné, Monsieur,
Mais non pas mon triste malheur :
Hier, quelque argent dans ma poche,
Icy j'arrivay par le Coche,
Et, dès qu'en ce quartier je fus
Avecque deux paquets cousus,
Où j'avois mis toutes mes hardes,
Je trouvay deux grandes pendardes,
Que je creus des femmes de bien
Qui me firent cet entretien :

[1] Il y avait alors dans Paris une multitude de passages publics, d'allées, de détours et d'escaliers, qui communiquaient d'une rue à l'autre, à travers les maisons, comme on en voit encore quelques-uns dans les rues voisines du Palais-Royal.

[2] C'est là une espèce de vol qui se reproduit encore tous les jours avec le même succès.

[3] C'est-à-dire : de pays étranger.

« Hé! bonjour, fille de Champagne !
« Vous venez donc de la campagne?
« Mon enfant, qu'il y a longtemps
« Que je connois tous vos parens !
« Comment se porte vostre pere?
« En quel estat est vostre mere ?
« Vous ne me reconnoissez pas ?
« — Non, luy repondois-je tout bas.
« — Las! je le croy bien, disoit-elle.
« Qu'elle est à present grande et belle !
« Elle a crû d'un grand pied, depuis
« Qu'en son village je la vis.
« Ma pauvre enfant, que je suis aise!
« Encor faut-il que je te baise?
« J'ay pour toy trop de passion.
« Tu veux une condition?
« Je te feray faire fortune.
« J'en sçay depuis quatre jours une,
« Que le ciel sans doute par moy
« A, je pense, gardé pour toy :
« C'est une maison d'importance,
« Un riche thresorier de France,
« Où les pistoles à foison
« Traisnent partout dans la maison.
« Si tu sçais faire la cuisine,
« A cause de ta bonne mine,
« Tu gagneras peut-estre plus
« De vingt et cinq ou trente escus,
« Sans les profits, et sans la gresse,
« Où tout le monde fait la presse;
« Les cendres et les vieux souliers,
« Les vieux torchons et tabliers,
« Les restes de pain et de viande,
« Quelquefois encore friande,
« Que l'on revend fort bien et beau
« Au balayeur, au porteur d'eau;

« Item, les restes de chandelle :
« On fait argent de tout, ma belle,
« Et puis l'on tire un gros denier
« Encor de l'anse du pannier :
« Bien souvent, à la Boucherie,
« On voit le boucher qui te prie
« De venir acheter à luy;
« Et c'est la coûtume aujourd'huy
« Que, pour avoir ta chalandise,
« Il n'aura pas l'humeur si grise,
« Qu'il ne te laisse en son estau
« Prendre quelque morceau de veau,
« De mouton, de bœuf, que tu donnes,
« Si tu veux, à quelques personnes
« Qu'aux environs tu connoistras,
« Ou tes parens que tu verras. »
Ce fut là le subtil langage
Que me tient cette femme d'âge,
Qui m'offrit dans sa chambre un lit,
Parce qu'il estoit déjà nuit.
Je ne puis dire les caresses,
Les amitiez et les tendresses
Que la friponne me monstra,
Depuis qu'elle me rencontra.
Le soir, nous fismes bonne chere,
Qui pourtant ne luy cousta guere,
Car tout fut pris à mes despens.
Il y vint encor d'autres gens,
Et pour tous (le pourriez-vous croire?),
C'estoit moy qui payoit à boire,
Car ils disoient le lendemain
Qu'ils me le rendroient pour certain.
Cependant, helas! la maraude,
Vient de me rendre bien penaude :
Sçachez, Monsieur, qu'au point du jour,
Après m'avoir bien fait la cour,

Elle m'a dit : « Ma bonne amie,
« Prenez vos hardes, je vous prie ;
« Venez-vous-en avecque moy
« Tout proche la Maison du Roy,
« Qu'on appelle autrement le Louvre,
« Où l'on me connoist, où l'on m'ouvre.
« Je vous placeray, sans prier,
« Chez nostre riche Thresorier ;
« C'est dans ce grand logis qu'il loge...
« Paix, écoutez : j'entends l'horloge,
« C'est sept heures... Il est bon là :
« Sur cette pierre que voilà,
« Auprès cette petite porte,
« Attendez-moy, mais que je sorte ?
« Je ne feray qu'aller sçavoir
« Si Madame est dans le dortoir.
« Au pis d'aller, si je luy parle
« Par le moyen de maistre Charle,
« Son cocher, mon meilleur amy,
« Pour ne rien tenter à demy,
« Comme je ne suis pas bien faite,
« Que ma juppe est toute defaite,
« Et que la vostre de couleur
« Me feroit un peu plus d'honneur,
« Donnez-la moy, prenez la mienne
« Jusques à temps que je revienne ?
« Laissez-moy prendre vos paquets,
« Sans perdre de temps en caquets,
« Car si Madame me demande,
« Si vous estes belle et grande,
« Si vous avez de bons habits,
« Sçavoir un noir et l'autre gris,
« De beau linge et de belles manches
« Pour les festes et les dimanches,
« Afin de la suivre en tout lieu,
« En visite, ou pour prier Dieu,

« Je luy feray voir sans remise :
« Comme vous estes fort bien mise :
« Et, suivant cela, vous verrez
« Qu'aussi-tost vous la servirez. »
Moy, dans mon cœur estant bien aise,
(Ah! mon Dieu, que j'estois niaise!)
J'ay fait, Monsieur, tout bonnement
Selon son beau commandement :
J'ay dépoüillé, pour cette duppe [1],
Ma premiere et seconde juppe ;
J'ay mis mes hardes dans ses mains,
Pour près de cent francs que je plains [2] :
Depuis trois heures je furonne [3],
Mais je ne trouve icy personne ;
J'ay beau chercher et beau crier,
Je n'apprens rien du Thresorier :
Chacun se rit de ma bestise;
L'un m'assure que je suis prise,
Et que telles gens, tous les jours,
Font à tous de semblables tours ;
Que cette porte en belle veuë
N'aboutit que dans une ruë,
Et que je n'ay pas de raison
De l'appeler une maison,
Puisque jamais ce n'en fut une,
Mais bien une porte commune,
Qui renferme un détour entier,
Pour traverser l'autre quartier.
Cependant, helas! que feray-je?
Et de quel costé tourneray-je?
Ce qui fait mon plus grand soucy,

---

[1] *Dupe* est ici dans l'acception de *dupeuse*. *Duppe* était synonyme de *huppe;* au figuré, vilain oiseau.

[2] Que je regrette.

[3] *Furoner*, pour *fureter*, s'est corrompu en *fourgonner*, qu'on dit encore familièrement.

Je ne connois personne icy,
Et voilà la plus grande perte
Que j'ay au monde encor soufferte.
On me l'avoit dit au pays,
Qu'on estoit méchant à Paris :
Mais, à part moy, je disois : Voire [1] !
Et je ne le voulois pas croire,
Car d'autres gens de grand renom
M'assuroient qu'il y faisoit bon,
Et que le peuple estoit honneste
Depuis les pieds jusqu'à la teste ;
Mais, à present, je connois bien,
En verité, qu'il n'en est rien.
Quoy ! l'on laisseroit dans votr'ville
Pleurer tout le jour une fille,
Sans que pas un se vint offrir
Seulement de la secourir !
Il vaut mieux que je m'en retourne,
Sans que plus longtemps je m'enfourne
Dans ce lieu si plein de danger.
J'auray, de nostre Messager,
Dans son Coche une bonne place,
Et s'il me fera bien la grace
De me nourrir jusqu'au pays,
Parce qu'il sçait bien qui je suis.
— Ayant un si bel avantage,
Ma fille, vous serez bien sage
Viste de vous en retourner,
Sans à Paris trop sejourner :
C'est une ville de despense,
On n'y fait pas ce que l'on pense,
Et les perdrix, en ce temps sec,
N'y tombent pas dedans le bec.
Il serait à craindre, estant belle,

[1] Vraiment! oui-da!

Que quelque fine maquerelle,
Pour mieux vous faire trebucher,
Ne vînt encor vous debaucher.
Croyez-moy, tirez vos guenilles [1]?
La sotte chose que des filles!
La garde n'en vaut rien, ma foy.
Encore une fois, croyez-moy,
N'attirez point, dans cette place,
Autour de vous la populace:
Pour la pitié que j'ay de vous,
Prenez de moy ces trente sous,
Et cherchez vostre hostellerie?
C'est à faire que l'on en rie.
Vous n'estes pas seule à Paris
Qui n'ait pas esté de Sainct-Pris [2]. »

Hé bien, toy qui perds la parole,
Cette rencontre est-elle drosle?
As-tu rien veu jusqu'à present,
Qui soit encore plus plaisant?
Telles sont icy les finesses
Des voleurs, les tours de souplesses,
Qui tous les jours sur le Pont-neuf
Attrappent quelque esprit tout neuf,
Ou quelque fille de village,
Qu'ils connoissent dans le visage,
Et dont ils font une putain,
Après avoir pris son butin.
Si tu ne l'avois oüy dire,
Tu croirois des contes à rire
Tous les discours et les projets

---

[1] On dit encore dans le même sens : *tirez vos guêtres*, au lieu de : *tirez vos grègues;* parce que, pour courir, on devait alors tirer ses chausses et les empêcher de tomber sur les talons.

[2] On disait proverbialement d'une personne volée, qu'elle était de Saint-Prix ou bien qu'elle se vouait à Saint-Pris.

Qu'on te feroit sur ces sujets :
Cependant, d'une façon gaye,
Tu vois que la chose est bien vraye,
Puisqu'ensemble nous l'avons veu,
Sans qu'aucun de nous l'ait préveu.

Mais j'entends un bruit effroyable,
Et tout ensemble pitoyable :
Ce sont des chevaux et des voix;
Tournons ce coin... Ah! j'apperçois
D'où vient ce plaisant tintamarre.

UNE POPULACE QUI CRIE. MEUSNIER, A L'ANNEAU! ET CE QUI EN ARRIVE [1].

Ce sont Meusniers, sans dire gare,
A cheval dessus leurs mulets,
Qui viennent dessus vingt colets,
Canons, manteaux, chemises, bottes,
De faire rejaillir des crottes;
Ils enragent dedans leur peau,
Que l'on dit : *Meusnier, à l'anneau* [2] *!*
Car, malgré toutes leurs poursuites
Et leurs procedures escrites,
Mesme un arrest du Parlement

[1] J'ai remarqué je ne sais plus en quelle collection du Cabinet des Estampes et vu passer dans une vente publique une estampe du dix-septième siècle, représentant l'anecdote du Meunier à l'anneau : la scène se passe sur la berge du quai de la Grève. (A. B.)

[2] Malgré l'origine que Colletet attribue, sur la foi de la tradition, à ce cri que les meuniers regardaient comme une grave injure, il est probable qu'on doit y voir plutôt une allusion au châtiment que les meuniers de Paris encouraient, quand ils avaient retenu à leur profit une certaine quantité de farine sur le blé qu'on leur donnait à moudre; car ils étaient alors condamnés à la peine du pilori ; or le patient, qu'on *piloriait*, se voyait exposé, en public, la tête et les mains enfermées dans une espèce d'anneau ou de carcan mobile.

Qui defendoit expressement
Qu'on les appelast de la sorte,
D'une voix encore plus forte
Qu'on ne faisoit auparavant,
On les appelle bien souvent.
Il faut en apprendre l'histoire,
Qui seroit difficile à croire,
Si tout le monde de Paris,
Comme moy, ne l'avoit appris,
Et n'en avoit veu la figure,
Dont la memoire encore dure,
Et le souvenir durera
Autant que le Monde vivra.

Un jour, un Meusnier d'importance
(Je passe son nom sous silence,
Car à l'histoire il ne fait rien)
S'avisa de boire si bien,
Et de faire si bonne chere,
Qu'on ne pouvoit pas la mieux faire.
Accompagné d'autres meusniers,
Et de quelques gagne-deniers,
Qu'on voit tous les jours dans la Greve
Se promener sans nulle treve,
Animez des vapeurs du vin;
Dedans la chaleur du festin,
Regardant un anneau tout proche
De ces anneaux où l'on accroche
Toutes les cordes des batteaux,
Pour les asseurer sur les eaux
De peur que le flot de la Seine
Ne les brise, ou ne les entraisne ;
Les deux mains dessus ses roignons,
Gagea contre ses compagnons,
Et se donnant peut-estre au diantre,
Que, sans se crever par le ventre,

En un mot, que, sans s'estouffer,
Il passeroit l'anneau de fer.
Regarde un peu quelle gageure
Pour un homme à grosse fresseure [1] ?
Nul ne crut qu'il dist tout de bon :
« Gage que si ? — Gage que non ? »
Il ne s'en tient pas aux paroles :
Il met bas quatre ou cinq pistoles,
Et ses compagnons sans soucy
Contre luy les mettent aussi.
Le gros sac-à-vin se dépoüille,
Encore une fois il se moüille
De Bacchus le dedans du corps,
Et sort en cet estat dehors.

C'estoit au temps que la Nature
Souffloit dans ses doigts de froidure ;
Toutefois, on ne laissa pas,
Au recit d'un si nouveau cas,
De venir, par cent et par mille,
De tous les endroits de la ville.
Dans les places on entend crier :
« Venez, venez voir un Meusnier,
Dessus un des quais de la Greve,
Qui, tout nu, dans un anneau creve ! »
C'estoit plaisir de voir ce corps
Faire d'inutiles efforts
Pour passer dans cette ceinture,
Qu'il commençoit à trouver dure.
Il entra veritablement,
Mais à demy corps seulement ;
Il s'y mit de telle maniere,
Qu'il ne peut avant ny arriere,
Encor qu'il s'écorchast la peau,
Se mouvoir dans ce dur cerceau.

[1] Bedaine, pans

Cependant les costes raflées
Tout à coup deviennent enflées :
Il creve, et, ne pouvant sortir,
Il n'est pas à s'en repentir.
Celuy-cy rit, l'autre soûpire,
L'autre ne sçait ce qu'il doit dire,
Car on voit un homme mourir,
Que l'on ne sçauroit secourir.
Déjà le cercle dans l'enflure
A peine se voit, je te jure :
On fait venir un chirurgien,
Qui visite et qui ne peut rien,
Car, pour sauver sa peau rayée,
Il ne s'agit pas de saignée.
Que faire en cette extrémité?
Tous les gageurs, de leur costé,
Qui voyent perir leur confrere,
Ne sçavent que dire et que faire.
Tel voudroit qu'il fust dégagé,
Et que l'argent qu'il a gagé
Eust encore esté mis à boire,
Car ils se doutent que l'histoire
Ne parlera guere moins d'eux
Que de ce pauvre souffreteux.
Enfin, comme, dans une place
Où tant de monde à tas s'amasse,
Il se trouve toujours quelqu'un
Qui ne perd pas le sens commun,
Quelqu'un de la troupe s'escrie :
« Qu'on lime ce fer et le scie!
On sauvera ce pauvre corps,
Qui va passer au rang des morts. »
A ces mots, tout le monde vole,
Plus fort qu'un postillon d'Eole [1],

---

[1] C'est-à-dire : un des vents, l'Aquilon.

Chez le plus proche serrurier,
Qui vient, et se met à scier,
Non sans avoir beaucoup de peine
Et la ceinture et la bedaine;
On oit crier le patient,
Qui sent du mal à bon escient :
Le sang luy coule des parties,
Qui par le fer sont amorties :
Cependant il les faut couper,
Pour faire le corps réchaper;
Autrement, le miserable homme
S'en va faire son dernier somme,
Et mourir là cruellement,
S'il n'est secouru promptement;
Enfin, après longues détresses,
Grand froid qui luy geloit les fesses
(Car, *Nota*, qu'il estoit tout nu),
Il sortit du cerceau, tout dru;
Et dans un lit, sans rien obmettre,
Il fallut aussi-tost le mettre,
Et panser, et le rechauffer,
De la meurtrissure du fer.

Depuis, le peuple, dans la ruë,
A crier tous les jours se tuë :
Meusnier, à l'anneau, à l'anneau!
Quoique, par un arrest nouveau,
Il soit fait defenses expresses
De leur faire telles caresses.
De grands malheurs, par cy, par là,
Sont arrivez de tout cela,
Car les Meusniers, dans leur colere,
Joüoient tous les jours à pis faire :
Dès qu'un enfant les appelloit,
Monsieur le Meusnier le sangloit;
Puis se sauvoit de ruë en ruë,

En courant à bride abbatuë.
Le pere de l'enfant sanglé
Sortoit assez souvent, troublé,
Et sa femme, toute en furie,
En vouloit faire boucherie.
Tel qui passoit, dans son ennuy,
Elle s'alloit jetter sur luy,
Puis, à l'aide du voisinage,
Luy déchiroit tout le visage,
Et le rendoit, dans cet estrif[1],
Quelquefois bien plus mort que vif;
On jettoit leurs sacs de farine,
On lavoit leur teste d'urine,
On deracinoit les pavez,
Pour les faire cheoir sur le nez;
On leur jettoit pierres et bouë;
Les crocheteurs faisoient la mouë;
Bref, il n'estoit grand ny petit,
Qui tous les jours mal ne leur fit.
Eux aussi, par juste vengeance,
Faisoient souvent jeuner la panse,
Retenoient d'un esprit malin
La farine un mois au moulin;
Ou prenoient la double mesure,
Pour payement de leur mouture.
Celuy-cy s'excusoit souvent
Qu'il ne faisoit pas assez vent;
Et cet autre, en faisant grimace,
Que la riviere estoit trop basse :
Si bien, si l'on avoit du pain,
Ce n'estoit qu'en baisant la main,
Et l'on crioit déjà famine,
Faute d'avoir de la farine.
Pour finir tous ces accidens,

[1] Combat, lutte.

Nos Conseillers et Presidens,
Renouvellerent leurs defenses
Contre de telles insolences ;
Et ce n'est plus que rarement
Que l'on leur fait ce compliment,
Dont mesme ils ne font plus que rire,
Quand on s'avise de leur dire,
Car le temps, qui met tout à bout,
Leur a bien fait oublier tout.
C'estoit donc cela tout à l'heure
Que l'on crioit à la malheure,
Et ce qui m'a donné sujet
De te faire un si long projet
De cette histoire assez plaisante,
Dont j'ay contenté ton attente.
Mais cependant nous cajolons [1],
Sans regarder où nous allons ;
Retournons par cette autre ruë.
J'apperçoy, dans cette avenuë...

UN INNOCENT [2] A QUI ON JETTE DES PIERRES.

Un Innocent, suivy d'enfans,
Que je connois depuis dix ans :
Celuy-cy le charge de bouë,
Et cet autre le couche en jouë,
Luy jettant des pierres au dos,
Dont se repentiront ces sots ;
Car, s'il luy prend un coup envie

---

[1] *Cajoler*, quoique synonyme de *causer*, se prenait aussi dans le sens de : *baguenauder*.

[2] Pauvre d'esprit, fou. Il est remarquable que les fous, qui étaient chez les anciens un objet de respect presque religieux, ne trouvaient que mépris et cruauté de la part du peuple chrétien, quoique Jésus eût dit dans son Évangile : « Bienheureux les pauvres d'esprit, parce qu'ils verront Dieu ! »

(Y deust-il exposer sa vie)
De courir et fondre sur eux,
Tu verras des gens bien peureux.
Admire aussi ce pauvre here,
Ce pauvre fou, que veut-il faire
D'un si grand nombre de haillons?
Il n'est guenille et guenillons
Que de ruë en ruë il n'amasse,
Et ne foure dans sa besace.
N'as-tu point pitié de le voir,
Depuis le matin jusqu'au soir,
Ramasser mille vilenies,
Et, poussé de folles manies,
Mordre la terre à belles dents;
Courir après ces impudens,
Qui n'ont point d'autres exercices
Qu'à luy faire mille malices?
Je t'asseure que je le plains,
Et les peuples sont inhumains,
De souffrir ainsi qu'on maltraite
Ceux dont la teste est si mal faite;
Doit-on pas, pour mille raisons,
Les mettre aux Petites Maisons [1]?
Puisque c'est une sotte veuë
De voir un fou dans une ruë,
Il en arrive des malheurs
Qui causent quelquefois des pleurs;
Car, quelque mal qu'il puisse faire,
Il le faut souffrir et s'en taire,
Ou bien, l'on dit, parmi les gueux,
Que vous estes aussi fou qu'eux.

[1] Voyez, dans *Paris ridicule*, le n° cxxx avec les notes. Quoique l'hôpital des Petites-Maisons, fondé à la fin du quinzième siècle pour les vénériens, eut été depuis attribué aux fous, on n'enfermait que les furieux et on laissait errer les autres, dans les rues, où ils avaient à souffrir toutes sortes de mauvais traitements.

Cependant un homme qui passe,
Quand le peuple brutal s'amasse,
Et qui va resvant, le museau
Enveloppé dans son manteau,
Pourra-il souffrir, je vous prie,
Qu'un fou, poussé par sa manie,
Prenant Sainct Pierre pour Sainct Paul,
Se vienne jetter à son col;
Que, de ses mains, dont il patroüille,
Il le tiraille ou le barboüille,
Et luy jette, si vous voulez,
Quelque placard de bouë au nez?
Certes, il est bien difficile,
Quand on seroit le plus docile;
Et cependant ces petits tours
Arrivent presque tous les jours.
J'ay veu de ces folles bouruës,
Chanter injures, dans les ruës,
A des gens de condition,
Les suivre, dans leur passion,
Et par de ridicules contes
Leur faire essuyer mille hontes;
On n'est pas toujours en humeur
De vivre parmy la rumeur :
On peste, et quelquefois on gronde
De voir amasser tant de monde,
Et d'avoir pour Laquais un foux
Qui narguera derriere vous,
Fera grimasses et postures,
Et vous chantera mille injures.
Est-il plus vray le Paradis,
Qu'il est vray ce que je te dis?
Ne voilà-t-il pas sa folie
Qui le prend et qui le deslie?
Il ne tient à fer ni à clou,
Et se deust-il rompre le cou,

Il court après cette jeunesse,
Qu'à son tour, de bon cœur, il fesse;
Et, s'il faut que de ces enfans
Les peres, qui sont les fendans,
Apperçoivent ce qui se passe
(Car déjà le monde s'amasse),
Sans doute que des deux costez
On verra quelques coups portez.

Retirons-nous de ces tumultes;
Je ne puis souffrir les insultes,
Et n'aime, quand il est besoin,
A les regarder que de loin,
Si ce n'est, je veux bien le dire,
Quand c'est quelque chose pour rire.
Puisque dans cette extremité
L'on ne craint point d'estre frotté.
Il faut songer à la retraite :
La course est plus qu'à demy faite;
Nous sommes las également
D'avoir marché si longuement;
La nuit estend ses sombres voiles,
Et le ciel fait voir les estoiles.

LA POMME DE PIN[1] SUR LE PONT NOSTRE-DAME.

N'importe, on ne se peut quitter,
Quand d'ensemble on vient trotter,
Et si tu m'en crois, camarade,
Nous irons faire une algarade
A quelque bouteille de vin,

---

[1] Ce cabaret était déjà célèbre au seizième siècle; l'Écolier limosin, de *Pantagruel* (liv. II, ch. vi), dit : « Nous cauponisons ès tabernes meritoires de la Pomme de Pin, du Castel, de la Magdelaine et de la Mulle, belles spatules vervecines, perforaminées de petrosil. »

Droit dedans la Pomme de Pin :
Après cette juste débauche,
Sans balancer, à droit, à gauche,
Et sans tomber le nez devant,
Nous ferons comme auparavant ;
J'entens qu'en cette nuit si belle
Nous irons battre la semelle,
Et voir ce qui se fait, sans fruit,
Dedans Paris, toute la nuit.
Tu verras des choses estranges ;
Puis, on ne craint gueres les fanges,
Car, en ce temps du mois d'août,
Il fait sec et fort beau partout.
Doublons le pas, je t'en supplie :
Je sens ma gorge si remplie
De la poussiere et du grand air,
Que je ne sçaurois plus parler.
Nous y voilà sans nulle peine ;
Je commence à reprendre haleine.
« Du vin, Jacques, mais sans gauchir,
Et de l'eau, pour le rafraischir ?
Au bon Trou, si tu m'en veux croire,
Ou bien tu n'auras rien pour boire?
Qu'as-tu que nous puissions manger ?
Il n'est pas besoin de songer ;
J'ai veu là bas dessus la table
Un chapon assez raisonnable :
S'il est bon, c'est ce que je veux,
Car nous ne sommes que nous deux.
Es-tu revenu? Marche, vole,
Et me connois à ma parole. »
Amy, ce petit Cabinet,
Pour estre à l'aise, est notre fait.
J'aime ces lieux, où l'on peut estre
Sans se faire si fort connoistre,
Où libre on peut, sans estre veu,

Parler de tout, quand on a beu.
« Bon, voicy ce chapon ! Approche ;
Va lui donner vingt tours de broche ?
Il est bien tendre asseurément ;
Est-il lardé tout fraischement ?
Que je sente un peu son derriere ?
Garçon, accorde à ma priere
D'y mettre du poivre et du sel,
Et tu meriteras le ciel ? »
Cependant, Amy, que j'estime,
Je ne crois pas commettre un crime,
Si, plus sec qu'un pendu d'Esté,
Je bois d'abord à ta santé.
Tu sçais bien que je te respecte,
Mais c'est qu'il faut que je m'humecte.
Le vin est parfaitement bon :
Il faut la tranche du jambon,
Afin que nous fassions ripaille,
Pendant qu'on cuit nostre volaille.

LE PAIN DE GONESSE.

Nous estions bien mal sans cela.
Laisse ce pain : prends celui-là.
Je voudrois en avoir sans cesse.
On l'appelle pain de Gonesse [1],
Preferable à ces autres pains,
Que mangent les frians humains,
Ny le pain à la Montauronne [2]

---

[1] Le pain qui se fabriquait à Gonesse passait pour le meilleur de tous ; il était léger et avait beaucoup d'yeux, ce qu'on attribuait à la bonté des eaux de Gonesse. Lors du blocus de Paris en 1648, les bourgeois se désolèrent de voir suspendus les envois de ce bon pain, qui leur arrivait ordinairement tous les jours. Il y a plusieurs mazarinades où sont exprimés ces regrets à l'égard du pain de Gonesse, que l'armée du roi se réservait pour elle.

[2] Les petits pains à la Montauron étaient pétris avec du lait.

Ny cet autre fait en couronne,
Ny mesme ce pain tortillé,
Paistry d'œufs et bien travaillé,
Non plus que celuy de la Reine [1],
Ne flattent nostre goust qu'à peine,
Au prix de ce solide pain,
Toûjours fait de la bonne main.

Mais laissons ces discours frivoles :
Sans perdre le temps en paroles,
Donnons sur le chapon qui vient,
Que ce drosle proprement tient,
Et qui déjà me fait envie
De manger, quoy que l'on en die.
A toy, cette aisle, et l'autre, à moy!
Nous voilà plus contens qu'un Roy.
Je te jure qu'il est bien tendre :
Nous avons bien fait de le prendre,
Car, dans l'espace d'un *Ave*,
Un autre l'auroit enlevé.

Quel diantre déjà nous lanterne?
Est-ce comme en l'autre taverne?
J'entens dans cette chambre un bruit,
Et quelqu'un mesme qui s'enfuit.

UN GARÇON DE CABARET, A QUI L'ON FAIT VOLER UNE ASSIETTE A LA TESTE.

Encore faut-il que je voye,
Attendu que j'ay de la joye
D'estre témoin de cent bons tours
Qui se font icy tous les jours.

---

[1] Pour fabriquer les petits pains à la Reine, on faisait la pâte avec de la levure de bière, ce qui la rendait très-molle et très-onctueuse.

Je juge ce que ce peut estre :
Ces gens, en l'absence du Maistre,
Qui semblent avoir le goust fin,
Veulent avoir du meilleur vin :
Ce Garçon, qui n'est qu'une beste,
Avec son chapeau sur la teste,
Leur respond fort insolemment
(Ce qui merite chastiment)
Et d'un air tout à fait yvrogne
Entre ses dents marmotte et grogne,
Comme si cela luy coustoit
De faire pour eux ce qu'il doit.
Ois-tu ce qu'ils disent? Écoute :
« Donne-nous du bon, quoy qu'il couste,
Coquin, ou, de plus de dix ans,
Nous ne mettrons le pied ceans !
— Si ce n'est vous, ce seront d'autres ! »
Respond-il par ses patenostres.
A ce mot si fort offençant,
Un de ces Messieurs, menaçant,
Luy fait, sans que rien ne l'inquiete,
Voler à la teste une assiette,
Et, s'il ne se fut esquivé,
Je pense qu'il l'auroit crevé.
O! que cette impudence insigne
De coups de bastons seroit digne !
Si le Maistre en estoit imbû,
Il auroit du pied dans le cu.
La Maitresse, assez bonne femme,
Déjà luy va chantant sa gâme,
Le menace qu'il le sçaura,
Et que ce soir il sortira.
Il n'aura que ce qu'il merite,
Car, si ce coquin d'hypocrite
Demeuroit longtemps en ce lieu,
Les beuveurs luy diroient adieu :

Il ne faut, dans une taverne,
Qu'un valet fier qui vous lanterne,
Pour envoyer le Cabaret
Au diantre, avecque le valet.
J'en ay veu trente, je t'asseure,
Ruinez par cette avanture.

Mais achevons nostre souper,
Car c'est tantost assez lamper [1] :
Il est temps, si nous voulons rire
(Voicy l'heure qu'on se retire),
De nous promener dans Paris,
Et d'y chercher quelque Chloris.
Beuvons et comptons, je te prie ;
Ne releve point mangerie [2].
J'ay pour, dans un autre quartier,
Payer encor demy septier.
« Enfans ! hola ! Que quelqu'un monte ?
Prends cet argent, et fais ton compte :
Trente en chapon, et six en pain,
Deux en fromage, et seize en vin,
Dix en jambon, est-ce l'affaire ?
Et cinq sols pour la bonne chere,
Sans compter les deux sols pour toy,
Pour te mieux souvenir de moy ?
Si tous d'icy te ressembloient,
Tous les beuveurs les aimeroient,
Et si vous pourriez tirer d'eux,
A chaque écot, un sol ou deux,
Au lieu, comme tes camarades,
De faire aux gens des algarades.
Amy, sortons ? Adieu, Garçon,
Et donne-nous toûjours du bon ! »

[1] Boire, comme la mèche d'une lampe s'imbibe d'huile.
[2] C'est-à-dire : ne fais pas le compte de la consommation.

LES PROMENADES DU PONT-NEUF, LES ENTRETIENS DU SOIR, ET LES AVENTURES AMOUREUSES QUI S'Y PASSENT.

En verité, ce clair de lune
Contribuë à nostre fortune.
Voilà l'heure que le Bourgeois,
Et le Plumet à belle voix,
Meine Bourgeoise ou Damoiselle,
A la promenade assez belle,
Et triomphe, en habit tout neuf,
Sur les vastes quais du Pont-neuf.
Quoy qu'il soit, entre dix et onze,
Donnons vers le Cheval de Bronze :
Tu verras là mille beautez,
Et leurs amans à leurs costez
Qui parlent de leurs amourettes,
Et se content mille fleurettes.
En voilà dans leurs passions,
Qui font cent protestations;
Marchons derriere ces folastres,
De ces deux filles idolatres;
Écoutons leurs sots entretiens,
Et peut-estre en riras-tu bien.
Celuy-là dit à cette brune,
Que sa beauté n'est pas commune;
Qu'il brusle pour elle d'amour;
Qu'elle est, la nuit, qu'elle est, le jour,
L'unique objet dont sa pensée
Est agreablement blessée;
Qu'il s'en va courir au cercüeil,
S'il n'est veu d'elle de bon œil;
Que, pour celebrer ses loüanges,
Il faudroit la bouche des Anges,
Mais qu'il n'ose esperer l'honneur
De toucher tant soit peu son cœur;

Qu'au reste il est amant fidele;
Qu'après luy, faut tirer l'échelle,
Et qu'il veut que cette beauté
Esprouve sa fidelité :
« Nanon, dit-il, ma seule joye,
Où voulez-vous que je m'employe?
Faut-il, pour vous, par monts, par vaux,
Entreprendre quelques travaux ?
Faut-il endurer des supplices,
Ou franchir quelques precipices ?
Commandez-moy, si vous m'aimez;
C'est vous seule qui me charmez;
Tout ce que je vois dans les Dames
N'égale point vos moindres flàmes,
Et partout où vous n'estes pas,
Je n'y rencontre aucuns appas. »

L'autre, qui va pressant la blonde,
Luy dit : « Vous estes sans seconde!
Mon Dieu! que je serois heureux,
D'avoir un peu de ces cheveux,
De ces belles et riches chaisnes,
Qui font mes plaisirs et mes peines !
Quand auray-je l'honneur, chez vous,
D'embrasser vos charmans genoux?
Je n'ose esperer cette grace ;
Vous n'estes peut-estre que glace,
Pendant que je suis plein de feux,
Et que pour vous je fais des vœux!
Au moins, bel objet de ma braise,
Permettez-moy que je vous baise
Ou que je touche ces deux mains
Qui donnent des lois aux humains?
O que mon sort est déplorable!
Que je m'estime miserable
De ne pouvoir rien obtenir

Pour en garder le souvenir!
Ah! ne seroit-ce point peut-estre
Que quelqu'autre en seroit le maistre?
Je connois bien, pour mon malheur,
Qu'un rival possede ce cœur :
Mais quoiqu'il fasse, ma cruelle,
Il ne sera pas plus fidele
Que je le suis depuis quatre ans,
Comme premier de vos amans. »

Amy, telles sont les paroles,
Et tous les entretiens frivoles,
Que ces esclaves de l'amour
Tiennent icy de jour en jour,
Cependant que ces dédaigneuses
Semblent n'estre pas amoureuses;
Car elles mettent en cent lieux
Leur cœur dont elles font leurs dieux.

L'AFFETERIE ET LE LUXE DE LA BOURGEOISE COMMUNE.

Mais considere un peu ces autres,
Qui ne sont pas meilleurs apostres,
Qui portent la brette au costé
Avec un air de vanité?
Ceux-là reçoivent des caresses
De leurs coquettes de maitresses,
Qui marchent en chasteau branlant,
Et crevent de rire en parlant :
Diroit-on pas que ces flouettes
Ont des testes de giroüettes?
Tu vois qu'elles font à desséin
Une boutique de leur sein,
Afin de donner dans la vuë,
Et faire voir leur col de gruë?
Ne regarde pas leur tetin,

Mais considere leur patin
Qui d'un demi-pied les esleve[1]?
En verité, cela me greve;
Cette contrainte me déplaist :
Que ne se tient-on comme on est?
Auroient-elles moins de merites,
Pour paroistre à nos yeux petites?
Je ne puis souffrir ces rubans :
Et ces boutiques de galans[2],
Qu'elles portent dessus leur juppes,
Car c'est ce qui fait tant de duppes.
Pourquoy ces passements nouveaux,
Qui ressemblent à des réseaux,
Ces boutons à queüe, et guipures,
Qui perdent tant de creatures,
Et ces mouchoirs de cent escus,
Qui font tant de maris cocus?
Il est honteux dans nostre France
De voir une telle bombance!
Il semble que l'on fait mépris
Et des Arrests et des Edits[3];
C'est à la Cour, quoy qu'on en die,
Qu'appartient cette braverie.
Pourquoy faut-il que le Bourgeois

[1] Le meilleur commentaire de tout ce passage se trouve dans les estampes d'Abraham Bosse, qui donnent une idée si exacte des modes et des mœurs de son temps. Voy. le Catalogue raisonné de l'œuvre de ce maître, par M. Georges Duplessis, dans la *Revue universelle des Arts*, 1857-59.

[2] On nommait ainsi les rosettes ou nœuds de rubans.

[3] La plupart des rois de France, depuis Charlemagne, renouvelaient tour à tour les lois somptuaires qui avaient pour but de mettre un frein nécessaire au luxe des habits ; mais ces lois n'étaient jamais observées et tombaient bientôt en désuétude. Louis XIV avait essayé inutilement de les remettre en vigueur. Voy. le *Recueil curieux de pièces originales, rares ou inédites, en prose ou en vers, sur le Costume et les révolutions de la mode en France* (Paris, 1851, in-8).

Viole les ordres de nos rois?
On ne distingue plus nos dames,
D'avec le commun des femmes :
Dès qu'une personne d'honneur
Prend quelque juppe de couleur,
Ou dès qu'elle change de mode,
Enfin, dès qu'elle s'accommode
Dedans un estat éclattant,
Une Bourgeoise en fait autant;
Elle s'ornera de panaches,
Et s'appliquera des moustaches [1],
Des postiches, des faux cheveux,
Des tours, des tresses et des nœuds,
Des coëffes demy-blanche ou jaune,
Où les toiles entrent par aune;
De ces beaux taffetas rayez,
Qui parfois ne sont pas payez,
Car souvent tant de braverie [2]
Cache beaucoup de gueuserie.
Tu t'estonnes de mes discours?
Je voy ces choses tous les jours,
Et je sçay comme on se gouverne
Parmy ce monde que je berne.
Regarde un peu derriere toy :
Ne croirois-tu pas, comme moy,
Que cette femme, avec son lustre,
Fust epouse de quelque illustre?
C'est la femme d'un paticier [3];
Cette autre l'est d'un espicier;

---

[1] Voyez le *Discours particulier contre les filles et les femmes mondaines descouvrant leur sein et portant des moustaches*, par P. Juvernay (Paris, 1640, in-8).

[2] Coquetterie, luxe de toilette.

[3] Il y a peut-être ici une allusion à la célèbre Marie Mignot, qui, veuve d'un pâtissier de Paris, avait épousé, en 1653, le maréchal de l'Hospital.

Celle qui passe est boulangere;
Sa compagne est une merciere
Qui tient sa boutique au Palais :
Leurs maris sont-ils pas niais,
Et de leurs femmes bien esclaves,
De souffrir qu'elles soient si braves?
Comment faudra-t-il habiller
Une femme de Conseiller?
Et comment une Presidente?
Puis qu'une moindre Mercadante [1],
Ou la femme d'un Procureur,
A plus que ces femmes d'honneur.
Fy, fy, mon cher Amy, j'enrage,
Quand je voy ce mauvais ménage.
Les familles pleines de bien
Ne doivent pas s'épargner rien :
Il faut que la belle despense
Soit pour les femmes de naissance ;
Le Bourgeois à proportion,
Et selon sa condition,
Car enfin il est ridicule
(Jamais rien je ne dissimule)
Qu'une fille qu'on mariera,
Qui fille de marchand sera,
Et parfois marchand sans negoces,
Voudra que le jour de ses noces
Son pauvre pere, sans pouvoir [2],
L'habille d'un riche habit noir,
Ou de moire, ou de ferandine [3],
Et desirera, la badine,
Toute excuse et raison à part,
D'avoir la juppe de brocard,

---

[1] Marchande; *mercadante*, en italien.
[2] Sans fortune.
[3] Étoffe de laine ou de soie sur trame de laine.

« Hé quoy? dira-t-elle, épleurée :
Madame telle, mariée,
Qui plus de bien que moy n'a pas,
A bien pris de plus hauts estats !
Que diroit-on de moy, mon pere ? »
Là dessus, et parents et mere,
Tirent de luy, bon gré, malgré,
De quoy s'habiller à son gré,
Et le mary, tout fol encore,
Qui nouveau marié l'adore,
Souffre ce grand vol qu'elle prend,
Dont à loisir il se repent.
Mais c'est assez sur ce chapitre :
Cherchons, pour faire un nouveau titre;
Traversons dans ce grand quartier,
Où sont mille gens de mestier.

LE VIN D'ESPAGNE ET LA CROIX DU TIROUER [1].

Voicy le pays de Cocagne,
Où l'on boit le bon vin d'Espagne,
Le doux hypocras, le muscat,
Et l'Alicant si délicat.
Sçais-tu quelle est cette fontaine?
Ce n'est pas la Samaritaine;
C'est l'autre que tu viens de voir :
C'est icy la Croix du Tiroir.
Place où Themis punit le vice,
Du honteux et dernier supplice.
Prens garde, contre ce poteau,
De t'aller casser le museau :

---

[1] Voyez ci-dessus, dans *Paris ridicule*, les n°˚ XL et XLI, avec les notes. « La Croix du Tiroir, ou du Tiroer, ou du Trahoir, du verbe *trahere*, dit Fr. Colletet dans son ouvrage intitulé : *La Ville de Paris*, parce que c'est le lieu patibulaire et des sùpplices. Brunehaut y fut tirée à quatre chevaux. »

Ne t'es-tu point blessé la jouë?
C'est un voleur sur une rouë,
Qu'on expose là quelque temps,
Pour servir d'exemple aux passans.
Détournons de là nostre veuë,
Et tournant dans cette grand'ruë,
Qu'on nomme de Sainct Honoré,
Sans l'un de l'autre estre égaré :

UN MAUVAIS LIEU QUE L'ON FAIT SAUTER [1].

Continuons nostre voyage
Vers un pays assez sauvage,
J'entens la Butte de Saint-Roch,
Où nous trouverons quelque escroc :
Mais d'où viennent tant de chandelles,
Dedans l'une de ces ruelles [2]?
Quel tintamarre! quel sabat!
Et comme diantre l'on s'y bat!
Ou de loin ma veuë est trompée,
Ou je croy voir tirer l'espée
A trente ou quarante bretteurs,

[1] La prostitution publique, étant seulement tolérée par l'usage et prohibée par les lois, ne rencontrait alors aucune espèce de protection de la part des gens de police. Voyez, sur ces monstrueuses violences, qu'on appelait *faire sauter un b.....*, les *Mémoires curieux sur l'histoire des mœurs et de la prostitution en France au dix-septième siècle*, par Pierre Dufour.

[2] La butte Saint-Roch était, en quelque sorte, un domaine consacré à la prostitution. Il existe encore, de nos jours, dans la rue d'Argenteuil et dans les rues voisines, de vilaines maisons, contemporaines de Colletet, qui sont et ne seront jamais que des mauvais lieux. Dans la *Desroute et l'Adieu des filles de joye*, qui parut en 1660, on lit les vers suivants :

    Adieu, Pont-Neuf, Samaritaine,
    Butte Saint-Roch, Petits-Carreaux,
    Où nous passions des jours si beaux!

Toûjours du desordre amateurs.
Sçachons, de fenestre en fenestre,
A peu près ce que ce peut estre ;
Ce n'est pas un acte cruel :
C'est qu'on fait sauter un bordel.
Déjà par la fenestre on jette
Et la paillasse et la couchette;
On oit l'un de ces obstinez,
Qui chante : « Coupez-luy le nez¹ ! »
C'est cette infame creature
Qui perdroit toute la Nature,
Et l'envoyeroit à l'hospital,
En luy communiquant son mal.
Elle se sauve, la donzelle,
Et puis une vieille avec elle,
Qui n'a que le cuir et les os,
Et pas une chemise au dos.
L'une de coups est toute noire,
L'autre saigne de la machoire,
Et toutes deux, le sein tout nu,
N'ont qu'une juppe sur le cu,
Et se sauvent échevelées
Dans les plus prochaines allées.
Cependant ces bons garnemens
Se saisissent des vestemens,
Et, sans sergent ni commissaire,
Ils font eux-mesmes l'inventaire :
L'un emporte le matelas;
L'autre, les rideaux et les draps ;
Celuy-cy prend la couverture,
Et cet autre, quelque guipure;

---

¹ C'était un ancien usage, dans le peuple de Paris, que cette horrible mutilation du nez exercée sur les femmes de mauvaise vie. Les rufiens et les hommes dépravés, qui vivaient dans les mauvais lieux, avaient un talent particulier pour faire ces exécutions, avec un jeton aiguisé, sinon avec un méchant couteau.

L'un, si peu de linge qu'elle a;
L'autre, cassette et cætera,
Brise les vitres et les portes,
Fussent-elles cent fois plus fortes
Que ne sont celles de l'Enfer,
Force son coffre avec un fer,
Et s'enrichit de vieilles nippes
Qu'avoient amassé ces guenippes [1],
Soit chez elles ou soit dehors,
Aux despens de leur chien de corps.

Que cette avanture plaisante,
Amy, me plait et me contente,
Et voudrois qu'on eust à nos yeux
Fait sauter tous les mauvais lieux!
Au moins, nostre folle jeunesse,
Qui se débauche et qui s'empresse
A voir ces infames beautez
Qui font leçon d'impuretez,
Qui corrompent les belles ames
Avec leurs impudiques flames,
N'iroit plus d'un pas diligent
Perdre son ame et son argent;
Et, par des laschetez iniques,
Jamais, dans nos places publiques,
On ne verroit plus nos cadets
Finir leurs jours sur des gibets.

Certes, les maux qui nous arrivent,
Et qui de cent graces nous privent,
Sont les suites des vanitez
Et de ces lasches voluptez :
L'une tous les thresors consomme ;

---

[1] Nom injurieux qu'on appliquait aux prostituées qui ne possédaient pas même les *nippes* qu'elles portaient sur elles.

L'autre rend beste, et corrompt l'homme,
Si, qu'ayant perdu la raison,
Loin de maintenir sa maison
Dedans un lustre raisonnable,
C'est luy qui la rend miserable.

L'espouse qu'il a rencontré,
Suit le chemin qu'il a montré :
Si c'est un fils qui le contemple,
Ce fils un jour suit son exemple :
« Vive, dit-il, les bons repas !
Mon pere ne beuvoit-il pas ?
Si j'ay de l'amour pour les dames,
N'avoit-il pas les mesmes flames?
Et comme il avoit de l'esprit,
Je suis les leçons qu'il m'apprit ! »
Avec ces infames maximes,
On mene en triomphe les crimes :
En vingt ans, vous voyez chez vous
Tout aller sens dessus dessous;
Après vostre mort, une veufve
Dedans mille embarras se treuve,
Et tous vos enfans vicieux
Mangent tout et deviennent gueux.
Profite de cette morale ;
Ne suis pas cette loy fatale,
Et quand tu seras retiré,
Vis dans ton ménage assuré;
Instruis tes enfans et ta femme,
Et songe moins au corps qu'à l'ame;
Et, t'ayant ainsi pour miroir,
Chacun sera dans son devoir.

Cependant avançons encores,
Et ne soyons pas si pecores
De nous fourer en cet endroit,

Où quelqu'un nous assommeroit :
Les valets, ainsi que les maistres,
Jettent des grais par les fenestres[1],
Et je prévoy quelque malheur,
Si ces gens font plus de rumeur;
Tel portera la folle enchere,
Qui ne s'en interesse guere,
Et, passant avec son falot,
N'aura peut-estre dit qu'un mot.
Donc, pour conserver nostre vie,
Ne hasardons rien, je te prie,
Et, sages, nous tirans à part,
Prenons ce chemin à l'escart.

UN VOISIN A QUI UNE VOISINE DONNE RENDEZ-VOUS POUR PASSER LA NUIT AVEC ELLE.

Icy l'on ne trouve personne.
Voilà déjà minuit qui sonne.
Nous n'avons plus rien à chercher,
Car le monde s'en va coucher.
Toutefois, par ce clair de lune,
Il faut encor busquer[2] fortune,
Tout s'accorde à nostre desir;
Tu t'en vas avoir du plaisir.
Prenons un peu de patience;
Que pas un de nous deux n'avance!
Ecoute ce coup de sifflet?

---

[1] Il y avait alors, dans toutes les maisons, un petit arsenal de pierres et de cailloux, qu'on gardait, suivant un ancien usage, pour s'en servir au besoin, en cas d'attaque. Ces dépôts de projectiles survécurent quelque temps à l'enlèvement des chaînes qu'on tendait dans les rues pour faire des barricades.

[2] Chercher. Scarron, dans le *Virgile travesti* :

> Æneas, vous estes un sot :
> Il faut aller busquer fortune.

Cet homme sçait bien ce qu'il fait :
Déjà je voy d'icy paroistre
Une maistresse à la fenestre,
Qui crache, tousse avec éclat,
Jette son pot plein de pissat,
Pour voir si nul ne la regarde,
D'autant qu'à tous deux il leur tarde
Qu'ils ne soient ensemble tous deux,
Pour joüer leurs beaux petits jeux.
As-tu veu de la mesme porte
Sortir un grand homme, qui porte
Une lanterne dans sa main?
Je ne juge jamais en vain :
Je le croy mary de la femme
Que cet autre inquiet reclame.
Et qui luy donne le signal
Pour faire avec elle du mal.
Ce pauvre espoux, qui n'aime qu'elle,
Croit son espouse bien fidelle ;
Et comme il est officier
(Quoiqu'il soit un peu grossier)
De quelque grand' maison voisine,
Il s'en retourne à sa lesine [1],
Après avoir, dans sa maison,
Porté quelque provision.
Cependant la jeune folatre,
De ce beau galant idolatre,
En l'absence de son espoux
Luy donne quelque rendez-vous.
Vois-tu comme il passe et repasse?
Les plaisans tours de passe passe!
Si tost qu'il apperçoit quelqu'un
Pour son dessein trop importun,
Toûjours tremblant, il se retire,

---

[1] C'est-à-dire : à l'office; à l'endroit où il ramasse son butin.

Et n'ose ny tousser ny rire;
Pour l'autre, impatiente aussi,
Tantost la voilà, la voicy;
Elle se retire, ou s'avance
Suivant la crainte ou l'esperance,
Et voudroit, pour faire un peché,
Que tout le monde fust couché;
Dès qu'elle voit une chandelle,
Je pense qu'elle est tout hors d'elle,
Dans la crainte que son mary
Ne coupe l'herbe[1] au favory.
Enfin, l'on n'entend plus personne;
Partout l'horloge une heure sonne;
Le galant revient sur ses pas :
Ils se parlent tous deux tout bas,
Elle descend, la porte s'ouvre,
Et, dans son manteau qui le couvre,
Il entre, sans faire du bruit,
Pour y passer toute la nuit.

Oh! si, par un coup d'avanture,
Le mary de la creature,
De chez son maistre revenoit,
Et qu'allant chez luy de sang froid,
Il découvrist ce beau ménage,
Que deviendroit ce personnage?
Ils croyent qu'ils ne sont pas veus,
Et nous les avons apperceus :
Regarde l'adresse des femmes,
Quand elles veulent estre infames?
Est-il finesse que Dieu fit,
Qu'elles ne mettent à profit?
Profitons de toutes ces choses!

---

[1] On dit encore proverbialement : Couper l'herbe sous le pied à quelqu'un; dans le sens de : contrarier, empêcher, déranger le projet de quelqu'un.

LE FEU QUI PREND DE NUIT A UNE MAISON

Mais ce ne sont là que des roses;
Il est bon nombre d'autres tours,
Qu'à Paris on voit tous les jours;
Et ce n'est pas fait qui commence.
Voicy quelque nouvelle danse;
C'est commencer de bon matin.
J'entens qu'on sonne le tocsin,
On crie au feu dans l'autre ruë,
Et vous diriez que l'on s'y tuë.
Promenons-nous de bout en bout?
Déjà la flame sort partout.
Ah Dieu! quel horrible spectacle!
Se peut-on sauver sans miracle?
Certes, je plains ces pauvres gens,
Qui sont enfermez là-dedans.
Considere un peu quel tumulte,
Comme chacun se culebute?
L'un courre chercher quelque sceau,
L'autre apporte déjà de l'eau,
Celuy-cy prette son eschelle,
Cet autre traisne une escabelle;
L'un, comme fol et sans raison,
Sort égaré de sa maison.
Voilà vingt femmes en chemise,
Qui seroient bien de bonne prise,
Et les hommes et les garçons,
Ne sont qu'avec leurs caleçons.
Celuy-cy va, cet autre courre,
Cet autre dans le feu se foure;
Mais, parmy ce triste embarras,
Il est des gens qui ne vont pas
Pour jetter de l'eau sur la flame.
L'un ne songe dedans son ame,

Qu'à s'introduire, et qu'à piper,
Tout ce qui se peut attraper,
Sous pretexte d'un bon office,
Ou de rendre quelque service;
Car, pour sauver si peu qu'on a,
On jette tout, par-cy, par-là,
Par les portes, par les fenestres.
Il n'est point ny valets ny maistres ;
Les amis et les ennemis,
Dans ce rencontre, sont amis;
On met sous les pieds toute haine,
On ne songe plus qu'à sa peine,
Et, de peur de n'avoir plus rien,
On sauve, comme on peut, son bien.
Mais surtout, ce qui m'est sensible,
C'est de voir qu'il est impossible
De tirer de petits enfans
Que l'on oit crier là-dedans,
Qui dans le feu s'ensevelissent,
Et peut-estre tout vifs rôtissent.
J'entens dire à plusieurs voisins,
Que ce grand malheur que je plains,
Et qui produit tant de fumée,
Vient d'une chandelle allumée,
Qu'une fille, auprès de son lit,
A laissé brusler cette nuit,
Et qu'elle a payé de sa vie
Cette negligente folie,
Puisque, la premiere en ce lieu,
Elle a rendu son ame à Dieu.
Voilà ce que la negligence
De cette miserable engeance
De servantes et de valets,
Qui sechent trop tard leurs colets,
Et laissent fondre leur chandelle,
Cause, par la moindre étincelle;

L'une aura le cerveau si dur,
Qu'elle la mettra contre un mur,
Sans prévoir, que, tombant à terre,
La flame luy fera la guerre;
L'autre, sujette à s'endormir,
A baailler, s'estendre et gemir,
A tomber le nez sur la table,
Renversera, la miserable,
La chandelle et le chandelier,
Peut-estre sur un tablier,
Sur un carreau, sur une chaise,
Où le feu prendra tout à l'aise,
Et s'attachera vivement
Aux solives du bastiment;
De l'un, la flame passe à l'autre,
Et, fut-on le meilleur apostre,
On craint toùjours d'estre haslé,
Et plus encor d'estre bruslé.
Tout un quartier est en déroute :
On ne sçait choisir quelle route;
Et tel pense esquiver le feu,
Qui se va jetter au milieu;
Celuy-cy craint pour son ménage;
Cet autre, pour son parentage;
L'un songe à sauver son argent,
De peur qu'il ne soit indigent :
Enfin, l'on craint que tel esclandre
Ne reduise un quartier en cendre,
Ainsi qu'on a veu quelquefois,
Sans qu'à ce feu l'on mit du bois;
On sçait que des villes entieres
N'ont esté que des cimetieres,
Par ces horribles accidens,
Qui guerissent du mal de dents,
Et c'est pourquoy l'on apprehende,
Et c'est pourquoy chacun demande :

« D'où vient le feu? Chez quel voisin? »
Pour courir et l'esteindre, enfin,
Pour rompre maisons et fenestres,
Toits de plomb et chevrons de hestres,
Tuilles, ardoises et plastras,
Pour que le feu n'avance pas.

CRIEURS D'EAU-DE-VIE.

Mais escoute un peu, je te prie :
J'entens les crieurs d'eau-de-vie[1],
Et je croy, raillerie à part,
Cher amy, qu'il est déjà tard :
Voilà les cloches qui résonnent,
Et voilà trois heures qui sonnent;
On va commencer, en tout lieu,
Le service de nostre Dieu.
Cependant, au coin de ces ruës,
Mesme à toutes les avenuës
De ces grands quartiers si peuplez,
Les rangs de gens y sont triplez :
Vois-tu comme chacun s'y presse,
Et la jeunesse et la vieillesse,
Afin de boire de cette eau
Qui brusle estomach et cerveau?
Ris, de voir ces tasses rangées,
Et ces fioles de dragées,
Ces bouteilles et ces flacons,
Et ces verres à petits fonds,
Ces tables propres et couvertes
Que l'on orne de branches vertes,
De tapis et de linges blancs,

---

[1] C'est encore à trois ou quatre heures du matin que s'ouvrent les *débits de consolation*; c'est par le petit verre d'eau-de-vie que les gens du peuple commencent leur journée de travail.

Afin d'attirer les passans;
Tous ces vendeurs ont leur methode,
Et chacun invite à sa mode :
« Çà, chalans, dira celuy-cy;
Approchez, venez boire icy?
Voilà de si bonne eau-de-vie,
Pour noyer la melancolie,
Mesme pour réjoüir le cœur,
Qu'il ne se peut rien de meilleur ! »
L'autre, qui court de rüe en rüe,
Avec sa lanterne menüe,
Portant sa boutique à son col
Pendüe avecque son licol,
S'en va frappant de porte en porte,
Suivy de son chien pour escorte,
Et reveille les artisans
Avecque ses discours plaisans
(Que l'on croit des mots de grimoire) :
« Vi, vi, vi, vi, à boire, à boire !
Excellent petit cabaret,
Remply de blanc et de clairet,
De Rossolis, de Malvoisie,
Pour qui n'aime point l'eau-de-vie ! »
Tels à peu près sont les discours
Que ces gens tiennent tous les jours,
Qui, nous entrant dans les oreilles,
Changent nostre sommeil en veilles.

LES PATICIERS.

Le bruit que font les Paticiers,
J'entens ces petits officiers
Qui portent pastez à douzaine,
Et qui vont criant à voix pleine :
Petits pastez chauds et boüillans!
Reveille bien des sommeillans.

LES AVEUGLES,

Item, ceux qui n'ont point de veüe,
Qui campent au coin d'une rüe,
Ces aveugles qui d'un haut ton,
Frappant leurs boëtes du baston,
Prosnent le Sainct à pleine teste,
Dont ce jour-là l'on fait la feste.
L'un dit : « Messieurs, n'oubliez pas
Un pauvre homme qui ne voit pas ! »
Et l'autre, afin qu'on s'en souvienne,
Dit l'oraison et dit l'antienne,
Ou de la Sainte ou du Patron,
Auquel on a devotion.
Surtout, ce qui le monde trouble,
C'est le tac tac qu'il fait d'un double,
Depuis trois heures du matin,
Contre le cu de son bassin :
De mon temps, je sçay bien un homme
(Qu'il n'est pas besoin que je nomme),
Qui d'un lieu sortit avec soin,
Car sa maison faisoit le coin
D'une rüe assez grande et belle,
Où deux Aveugles sur leur selle
Le rendoient si fort estourdy,
Du matin jusques à midy,
De leurs oraisons repetées,
Et de leurs aumosnes comptées,
Qu'il ne pouvoit ny sommeiller,
Ny dans l'estude travailler.

LES BABIOLES OU FOIRES D'EGLISES [1].

Mais commençons une autre histoire,

[1] Il paraît, d'après ce passage, que la fête de chaque paroisse

Et passons, si tu m'en veux croire,
Au quartier Sainct Barthelemy [1],
Pour ne rien tenter à demy ?
C'est aujourd'huy qu'on solemnise
Le grand Patron de cette Eglise [2].
Nous n'avons plus, pour y passer,
Que cette rüe à traverser.
Vois-tu déjà des babioles,
Et mille sottises frivoles
Qu'on invente pour les enfans,
Agez de cinq, six ou sept ans,
Et des tableaux et des images,
Des chapelets pour les plus sages,
Des bouquets, du petit mestier,
Et pour Garguille, et pour Gautier,
Des Heures et des Exercices,
Du poivre blanc et des épices,
Du pain d'épice et pain mouton [3],
Qu'également je trouve bon,
Et cent autres sortes de vetilles
Pour amuser garçons et filles,
Quand les meres sont en ce lieu,
Et les y menent prier Dieu.
Ces boutiques, aux bonnes festes,
En tout temps sont toûjours si prestes,
Qu'aux places et qu'aux carrefours
Le monde les y voit toûjours.

de Paris donnait lieu à une espèce de foire qui se tenait devant l'église et qui ressemblait à nos fêtes de village.

[1] L'île de la Cité ne formait qu'un seul quartier ; ce que Colletet appelle *quartier Saint-Barthélemy* doit s'entendre des alentours de cette église qui était située vis-à-vis des Galeries du Palais, à l'endroit même où se trouve la salle de bal du Prado.

[2] La fête du saint tombe le 24 août.

[3] On nommait ainsi un petit pain mollet doré avec du jaune d'œuf et sursemé de sucre et d'anis.

LES ESTRENNES.

Surtout vers la fin de l'année,
Et lors qu'une nouvelle est née,
Il n'est point d'endroits à Paris,
Qui n'en soient doublement remplis.
Icy l'on y voit des oranges,
Dont le marchand fait des loüanges;
Là, toutes sortes d'almanachs
Enluminez de haut en bas,
Sur tous les sujets heroïques,
Et les actions magnifiques
Que mon Roy, qu'il faut respecter,
De nos jours a fait éclater [1] :
En ce lieu, on voit des tablettes
Toutes couvertes d'allumettes,
De petits pains, de harans secs,
Qu'on nomme des *harans sorets*,
De bouteilles, par cent rangées,
Que l'on a farcy de dragées
Pour estrenner petits et grands,
Et surtout les petits enfans.
Là le marchand qui songe au lucre
Vend des petits hommes de sucre,
Des charettes et des chevaux
Qui ne souffrent pas grands travaux,
Et que, sans trouver trop estrange,
Un enfant à déjeuner mange ;
Icy ce sont des Gauffriers

[1] On publiait alors tous les ans plusieurs grands almanachs illustrés, en deux feuilles, qui représentaient les principaux faits historiques de l'année précédente, dessinés et gravés par les plus habiles artistes. M. Hennin, dans sa curieuse collection d'estampes relatives à l'histoire de France, a rassemblé plus de trois cents de ces almanachs, qui étaient absolument inconnus, avant qu'il les eût, pour ainsi dire, découverts.

Avecque leurs petits foyers,
Et là, le peuple sot admire
Cent figures faites de cire,
Dont les pieds et les mains par art
Branlent sur un fil de richart [1] :
Enfin, ce ne sont que boutiques,
Non de grandes pieces antiques,
Mais de divers petits bijoux
Que l'on a pour deux ou trois sous.

COUPEUR DE BOURSE PRIS SUR LE FAIT.

Or, sans prodiguer nos paroles
A parler de ces babioles,
Choisissons icy des sujets
Qui valent mieux que ces objets.
Regarde parmy cette foule,
Un homme bien fait, qui s'écoule,
Qui porte un manteau de couleur ;
Le prendrois-tu pour un voleur ?
C'est un adroit coupeur de bourses;
Ses doigts subtils cherchent des sources,
J'entends sources d'or et d'argent
Qu'à vuider il est diligent.
Il costoye une Damoiselle
Qui porte une montre sur elle,
Et cette Damoiselle a tort
De la laisser pendre si fort.
Je ne croy pas qu'elle remporte
Ce bijou, mais qu'elle ressorte.
J'entens faire du bruit beaucoup :
Le drosle auroit-il fait son coup ?
Il en tient, il est pris sans-doute ?

[1] Pour : *fil d'archal.*

Approche de la presse, écoute?
Je voy qu'on le tient au colet;
C'est qu'on l'a pris dessus le fait.
O que j'aime cette avanture!
Il faut qu'il ait la peau bien dure,
S'il ne se ressent pas des coups,
Qu'il reçoit, par compte, de tous.
Le voilà saisi de la montre :
C'est pour luy mauvaise rencontre,
Et sans doute que son second,
Voyant que c'estoit tout de bon,
A mieux aimé plier bagage,
Que d'estre en ce lieu davantage.
Il va compter à ses consorts
Comme on luy mesure le corps,
Et Dieu sçait quelle reprimande
Il aura de ceux de sa bande,
D'ignorer le tour du mestier
Où l'on n'a jamais de quartier,
Ainsi qu'au hazart à la blanque,
Sitost que son maistre le manque.
Je t'assure que j'ay pitié
(Non pas pour la grande amitié
Que l'on porte à telles canailles)
De voir ces tristes funerailles;
Chacun le traisne comme un chien,
Et je te jure qu'il n'est rien
Que petit et grand ne luy fasse.
L'un le frappe dessus la face,
Et l'autre, sans regarder où,
Luy décharge dessus le cou,
Sur la teste et sur les espaules,
De longues et fascheuses gaules :
L'autre, de colere vaincu,
Luy donne du pied dans le cu;
Celuy-cy d'un grand foüet le cingle,

Cet autre luy fourre une épingle
(Dont il endure du tourment)
Jusques au fond du fondement.
Je pense qu'en cette rencontre
En luy-mesme il maudit la montre,
Et voudroit avoir tout entier
Fait caca dessus le mestier [1] :
Enfin, le voilà qui s'esquive,
La face plus morte que vive,
Et se sauve, dans son ennuy,
Sans regarder derriere luy :
A peine le peut-on connoistre;
De longtemps il n'ose paroistre :
Ses yeux pochez au beurre noir
De bien loin le vont faire voir;
Encor, dans cette conjoncture,
Est-il bien heureux, je t'assure,
D'avoir, malgré les coups de poing,
Sauvé le moule du pourpoint :
Cela ne leur est qu'ordinaire,
Aussi-tost qu'ils manquent à faire
Le tour que ces maudits esprits
L'un à l'autre se sont appris ;
Car, estant haïs comme peste,
Le monde couche de son reste,
Quand il les voit, sans se tromper,
Et quand il les peut attraper.

UN CHARETIER EMBOURBÉ.

Mais prends garde à toy, je te prie,
Que tu ne sois plein de boulie,
Car la crotte est liquide icy,

---

[1] C'est-à-dire : avoir abandonné depuis longtemps son métier de voleur.

Et je croy que cet endroit-cy
Est le plus sale de la ville[1] :
Au diantre soit le malhabile !
Ce ridicule Charetier,
Qui n'entend pas bien son mestier,
A si mal conduit cette roüé,
Que nous voilà couverts de bouë !
Pour le punir, il est tombé,
Et son cheval est embourbé.
A crier il se rompt la teste,
Et je plains cette pauvre beste
Qu'il assomme de mille coups,
Et que le faix creve dessous.
O Dieu ! comme il se donne au diable !
Ce coquin est bien miserable
De maltraiter cet animal,
Qu'il fait luy-mesme aller si mal :
Il tempeste, il jure, il maugrée,
Et tout icy luy desagrée ;
Si tu luy parles de sangfroid,
Il va t'envoyer tout à droit,
Et peut-estre seras-tu cause,
Si tu luy responds quelque chose,

---

[1] Colletet ne nous dit pas quel était cet endroit ; au reste, peu de temps après la publication du *Tracas de Paris*, l'administration avait pris des mesures salutaires pour le nettoyage des rues. « Dès sept heures du matin en hyver et à six heures du matin en esté, dit-il dans sa *Ville de Paris* (1679, in-12), des hommes gagez de la Ville vont par tous les quartiers sonnant une clochette qui sert d'avertissement aux bourgeois de faire nettoyer par leurs domestiques le devant de leurs maisons et portes, assembler les immondices, et tenir celles qui se font dans leurs offices, chambres et cuisines, prêtes pour les faire prendre par les boüeurs qui passent réglément une demi-heure après : ce qui fait que Paris, nonobstant la multitude prodigieuse dont il est remply, est dans une propreté qui ne luy estoit pas ordinaire autrefois, et que les maisons ne sont point sujettes ny au mauvais air ny à la corruption, que produisoient ces amas de saletez domestiques. »

Qu'il donnera cent coups de fouët
A ce cheval déjà flouët,
Qui tire et qui ne sçauroit *aye!*
Quoiqu'avecque luy l'on travaille
A le tirer de ce bourbier
Qui le fait jurer et crier;
Car, s'il ne juroit de la sorte
Par quelque demon qui l'emporte,
Le coquin croiroit, sur mon Dieu,
Ne pouvoir sortir de ce lieu ;
On devroit luy percer la langue,
Pour avoir fait cette harangue,
Car, tous, tant qu'ils sont aujourd'huy,
Ils blasphement autant que luy;
Si l'un d'eux estoit aux galeres,
Cela feroit que leurs confreres
S'empescheroient de murmurer,
Et s'abstiendroient bien de jurer.
Mais laissons ce vilain infame,
Qui donne librement son ame
Aux milliasses de demons,
Et nostre colere calmons :
Le coquin ne vaut pas la peine
Que l'on perde après luy l'haleine.
J'aurois besoin de sommeiller,
Mais il faut encore veiller ;
Il faut achever la journée,
Et suivre nostre destinée;
Eloignez du monde et du bruit,
Nous dormirons mieux cette nuit :
Car voilà deux jours, cher fidele,
Qu'avec toy je bats la semelle,
Et, toy, tu n'as pas moins que moy
Fatigué tes jambes, je croy.
Or, pour nous donner bon courage
De mettre fin à ce voyage,

Dont le recit, assez joyeux,
Divertira les curieux;
Surtout ceux qui, pour voir nos fanges,
Arrivent des pays estranges;
Teste à teste, allons déjeuner :
Dépeschons, sans plus lanterner ;
Mes boyaux font un bruit de diantre,
Et le soleil luit dans mon ventre.

LE ROY QUI PASSE AVEC SES GARDES.

Mais regardons auparavant
Ce que tu n'as pas veu souvent :
Je voy le monde qui s'amasse
Pour voir nostre grand Roy qui passe[1].
C'est un monarque si parfait!
Admire comme il est bien fait :
C'est un prince de bonne teste,
Qui se mocque de la tempeste,
Et qui, plus genereux que Mars,
Feroit la barbe aux vieux Cesars,
Aux Scipions, aux Alexandres,
S'ils n'estoient point reduits en cendres.

Que ces Gardes, à son costé,
Donnent encor de majesté;
Et ces deux rangs de Mousquetaires
A sa garde si necessaires,
Ses cent Suisses qui bravement
Marchent vestus superbement,

[1] Depuis les barricades de 1648, la cour avait complétement abandonné Paris; elle résidait tantôt à Saint-Germain-en-Laye, tantôt à Versailles, tantôt à Fontainebleau. La roi ne faisait que traverser la capitale, et, quand il y couchait, il s'arrêtait au château des Tuileries.

La halebarde sur l'espaule
(Que l'on respecte dans la Gaule);
Ces pages et valets de pié,
Dont pas un n'est estropié,
Car il faut avoir bonnes jambes
(Je n'ay point de rimes en *ambes*),
Pour courir après le beau char
De Louis, plus grand que Cesar !
Regarde encore son carosse,
Ces riches figures en bosse,
Ces chevaux lestes et fringans,
Qu'on voit prendre le frein aux dents ;
Sa suite nombreuse et charmante,
En pompeux habits éclatante,
Et ce cortege des plus beaux
De carosses et de chevaux?
Voilà comme le Roy de France
Marche dans la magnificence :
Mais c'est encor bien autrement,
Quand c'est ceremonieusement ;
Un jour il adviendra, peut-estre,
Qu'ainsi tu le verras paroistre;
Lors tu seras ravy, je croy,
De voir triompher ce grand Roy.

LES GOBELINS[1].

Cependant, cher amy, que j'aime
Pour le moins autant que moy-mesme,
Puisqu'en faisant nostre grand tour,
On est à la moitié du jour :
Las de trotter dedans la Ville,

---

[1] On désignait sous ce nom tous les champs et les marais, que traversait la petite rivière de la Bièvre ou des Gobelins, et qui n'étaient pas encore divisés en rues.

Me veux-tu croire? Faisons gille [1]
(Aussi bien le temps est fort beau)
Jusques au faux-bourg Saint-Marceau.
Je meurs d'y boire de la biere;
Va, condescens à ma priere :
Tu verras, en ces quartiers-là,
De quoy, qui te divertira.
Je voy, par ton signe de teste,
Qu'à me suivre ton ame est preste.
Allons, tu me fais grand plaisir :
Depuis six mois, c'est mon desir.
D'icy, c'est une promenade
Sur le fossé de l'Estrapade [2] :
Et, tournant au bout du rempart,
Nous descendrons vers Sainct-Medard;
De là, jusqu'à Saint-Hypolite [3],
Où de bien diner je t'invite,
Car dans ce lieu nous trouverons
Tout ce que nous souhaiterons.
Mais, en chemin faisant, regarde,
Sans t'amuser à la moutarde...

LES LISEURS DE NOUVELLES AUX PETITES BOUTIQUES DES AUGUSTINS [4].

Tous ces lecteurs de nouveautez,
Dans ces boutiques arrestez,

---

[1] Allons, avançons, gagnons du terrain.
[2] Voy. la position de ce fossé et celle du rempart, dans la Dissertation archéologique de M. Bonnardot sur les anciennes enceintes de Paris.
[3] Cette église, qui existait avant le onzième siècle, a été démolie pendant la Révolution; la rue qui porte son nom indique la place qu'elle occupait.
[4] C'est, à notre connaissance, le seul renseignement qui nous reste sur ces *petites boutiques*, dans lesquelles on allait lire les

L'un à son nez met sa lunette,
Afin de lire la Gazette,
Escrite en prose, escrite en vers [1].
Des nouvelles de l'univers.
C'est un plaisir, pour ces lectures,
De voir les diverses postures.
Parmy ces gens, en voilà deux,
Fichez tout droits comme des pieux;
D'autres rangez sous estalages,
Tout ainsi comme des images;
Ceux-là, dessus un banc pressez;
Ceux-cy, dans la porte entassez :
Car chaque boutique est si pleine,
Qu'on n'y sçauroit tenir qu'à peine.
Celuy qui lit plus promptement,
Preste à l'autre un commencement;
Un autre curieux demande
Une Gazette de Hollande [2],
Et celuy-cy, celle d'Anvers;

LA GAZETTE DE LORET.

Cet autre-là, la Lettre en vers,
Non de Loret, fils du Parnasse,

gazettes et qui sont les premiers cabinets de lecture qu'on ait vus à Paris. Elles devaient être adossées à la muraille du couvent des Augustins, le long du quai.

[1] La Gazette de Renaudot et la Gazette de Loret. Voy. la nouvelle édition de cette dernière Gazette, publiée par MM. Ravenel et de Lapelouse.

[2] On publiait en Hollande, à cette époque, un grand nombre de gazettes politiques, écrites en français, qui n'ont pas été conservées dans les bibliothèques et qui sont à peine citées dans l'histoire des journaux. On doit s'étonner que ces feuilles périodiques, très-hostiles à la France en général, arrivassent alors à Paris et fussent données en lecture publiquement; parmi elles, il faut citer les Mercures italiens de Vittorio Siri.

Mais de celuy qui tient sa place,
Et qui fait si bien aujourd'huy,
Que Loret ressuscite en luy [1].
Toutes ces choses innocentes
Sont-elles pas divertissantes?
Et n'es-tu pas bien satisfait
Du chemin que nous avons fait?
Il est vray que ta lassitude
Te donne un peu d'inquietude,
Mais une nuit de bon repos
Restablira tes petits os.
Enfilons la Porte Dauphine [2] :
L'heure presse pour la cuisine,
Et je seray bientost bandé
Pardevant l'Hostel de Condé [3].
Desjà nostre chemin s'avance,

[1] La Gazette en vers de Loret eut divers continuateurs, mais celui dont François Colletet veut parler ici n'est autre que Charles Robinet, sieur de Mayolas. « En mourant, dit M. le comte de La Borde dans les notes de son bel ouvrage intitulé le *Palais Mazarin*, Loret prit soin de donner un tuteur à sa chère gazette ; il disposa de son sceptre littéraire, comme d'un héritage, et il institua un successeur. Ch. Robinet, qui avait entrepris une continuation aux Lettres en vers, annonce la mort de Loret en 1665 et ses dernières dispositions :

>   D'ailleurs, avant son heure extresme,
>   Par un soin digne de luy-mesme,
>   Voulant avoir un successeur
>   Qui pût luy faire quelqu'honneur,
>   Il en fit avec diligence
>   Recevoir un en survivance,
>   Qui sans doute a pareillement
>   Pris ce soin moins diligemment. »

[2] Cette ancienne porte, que la plupart des historiens de Paris ont oubliée, était dans la rue Dauphine, à la hauteur de la rue Contrescarpe. La place qu'elle occupait est encore indiquée par une inscription qui rappelle sa démolition en 1673.

Le théâtre de l'Odéon a été bâti sur une partie de l'emplacement des jardins de l'hôtel de Condé. Les bâtiments de ce magnifique hôtel longeaient la rue des Fossés-Monsieur-le-Prince. (A. B.)

Pour le bonheur de nostre pance :
Voilà la Porte Sainct-Michel [1].
Jamais voyage ne fut tel.
Icy, c'est la Porte Sainct-Jacques [2] :
Je ne le sens que trop aux caques,
Qui sont dans le nouveau Marché,
Qu'à bastir on fut empesché [3].

L'ESTRAPADE.

Enfin, tu vois bien l'Estrapade [4],
Triste et douloureuse escalade
Où l'on fait monter quelquefois
Ces grands violateurs de loix,
Je parle de loix militaires
Qui sont justes et fort severes :
Item, auprès, est le gibet
Où le criminel, au colet,
Une fois pris, n'en peut descendre,
Parce qu'il a gagné le pendre.

SAINCT-MEDARD.

Mais laissons ces gibets à part,

---

[1] Cette porte, située à l'extrémité de la rue de la Harpe, à l'entrée de la place qui conserve son nom, fut abattue en 1684. Voyez les *Recherches sur les portes fortifiées*, à la suite de la savante *Dissert. archéolog. sur les anciennes enceintes de Paris*, par M. A Bonnardot (1853, in-4, fig.).

[2] Cette porte, située entre la rue de l'Estrapade et la rue Saint-Hyacinthe, a été démolie en 1684. Voy. les Recherches de M. A. Bonnardot sur les portes fortifiées de Paris.

[3] C'était le petit marché Saint-Étienne-des-Grès, au haut de la rue Saint-Jacques.

[4] Cette place, qui se nommait ainsi depuis le règne de François Ier, devait son nom au genre de supplice qu'on y infligeait aux soldats. L'estrapade (*strapata*) était une machine avec

Il vaut bien mieux voir Sainct-Medard[1] :
C'est une magnifique eglise,
Qu'avec grande raison je prise;
D'où sont beaucoup de gens de bien,
Et dont je suis paroissien[2].

LA RIVIERE DES GOBELINS[3].

Item, ce canal de riviere,
Que tu vois passer par derriere,
N'est qu'un ruisseau, mais fort malin,
Qui prend son nom de *Gobelin*[4];
Ses eaux sont de telle nature,
Qu'elles servent à la teinture,
Et tout le monde, en verité,
En connoist assez la bonté.
Mais quand ce ruisseau se deborde,
Il n'a point de misericorde,
Il bouleverse les maisons,
Il renverse murs et cloisons,
Innonde toute la campagne,

---

laquelle on enlevait en l'air le patient, qu'on laissait retomber à terre un certain nombre de fois, et tellement qu'on lui brisait souvent les os.

[1] Cette église, dont la fondation remonte au neuvième ou dixième siècle, fut reconstruite et agrandie en 1586; quoique Colletet la qualifie de *magnifique*, elle est assez laide ou du moins très-insignifiante.

[2] Fr. Colletet nous apprend qu'il demeurait sur la paroisse Saint-Médard, laquelle n'était pas très-étendue; mais il ne nous fait pas connaître la rue où était sa maison. Le voisinage des tavernes l'avait sans doute attiré dans ce quartier.

[3] Voy. ci-dessus, dans *Paris ridicule*, les strophes CXVIII et CXIX, avec les notes.

[4] Farfadet, lutin malicieux, esprit follet. On peut supposer que les gaz lumineux qui s'exhalaient la nuit des marécages de la Bièvre avaient fait croire à la présence des *gobelins* dans cet endroit-là.

Mine rocher, cave, montagne ;
Ensevelit, dedans son corps,
Des vivans, dont il fait des morts :
Ainsi qu'on a vu, ces années,
Des maisons toutes ruïnées,
Et tant de gens qui sont peris,
Qui furent veus de tout Paris [1].

LA MAISON DU ROY POUR LES TAPISSERIES ET MANUFACTURES [2].

Mais laissons cette triste veuë.
Regarde, au bout de cette ruë,
Cette grande porte que tu vois,
Qui s'ouvre et ferme tant de fois,
Et dessus laquelle on admire
Les armes du Roy nostre Sire ?
C'est où loge monsieur Lebrun [3],

[1] Voy. sur les désastres causés par les débordements de la Bièvre, le savant ouvrage de M. Maurice Champion : *Les Inondations en France depuis le sixième siècle jusqu'à nos jours* (1858, in-8). Fr. Colletet veut parler sans doute ici de la terrible inondation qui eut lieu en 1665.

[2] « L'édit de Louis XIV pour l'établissement de la manufacture de la Couronne, dit M. A. L. Lacordaire dans son intéressante Notice historique sur la manufacture des Gobelins, ne parut qu'en 1667 ; il reproduit en partie celui de Henri IV (nov. 1607). » Mais la manufacture royale était déjà constituée en 1662, puisque Colbert acquit, au nom du roi, le 6 juin 1662, l'hôtel des Gobelins, avec toutes ses dépendances sur les bords de la Bièvre.

[3] L'illustre Lebrun, premier peintre du roi, nommé, en 1663, directeur de la manufacture des meubles de la Couronne, habitait dès cette époque une maison attenant à l'hôtel des Gobelins, laquelle fut acquise, avec cet hôtel, au nom du roi, en 1662. Voy. la Notice historique de M. A. L. Lacordaire. L'abbé de Marolles, dans sa description de Paris en vers, consacre ces deux quatrains à célébrer la direction de Lebrun :

L'Hostel des Gobelins, pour les manufactures,
Est conduit par les soins de ce peintre fameux,

Cet esprit qui n'est pas commun,
Ce peintre illustre, ce grand homme
Que toute la France renomme.
C'est dans ce lieu que les beaux arts,
Triomphent dessous nostre Mars :
Icy les charmantes peintures,
Là les magnifiques sculptures
Et les cabinets¹ précieux,
Dont la beauté ravit les yeux ;
Les superbes tapisseries,
Et cent autres galanteries
Paroissent avec tant d'éclat,
Que mesme nostre Potentat
Ne passe guere de semaine,
Que toute sa cour il n'y meine.

Enfin, voicy les Gobelins,
Où regnent les excellens vins
Et les bieres delicieuses,
Pour les beuveurs et les beuveuses²,
Car il est des femmes aussi,
Qui viennent s'égayer icy.
Regarde que de lieux à boire,

    Lebrun, dont tous les traits du pinceau sont heureux,
    Et qui prescrit la loy dans les belles peintures.

    Pour tous ses grands talens le Roy l'affectionne :
    De ce lieu merveilleux il est le conducteur,
    Il en est l'econome et le seul directeur,
    Digne d'estre cheri de l'auguste Couronne.

¹ On appelait *cabinets* les meubles à tiroirs et à compartiments que nous avons nommés *secrétaires*; ils étaient souvent en marqueterie, ornés de peintures et de sculptures du plus grand prix.

² Il y avait, je crois, sous Louis XIV, dans ce quartier, des brasseries en renom et des jardins de guinguettes, d'où l'on jouissait d'une vue délicieuse. Les environs des Gobelins étaient alors, pour ainsi dire, le quartier des Porcherons de la rive gauche de la Seine. (A. B.)

Et comme icy chacun fait gloire
De s'enyvrer gaillardement,
Et de se saouler noblement!
Icy sont petits corps-de-garde,
Pour y rire avec la gaillarde;
Là sont les petits lieux d'honneur,
Où va tout le Bourgeois beuveur.
Les cabarets d'où l'on ne bouge,
C'est celuy de la Rose Rouge,
Du Lion d'or, du Mouton blanc,
Du Dauphin, où le vin est franc,
Du Juste, où Flamans et Flamandes,
Allemans avec Allemandes,
Et plusieurs autres estrangers,
S'embarquent sans aucuns dangers :
Icy l'on trouve toutes choses,
Et tout y flaire comme roses,
Les andouïlles, les cervelas,
Les poulets et les chapons gras,
Les grillades et les saucisses,
Dont le palais craint les épices,
Car, mettant le palais en feu,
On ne sçauroit boire pour peu.
Mais, sans raisonner davantage,
Pour terminer nostre voyage,
Allons, amy, nous reposer
Dans ce cabaret et causer :
Je n'en puis plus de lassitude,
Et suis mesme en inquietude
De te voir aussi las que moy.
Nous avons bien marché, ma foy,
Et l'on causera, dans le monde,
De nostre course vagabonde.
Quand nous nous serons divertis,
Quand d'icy nous serons sortis,
Tous-deux nous irons, dans la couche,

Fermer et les yeux et la bouche ;
Et si je vois à mon reveil
Qu'il fasse encore beau soleil,
Le beau temps me fera peut-estre
Une seconde fois renaistre
Le desir de te faire voir
Cent choses que tu dois sçavoir.
Et puis tu vois que nostre course
N'a point interessé ta bourse :
J'ay commencé de payer tout,
Et je veux aller jusqu'au bout,
Car ainsi qu'un amy doit faire,
Alors qu'il a le necessaire.
Si demain nous courons le jour,
Tu pourras payer à ton tour.
Cependant beuvons, je te prie ;
Ce vin me redonne la vie,
Et depuis que j'en ay gouté,
Je suis en meilleure santé.
Cependant, afin de mieux boire
Et de mieux branler la machoire,
Moy-mesme je m'en vais là bas
Faire choix de quelques bons plats ;
Je sçay comme l'on s'accommode,
Et quelle est d'icy la methode :
Quand le marché d'abord est fait,
On n'a plus l'esprit inquiet,
Et l'on ne craint plus à sa honte,
Que trop haut un écot se monte.
Boy donc, cependant que j'iray,
Et bientost je retourneray.

LES

EMBARRAS DE PARIS

SATIRE

PAR

BOILEAU DESPRÉAUX

LES
EMBARRAS DE PARIS[1]

Qui frappe l'air, bon Dieu! de ces lugubres cris?
Est-ce donc pour veiller qu'on se couche à Paris[2]?
Et quel fâcheux Demon, durant les nuits entières,
Rassemble ici les chats de toutes les gouttieres!
J'ai beau sauter du lit, plein de trouble et d'effroi;
Je pense qu'avec eux tout l'Enfer est chez moi:
L'un miaule en grondant, comme un tygre en furie;
L'autre roule sa voix comme un enfant qui crie.
Ce n'est pas tout encor. Les souris et les rats
Semblent, pour m'éveiller, s'entendre avec les chats;
Plus importuns pour moi, durant la nuit obscure,
Que jamais, en plein jour, ne fut l'abbé de Pure[3].

---

[1] Bien que les œuvres de Boileau soient dans les mains de tout le monde et quoique cette satire sur les embarras de Paris, composée en 1665, présente un grand nombre de passages imités de Juvénal, d'Horace et de Martial, nous avons cru devoir l'admettre dans un recueil spécial où sa place semble marquée à la suite du *Tracas de Paris* de François Colletet. On y retrouve d'ailleurs les mêmes tableaux rendus en meilleurs vers : en lisant ce morceau plus littéraire, mais moins riche de détails que le poëme burlesque, on est forcé de reconnaître que le grand satirique se ressouvenait des naïves et verbeuses descriptions du pauvre poëte crotté.

[2] Imitation de Juvénal, sat. III :

    Plurimus hic æger moritur vigilando.

[3] Une des victimes de Boileau. Cet abbé, bel-esprit, né à Lyon

Tout conspire à la fois à troubler mon repos ;
Et je me plains ici du moindre de mes maux,
Car à peine les coqs, commençant leur ramage,
Auront de cris aigus frappé le voisinage [1],
Qu'un affreux Serrurier, laborieux Vulcain,
Qu'éveillera bien-tost l'ardente soif du gain [2],
Avec un fer maudit, qu'à grand bruit il appreste,
De cent coups de marteau me va fendre la teste,
J'entens déjà partout les charettes courir,
Les massons travailler, les boutiques s'ouvrir :
Tandis que dans les airs mille cloches émuës,
D'un funebre concert font retentir les nuës,
Et, se meslant au bruit de la gresle et des vents,
Pour honorer les morts, font mourir les vivans.

Encor, je benirois la Bonté souveraine,
Si le Ciel à ces maux avoit borné ma peine.
Mais, si seul en mon lit je peste avec raison,
C'est encor pis vingt fois en quittant la maison.
En quelque endroit que j'aille, il faut fendre la presse [3]
D'un peuple d'importuns qui fourmillent sans cesse :
L'un me heurte d'un ais, dont je suis tout froissé ;
Je vois d'un autre coup mon chapeau renversé.

en 1630, mort à Paris en 1680, a composé des ouvrages en vers et en prose, tombés depuis dans un juste oubli.

[1] Imitation de Martial, liv. IX, épig. LXIX :

> Nondum cristati rupere silentia galli :
> Murmure jam sævo verberibusque tonas ;
> Tum grave percussis incudibus æra resultant, etc.

[2] Dans toutes les éditions publiées du vivant de l'auteur, il y avait :

> Qu'un affreux Serrurier, que le ciel en courroux,
> A fait pour mes pechez trop voisin de chez nous.

[3] Imitation de Juvénal, sat. III :

> Nobis properantibus obstat
> Unda prior, magno populus premit agmine lumbos,
> Qui sequitur : ferit hic cubito, ferit assere duo
> Aller : at hic tignum capiti incutit.

Là, d'un enterrement la funebre ordonnance [1],
D'un pas lugubre et lent, vers l'église s'avance ;
Et, plus loin, des laquais, l'un l'autre s'agaçans,
Font aboyer les chiens, et jurer les passans.
Des paveurs, en ce lieu, me bouchent le passage.
Là, je trouve une croix de funeste presage [2],
Et des couvreurs, grimpez au toit d'une maison,
En font pleuvoir l'ardoise et la tuile à foison.
Là, sur une charette une poûtre branlante [3]
Vient menaçant de loin la foule qu'elle augmente :
Six chevaux, attelez à ce fardeau pesant,
Ont peine à l'émouvoir sur le pavé glissant ;
D'un carosse en tournant il accroche une rouë,
Et du choc le renverse en un grand tas de bouë,
Quand un autre à l'instant, s'efforçant de passer,
Dans le mesme embarras se vient embarrasser.
Vingt carosses, bien-tost arrivant à la file,
Y sont en moins de rien suivis de plus de mille :
Et, pour surcroist de maux, un sort malencontreux
Conduit en cet endroit un grand troupeau de bœufs.
Chacun pretend passer : l'un mugit, l'autre jure.
Des mulets en sonnant augmentent le murmure :
Aussi-tost cent chevaux, dans la foule appelez,
De l'embarras qui croist ferment les défilez,

---

[1] Imitation d'Horace, liv. II, épît. II :

Tristia robustis luctantur funera plaustris.

[2] « C'est une chose que dans tout Paris *et pueri sciunt*, dit Boileau dans une lettre à Brossette, que les couvreurs, quand ils sont sur le toit d'une maison, laissent pendre du haut de cette maison une croix de latte, pour avertir les passans de prendre garde à eux et de passer vite ; qu'il y en a quelquefois des cinq ou six dans une même rue, et que cela n'empêche pas qu'il n'y ait souvent des gens blessez. »

[3] Imitation de Juvénal, sat. III :

. . . Modo longa coruscat
Sarrato veniente, abies, atque altera pinum
Plaustra vehunt, nutant alte populoque minantur.

Et par tout des passans enchaînant les brigades,
Au milieu de la paix font voir les barricades [1].
On n'entend que des cris poussez confusement :
Dieu, pour s'y faire ouïr, tonneroit vainement.
Moi donc, qui dois souvent en certain lieu me rendre,
Le jour déjà baissant et qui suis las d'attendre,
Ne sachant plus tantost à quel Saint me vouër,
Je me mets au hazard de me faire rouër,
Je saute vingt ruisseaux, j'esquive, je me pousse :
Guenaud sur son cheval en passant m'éclabousse [2],
Et n'osant plus paroistre en l'estat où je suis,
Sans songer où je vais, je me sauve où je puis ;
Tandis que dans un coin, en grondant, je m'essuie,
Souvent, pour m'achever, il survient une pluie.
On diroit que le Ciel, qui se fond tout en eau,
Veüille inonder ces lieux d'un deluge nouveau.
Pour traverser la ruë, au milieu de l'orage,
Un ais sur deux pavez forme un étroit passage :
Le plus hardi laquais n'y marche qu'en tremblant :
Il faut pourtant passer sur ce pont chancelant,
Et les nombreux torrents qui tombent des goutieres,
Grossissant les ruisseaux, en ont fait des rivieres.
J'y passe en trébuchant, mais, malgré l'embarras,
La frayeur de la nuit precipite mes pas.

Car, si-tost que du soir les ombres pacifiques [3]

---

[1] Allusion aux barricades de Paris, en août 1648, qui furent le commencement de la Fronde. Ces quatre derniers vers ne se trouvaient pas dans la première édition publiée en 1666.

[2] Guenaud, médecin de la reine, mort en 1667, était un des plus zélés partisans de l'antimoine. « On le voyoit souvent à cheval sur le pavé de Paris, dit Brossette, et l'on disoit ordinairement : *Guenaud et son cheval.* »

[3] Imitation de Juvénal, sat. III :

... Nam qui spoliet te.
Non deerit : clausis domibus, postquam omnis ubique
Fixa catenatæ siluit compago tabernæ,
Interdum et ferro subitus grassator agit rem, etc.

D'un double cadenas font fermer les boutiques;
Que, retiré chez lui, le paisible marchand
Va revoir ses billets, et compter son argent ;
Que dans le Marché-neuf.[1] tout est calme et tranquille,
Les voleurs à l'instant s'emparent de la ville[2].
Le bois le plus funeste et le moins frequenté
Est, au prix de Paris, un lieu de seureté.
Malheur donc à celui qu'une affaire impreveuë
Engage un peu trop tard au détour d'une ruë ;
Bien-tost quatre bandits lui serrant les costez :
« La bourse ! » Il faut se rendre ; ou bien, non, resistez,
Afin que vostre mort, de tragique memoire,
Des massacres fameux aille grossir l'histoire.
Pour moi, fermant ma porte, et cedant au sommeil[3],
Tous les jours je me couche avecque le Soleil.
Mais en ma chambre à peine ai-je éteint la lumiere,
Qu'il ne m'est plus permis de fermer la paupiere.
Des filous effrontez, d'un coup de pistolet,
Ebranlent ma fenestre et percent mon volet.
J'entens crier partout : « Au meurtre ! on m'assassine ! »
Ou : « Le feu vient de prendre à la maison voisine ! »
Tremblant, et demi mort, je me leve à ce bruit,
Et souvent sans pourpoint[4], je cours toute la nuit,
Car le feu, dont la flâme en ondes se déploie,

---

[1] Entre le pont Saint-Michel et le Petit-Pont, près de l'Hôtel-Dieu.

[2] « Les désordres que les voleurs commettoient dans Paris, dit Brossette, et le danger qu'il y-avoit à se trouver dans les rues pendant la nuit, sont décrits ici fort naïvement. En 1667, le Roi pourvut à la sûreté publique par l'établissement des lanternes, par le redoublement du Guet et de la Garde, par un règlement sur le port d'armes et contre les gens sans aveu, et par plusieurs autres sages ordonnances, dont l'exécution fut confiée à M. de La Reynie, lieutenant général de police. En peu de temps, la sûreté fut rétablie dans Paris. »

[3] Il y a dans les premières éditions :
Pour moi qu'une ombre étonne, accablé de sommeil...

[4] Brossette dit que « tout le monde en ce temps-là portoit des pourpoints. »

Fait de notre quartier une seconde Troie ;
Où maint Grec affamé, maint avide Argien,
Au travers des charbons, va piller le Troyen[1].
Enfin, sous mille crocs la maison abysmée
Entraîne aussi le feu qui se perd en fumée.
Je me retire donc, encor pasle d'effroi :
Mais le jour est venu, quand je rentre chez moi.
Je fais pour reposer un effort inutile :
Ce n'est qu'à prix d'argent qu'on dort en cette ville[2].
Il faudroit, dans l'enclos d'un vaste logement,
Avoir loin de la ruë un autre appartement.

Paris est pour un riche un pays de Cocagne[3] :
Sans sortir de la ville, il trouve la campagne :
Il peut dans son jardin, tout peuplé d'arbres verds,
Receler le printemps au milieu des hyvers,
Et foulant le parfum de ses plantes fleuries,
Aller entretenir ses douces rêveries.

Mais, moi, grâce au Destin, qui n'ai ni feu ni lieu[4],
Je me loge où je puis, et comme il plaist à Dieu.

---

[1] Allusion au sac de Troie; voy. le second livre de l'*Énéide*, de Virgile.

[2] Imitation de Juvénal, sat. III :

> Magnis opibus dormitur in urbe.

[3] Le savant Huet, évêque d'Avranches, dit que *cocagne* vient de *gogaille* : *pays de gogaille*, et, par corruption, *pays de Cocagne* ; *gogaille* vient de *gogue*, espèce de farce ou de saupiquet. Brossette rapporte qu'en Italie, sur la route de Rome à Lorette, il y a une petite contrée qu'on nomme *Cucagna*, dont la situation est très-agréable et le territoire très-fertile ; il pense que ce pourrait être là l'origine du pays de Cocagne.

[4] « Quand l'auteur composa cette satire, dit Brossette, il étoit logé dans la Cour du Palais, chez son frère aîné, Jérôme Boileau. Sa chambre étoit au-dessus du grenier, dans une espèce de guerite, au cinquième étage. »

LES CRIS DE PARIS

QUE L'ON ENTEND JOURNELLEMENT

DANS LES RUES DE LA VILLE

AVEC LA CHANSON DESDITS CRIS.
PLUS, UN BRIEF ESTAT DE LA DESPENSE QUI SE PEUT FAIRE
EN ICELLE VILLE CHAQUE JOUR, ET AUSSI CE QUE CHAQUE
PERSONNE PEUT DESPENSER.
ENSEMBLE, LES ÉGLISES, CHAPELLES ET RUES,
HOSTELS DES PRINCES, PRINCESSES ET GRANDS SEIGNEURS,
ET LES ANTIQUITEZ DE LA VILLE, CITÉ ET UNIVERSITÉ
DE PARIS, AVEC LES NOMS DES PORTES
ET FAUXBOURGS DE LA VILLE.

LES CRIS DE PARIS [1]

LA LAITIERE AU MATIN.

Au matin, pour commencement,
Je crie du lait pour les nourrices,
Pour nourrir les petits enfants,
Disant : *Ça tost, le pot, nourrices!*

---

[1] Il existe plusieurs suites gravées de ces marchands ambulants de Paris, qui annonçaient par des cris modulés l'objet de leur commerce. L'une des plus anciennes, et des plus rares à l'état complet, se compose de quarante-trois sujets gravés à l'eau-forte en 1640. On lit au bas de chaque pièce : *P. B. sc.* (peut-être Pierre Brebiette). Je citerai encore les *Cris de Paris*, en soixante sujets, dessinés par Bouchardon, de 1737 à 1743; et gravés par le comte de Caylus. Il existe, je crois, d'autres recueils du même genre gravés par Huquier fils, Duplessis-Bertaux, etc. On trouve, en outre, sur le même sujet, un grand nombre de pièces gravées isolément par des artistes graveurs de diverses époques, notamment par Abr. Bosse. (A. B.) — Quoique ces *Cris de Paris*, que nous réimprimons d'après une mauvaise édition de Troyes, faite à la fin du dix-septième siècle, aient été composés et imprimés originairement vers le milieu du seizième siècle, nous ne doutons pas qu'ils ne se fussent la plupart conservés à l'époque où la librairie troyenne en publiait de nouvelles éditions défigurées par les fautes les plus grossières et soumises à des retouches inintelligentes. On peut dire avec certitude que les Cris de Paris en 1660, étaient les mêmes qu'en 1560. Cet opuscule offre donc un véritable intérêt pour l'histoire des mœurs du vieux Paris.

LE VEILLE DES ROIS.

Quand des Rois approche la feste,
Sçachez à qui je m'embesogne ;
Je m'en vais crier : « Des couronnes,
Pour mettre aux Rois dessus leurs testes[1] ! »

LE PATISSIER.

Et, moi, pour un tas de friands,
Pour Gauthier, Guillaume et Michaud,
Tous les matins je vais crians :
Echaudez, gasteaux, pastez chaud !

LE CROCHETEUR.

Je crie : *Coterets, bourées, buches !*
Aucune fois : *Fagots, ou falourdes !*
Quand vois que point on ne me huche,
Je dis : *Achetez femmes lourdes !*

L'OUBLIEUX [2].

Et, moi, qui suis Oublieux,
Portant oublie à la saison,
Pas ne dois estre oublieux,
Car j'en suis, c'est bien la raison.

---

[1] Chez les anciens, le *roi du festin* se couronnait de fleurs. Il paraît, d'après ce passage, que le *roi de la fève*, aux festins qui avaient lieu la veille des Rois, portait également une couronne, qui rappelait ainsi un antique usage du paganisme. Voy. ci-après la Dépense de Paris en *Chapeaux de fleurs*.

[2] Voy. dans le *Traité de la Police*, par de La Mare, les règlements sur les *oublayers*. Nos ancêtres étaient très-friands d'oublies, et le métier d'oublieux est tout à fait tombé, depuis qu'il n'est plus exercé que par les marchandes de plaisir, qui crient : *Voilà le plaisir, mesdames !*

LE CHASTREUX [1].

Moi, Chastreux, je ne crie guere :
Je ne veux que jouer promptement,
Car, de crier, ne m'en chaut guere ;
Je ne veux que mon instrument.

LES ALLUMETTES.

Pour quelque peine que j'y mette,
D'enrichir je n'ai pas appris.
J'ai beau crier : *Des allumettes!*
Car ils sont de trop petit prix.

LA MASSE TACHE [2].

A la masse tâche!
A laver les bonets gras,
A profiter volontiers tâche,
Et si je ne suis pas plus gras.

SABLON D'ESTAMPES.

Sablon d'Estampes, à la mesure!
Je vous en ferai bon marché :
Çà, femmes, de moi approchez ;
Venez en querir pendant qu'il dure.

A. B. C.

*Beaux A. B. C. en parchemin,
Le premier livre des docteurs!*

---

[1] Nous avons vu encore sur le pont Neuf les écriteaux portant : Un tel *coupe chats et chiens.* Le *châtreux* n'existe plus que dans les campagnes, où il exerce son industrie sur les ânes, les chevaux, les porcs et les coqs. Ce singulier artiste est mis en scène dans les *Cent Nouvelles nouvelles* de Louis XI.

[2] Nous ne savons pas quel était ce savon à détacher, qu'on employait pour laver les bonnets gras.

Tandis que je suis en chemin,
A qui en vendrai-je un ou deux?

PIERRE NOIRE.

J'ai de la bonne pierre noire,
Pour pentoufles, souliers noircir!
Si j'avois vendu, j'irois boire;
Je ne serois plus guere ici.

ESPICIER D'ENFER [1].

Nous n'avons que faire de cry,
Entre nous, Espiciers d'enfer;
Notre vue découvre le fait:
Nous le démonstrons par escrit.

SABLON A COUVRIR LE VIN.

Je suis un pauvre homme d'Ablon :
Il y a longtemps que je viens
A Paris vendre mon sablon,
Qui sert à mettre sur les vins.

CHARBON DE BATTEAU.

Charbons de jeune bois!
Il n'est qu'à trois sols le minot!
Il est en Greve, en batteau :
Qui en voudra, le vienne voir!

CHARBON DES CHAMPS.

Charbons de jeune bois !
J'en amenai encore hier.

---

[1] Le peuple avait sans doute baptisé ainsi les épiciers ambulants, parce qu'ils vendaient du poivre, du gingembre et autres épices qui brûlent le palais.

Surtout ne crains que du gruyer [1]
Le rencontrer par où je vais.

DE LA CRAIE.

Charbons, charbons blancs !
Il y a beaucoup de personne :
La marchandise est belle et bonne ;
Baille ma charge, pour six blancs !

TERRE A LAVER.

Terre à laver ! Pour déguiser,
Je la prends à la carriere.
Qui n'en voudra se retire en arriere ;
Qui en voudra, j'en ai assez.

SEMELLES.

Semelles à mettre dans les bottes !
Elles sont bonnes pour la froidure.
Prenez en doncques tant qu'il dure ;
J'en ai ici de toutes sortes.

FINES AIGUILLES.

J'ai un cry qui est bien duisant [2],
Et est pour moi bien utile,
Amoureux et très-plaisant,
Qu'il me fait vendre mes éguilles.

NAVETS.

Quand je fus marié, rien n'avois,
Mais, Dieu merci, j'en ai pour l'heure,

---

[1] Officier chargé de la police des forêts du Domaine du roi et jugeant en première instance les délits qui s'y commettaient.
[2] Qui plaît bien, agréable.

Que j'ai gagné à mes navets :
Qui veut vivre, il faut qu'il labeure[1] !

LE MERCIER.

Eguilles et longs lacets,
Et les beaux peignes de bouis !
Regardez-les : ils sont bien faits !
Achetez : vous voyez ce que c'est.

COUVERCLES A LESCIVES.

Beaux couvercles à lescives !
De les bien faire fais mon devoir ;
Pour ce, qui en voudra avoir,
Vienne après moi et me suive ?

LE NATIER[2].

Esnates, esnates, torches à chaudieres !
J'ai encore un beau bouclier[3].
Aujourd'hui je n'en vends gueres,
Je n'en vendrai pas tant qu'hier.

LE TONNELIER.

Tinettes, tinettes, tinettes !
A beaucoup de gens sont propices,
Et si font beaucoup de services ;
Regardez : elles sont bien nettes,

LE RAMONEUR.

Ramonez vos cheminées,
Jeunes dames, du haut en bas[4] !

---

[1] Pour : *laboure*, travaille.
[2] Marchand de nattes de paille, de paillassons.
[3] Paillasson de forme ronde.
[4] Cette équivoque reparait sans cesse, avec les ramoneurs, dans les ballets de cour dansés sous Louis XIII.

Faites-moi gagner ma journée,
A bien housser : je m'y esbas!

GOUPILLONS.

Assez en a qui pillerons,
Pour estre riche tout soudain :
J'aime mieux vendre goupillons,
Et laisser là l'honneur mondain.

HOUSSOIRS.

Depuis le matin jusqu'au soir,
Contre un bon jour, c'en est la guise,
Je vais crier des houssoirs,
Qui servent à housser les églises.

CHAUDRONNIER.

Chaudronnier, chaudronnier!
Je mets la piece auprès du trou :
N'est-ce pas un gentil tour?
Un mal fait ne se peut nier.

GENEVRE.

Bourée de genevre je vends :
C'est du bois qui n'est pas commun;
Il est bon pour faire un parfum.
Si en voulez, je vous attends!

MANEQUINS [1].

Deux manequins pour un liard!
Ils servent bien à la maison :
Je les vends en toutes saisons,
Je vous les pluvis à fiat [2].

[1] Petits paniers d'osier.
[2] C'est-à-dire : Je vous les offre de confiance. *Fiat* signifie :
Fiez-vous-y; *pluvis*, ou plutôt *pleuvis* et *plevis :* garantis, cautionne.

PEAUX DE LAPINS.

Soit pour oui ou pour nannin [1],
Quand veux parler aux chambrieres,
Je vais criant : *Peaux de lapin!*
A moi venir n'arrestez gueres?

DE L'EAU.

Qui veut de l'eau? A chacun duyt,
C'est un des quatre elemens :
On n'en vend pas à un chacun ;
Parquoi je n'en vends pas souvent.

LA MORT AUX RATS.

La mort aux Rats et aux Souris!
C'est une invention nouvelle,
Qui est assez bonne et belle
Pour prendre les rats et les souris.

BALETS.

Quand hazard est sur les balets,
Dieu sçait comme je boy à plein pot;
Il ne m'en chaut, soient beaux ou laids :
Si les vendrai-je à mon mot [2].

DU FIANT [3].

N'y a-t-il point de fiens?
S'il vous plaist d'y regarder,
Ne me faites ici tarder :
J'en ai autrefois eu ceans.

---

[1] Pour : *nenni*.
[2] C'est-à-dire : au dernier mot, sans rabais.
[3] Fumier.

FUZILS.

Qui veut acheter des fuzils,
Et bons trebuzets? Je les vends!
Je viens en ce quartier souvent;
Je les baille en sureté, les bons fuzils;
Nul ne s'en passe pour aujourd'hui,
Croyez-moi, car point je ne ments.

A CURER LES PUITS.

A curer les puits!
C'est peu de pratique,
La gaigne est petite :
Plus gagner je ne puis.

COLPORTEURS [1].

Pronostications nouvelles,
Beaux Almanachs nouveaux!
Elles sont aussi bonnes et belles,
Que ceux de maistre Jean Thibault [2].

L'ESMOLEUR.

Argent m'y faut gagner petit :
Au metier n'y a pas grande ressource,
Et mon acquest est si petit,
Que je ne puis emplir ma bourse.

---

[1] Ces colporteurs de librairie se nommaient autrefois *bisouards*.
[2] C'était un médecin, astrologue de François Ier, rival de Michel de Nostradamus, son contemporain. Nous connaissons de lui le *Thresor du remede preservatif et guerison de la peste* (Paris, 1544, in-4). On réimprimait souvent au seizième siècle ses Prognostications. Son nom était devenu proverbial. Voy. dans la *Bibl. franç.*, de La Croix du Maine, l'article de Jean Thibault.

JE CRIE DES CORPS MORTS [1].

Or dites vos patenostres,
Quand vous oyez que je sonne,
Pour honorable personne,
Qui a esté nostre frere.

CONFRAIRIE.

C'est à Marly le Chastel,
La confrairie saint Vigoût [2] !
D'y aller chacun prenne goût ;
Les pardons sont à l'autel.

NOUVELLES.

Aucune bonne certaine nouvelle :
C'est une fille jeune et belle,
Qui n'a l'âge de quinze ans,
Qui s'est égarée en dansant.

DU VIN.

C'est le gentil vin vermeil,
Aussi du gentil vin blanc,
A l'enseigne du Barillet :
La pinte n'est qu'à deux blancs.

LES PRISONNIERS.

Aux prisonniers du Palais [3] !
On dit : les mots ne sont pas laids.

---

[1] Les *crieurs de corps*, ou sonneurs des trépassés, étaient au nombre de vingt-quatre, dépendant du Châtelet de Paris.

[2] Nous ignorons quelle est cette confrérie pieuse ; au reste, chaque corps de métier avait dans son sein deux ou trois confréries, dont le siége était non-seulement dans les paroisses de Paris, mais encore dans les villages de la banlieue.

[3] On quêtait dans les rues pour les pauvres prisonniers, qui attendaient ainsi, de la charité publique, leur pitance journalière.

Aux prisonniers du Chastelet!
Qui sont en un lieu ord et laid [1].

FOUARRE [2].

Fouarre, nouveau fouarre!
C'est un cry qui est tant commun.
Je viens à Paris à grand erre [3],
Pour en vendre à un chacun.

LES MANDIANS [4].

Nous sommes Quatre Mandians,
Qui sont toûjours prêts pour prêcher,
Remontrant le vice et le peché,
Qui n'ont nos vies qu'en mandians.

DES SACS.

Des sacs! C'est pour sacer :
De vendre j'ai bon appetit,
J'en ai de grands et de petits :
Qui en voudra j'en ai assez.

L'HERBE VERTE.

A ma belle herbe, à ma belle herbe!
Pource que c'est toute gayeté;
Je ne la crie qu'en esté.
A qui vendrai-je ma grosse herbe?

LES VERRES.

Gentils verres, verres jolis,
A deux liards les verres de biere!

---

[1] Les prisons du Grand-Châtelet étaient les plus horribles de toutes. Voy. l'*Hist. de Paris*, de Dulaure, 2ᵉ édit., t. IV, p. 312.

[2] Pour : *feurre*, paille.

[3] En grande hâte, grand train.

[4] Ce sont les religieux des Quatre Ordres Mendiants, qui allaient quêtant de porte en porte.

Il me faut retourner grand erre,
En querir dans mon logis.

ANIS.

Anis fleuri, mon bel anis!
Il est bon dedans la maison,
Quand il est cueilli dans sa saison;
De bonne heure, s'en faut garnir.

LE SAVETIER.

Housse aux vieux souliers vieux!
Il est temps que je pense à boire,
(Devant que plus avant je voise)
De bon vin, fût fort ou vieux.

VIEUX DRAPEAUX.

Le vieux fer, vieux drapeaux!
C'est marchandise que j'assemble;
Si j'avois fait mon trousseau,
Nous en irons boire ensemble.

POUR LE CHEVAL.

Du foin, du foin, du foin!
C'est pour chevaux et mulets.
Je vous le dis, en verité :
D'en manger ont toûjours besoin.

SELLES DE BOIS.

A mes belles selles[1] de bois!
Ils duisent[2] en nouveau menage,
Car il faut tant de bagage,
Qu'aucuns n'en ont pas pour s'asseoir.

[1] Siéges.
[2] Plaisent, conviennent.

MAILLETS.

A sçavoir fais à un chacun,
Que j'ai de bons maillets de bois :
Je vous les crie à haute voix,
En disant : Je n'en ay plus qu'un.

LA VIANDE DE CARESME.

HARANG SORET.

Harang soret, harang de la nuit!
Je crie souvent parmi la ville ;
La marchandise est utile,
Et si je n'en vendis d'enhui [1].

CRESSON.

Pour les gens degoûtez, non malades,
J'ai de bon cresson de calier [2] :
Pour un peu leur cœur escailler,
Il n'est rien meilleur que salades.

MENUISE [3].

Menuise, douce menuise!
N'en vendrai-je à personne ?
Si elle est belle et bonne,
D'en vendre, que nul ne me nuise.

BALAINE [4].

Lard à poids, lard à poids, et balaine!
De crier je suis hors d'haleine,

---

[1] D'aujourd'hui.
[2] Ce mot nous paraît corrompu ; peut-être faut-il lire : d'*échalier*.
[3] Friture de menus poissons.
[4] On débitait dans les marchés de Paris une énorme quantité de graisse et de lard de baleine.

C'est viande de caresme :
Elle est bonne à gens qui l'aime.

SAULCE VERTE [1].

Vous faut-il point de saulce verte ?
C'est pour manger carpe et limande,
Ça, qui en veut en demande,
Tandis que mon pot est ouvert.

CHERVIS.

Carottes, chervis et panets!
C'est viande à gens de bien :
Achetez, regardez-les bien,
Je vous les pluvis beaux et nets.

OIGNONS.

Je vends oignons et eschalottes;
Que l'on crie bons apetits :
Mes acquests y sont petits,
Et si je fais petites bottes.

VERJUS.

Verjus, verd verjus!
En Caresme je crie :
Point n'y a de lie,
Je l'ai crié verjus.

PRUNEAUX.

Pruneaux de Tours, pruneaux!
Ça, qui en veut, qu'on se delivre?

---

[1] On faisait encore un grand usage de cette sauce, qui avait eu une si grande vogue dans la cuisine du moyen âge. Elle se fabriquait avec du pain blanc bouilli dans du vin aigre, avec épices.

Je vends huit tournois la livre,
Aussi bon marché que dans Tours.

GRUASLE [1].

J'ai bonne gruausée,
Pour potage et poisson :
Plus n'y a qu'une saison,
En caresme, bien le sçay.

RAISINS.

Raisins à la livre!
J'en ferai bon marché :
Qui veut approcher?
Quelles mollevres [2]!

MERLU [3].

Merlu, merlu, merlu!
En caresme bonne viande;
Car qui en veut en demande;
Que quelqu'un me porte bonheur!

POUR L'ESTÉ ET MAUVAIS TEMPS.

Mes beaux carneaux [4]!
Tout ceci, pour deux tournois :
Je crie à si haute voix,
Que j'en suis quasi toute en eaux.

CERISE.

Cerises douces, prunes de Damas!
Guignes douces en la saison :

---

[1] Gruau.
[2] Inintelligible, sans doute par altération du texte.
[3] Merluche, morue sèche.
[4] Pour : *cerneaux*.

On n'en peut faire garnison [1],
Parquoy je n'en fais point d'amas.

SALLADES.

A ma belle sallade d'Esté!
Je ne la vends qu'après diner,
Pour quelqu'un qui veut resigner [2].
Cela là fait mettre en gayeté.

RAVES.

Raves douces, raves, raves!
Je les prends dedans la neuve [3],
Je les baille à l'espreuve.
Regardez-les : qu'elles sont braves!

POIDS OU FEVES.

Les poids verds, feves de marais!
Ils se vendent bien au Lendit [4] ;
D'y vendre j'ay bon credit ;
Aller m'y faut, sans plus tarder.

ARTICHAUX.

Artichaux, artichaux!
C'est pour Monsieur et Madame,
Pour rechauffer le corps et l'ame,
Et pour avoir le cul chaud.

GRENOUILLE.

Grenouilles, grenouilles, grenouilles!
A d'autres qui ont la foire,

---

[1] Provision.
[2] Pour : *reciner*, souper,
[3] Peut-être : dans la nouveauté.
[4] La foire du Lendit s'ouvrait à Saint-Denis, au mois de juin, le lundi d'après la saint Barnabé, et durait huit jours.

Elles sont bonnes voire, voire,
Quelque chose qu'on barbouille.

FROMAGE DE BRIE.

Fromage à la livre,
Fromage de Brie !
Tant plus haut je crie,
Et moins j'en delivre.

DES HERBES.

A ma belle poirée, à mes beaux épinards,
A mes belles laictues, mon oseille,
Du persil, cerfeuille à merveille !
De ce que j'ai n'épargnez pas.

PETITS AULX.

Pigeons de marais
Donnent appetits,
A grands et petits,
Avec beurre frais.

ANGELOTS [1].

Angelots de Brie,
Des grands et petits !
D'acheter vous prie :
Ils sont d'appetits.

VINAIGRE.

Vinaigre, vinas, cendres gravelées,
Moutarde, la lie !
Que chacun de nous s'alie,
Pour aller boire à la gallée [2].

---

[1] Petits fromages.
[2] Expression proverbiale, signifiant : aller boire par troupe, par chiourme. Il y a : *galilée*, dans les éditions de Troyes.

CHASTAIGNE.

Châtaignes à rôtir, châtaignes!
Elles sont bonnes en pastez aussi,
Et font les personnes engraisser,
Croissant aux bois et aux montagnes.

POMMES.

Pommes de carpendu, carpendu!
C'est la pomme plus royale.
Je vous la vends bonne et loyale :
A qui vendrai-je le residu?

DES ŒUFS.

J'ai des œufs frais, des œufs frais!
La marchandise toujours duit;
Ils ne sont chers pour le jourd'hui,
C'est marchandise de gros frais.

MEURE.

Meure, douce meure!
Ça, qui en veut, qui en veut taster?
Qui voudra taster, se faut haster!
Je ne veux point que l'on m'amuse.

POIRES.

Poires de Dagobert!
Or ça, qui demande?
Haster me faut de vendre :
Je suis mesme de haubert [1].

AMANDES.

Assez mal vit, qui n'amande.
Bonnes femmes, où estes-vous?

---

[1] C'est-à-dire : j'appartiens à un seigneur de fief, à une terre féodale.

Amandez-vous, amandez-vous,
Amandes douces!

GRÈS A ESCURER.

Qui en veut de bon grès, du bon grès?
En voici du bon et délié!
Porter le faut aux chandeliers;
Ce sont eux qui vendent le grès.

LE CHANDELIER.

Du Chandelier la guise [1] est telle;
Il va marchant, sans dire mot,
Mais la balance, quand on l'oit,
Tout presentement on l'appelle.

CRÈME.

Je crie : *Fromage de crème!*
Pour manger avec fraisette,
Et d'autres fromages en crème,
Qui se fait chadonnette [2].

POIREAUX.

A mes beaux poireaux
Qui cuisent en eaux!
C'est du potage,
Avec du laitage.

CHOUX.

A mes beaux choux blancs!
Bons sont en vendange;
Que chacun en mange,
En beuvant du vin blanc!

---

[1] Façon, manière.
[2] Ce vers, qui n'a pas de sens, est évidemment corrompu. Il faut lire sans doute : *Pour faire la chardonnette,* cardons qui se mangeaient assaisonnés à la crème.

POIRE.

Des amas jeunes poires à deux testes,
Avec des poires de certeau [1] !
Le fruit est assez bon et beau,
Prenez-en tous en requeste?

SCELLES A CUVIER.

Soit pour Dames ou pour ancelles [2],
Depuis le mois de janvier,
Je vous ai fait de bonnes scelles,
Pour mettre dessus le cuvier.

LARDOIRES ET FAUCETS.

Par les faux d'autrui je me aide,
Mais qui me picque, je le larde ;
J'ai des lardoires et faucets ;
Achetez : regardez ce que c'est ?

DU PAIN.

Demi douzaine de pain chalant!
D'un mois n'en eustes, de l'an,
Aussi bon et de belle sorte :
Regardez? A vous m'en rapporte.

FUSEAUX.

Fuseaux de houx, fuseaux de houx!
Où estes-vous, Dames, pour filer?
J'en ai vendu, depuis le mois d'août,
Plus de cent dedans cette ville.

---

[1] Espèces de poires peu estimées.
[2] Servantes.

ESTUVES.

C'est à l'Image saint James,
Où vont ces femmes se baigner
Baigneux, aux estuves allez!
Vous y serez bien servis
De valets et de chambrieres;
De la Dame, bonne chere :
Allez tous! *Les bains sont prêts* [1] *!*

IMAGES.

Avec belles images, images,
Images pour du pain!
Achetez-les aujourd'hui,
Car je m'en vais demain.

PAIN D'ESPICES.

Pains d'Espices pour le cœur!
Dans Senlis je vais le querir.
Qui d'avoir en aura desir,
Je lui en donnerai de bon cœur.

VERRES CASSEZ.

Chambrieres, regardez-y?
Verres cassez, verres cassez!
Si en trouvez beaucoup d'amassez,
Vous me ferez un grand plaisir.

---

[1] Les étuvistes, comme au moyen âge, annonçaient, matin et soir, que les bains étaient chauds; c'étaient encore des bains de vapeur, que le peuple avait l'habitude de prendre et dont il se trouvait très-bien, à cette époque, où la ville était toujours infectée de mauvaises odeurs. Nous croyons que l'usage de ces bains cessa vers la fin du dix-septième siècle, quand les médecins prétendirent qu'ils favorisaient la propagation contagieuse des maladies de peau et des maladies vénériennes.

BEURRE FRAIS.

Beurre frais, beurre frais!
Il est bon pour la mollue [1] :
Pour afin de sauver mes frais,
Je vendis hier en cette rue.

POURPIER.

A mon beau pourpier!
Ne trouvrai-je pas quelque sire,
Pour acheter pour confire?
Tout est beau jusqu'au pied.

CONCOMBRE.

Aller me faut sous Petit-Pont [2],
En allant crier des concombres,
Pour vendre ceci et des pommes :
Quelqu'un me porte bonne rencontre!

LES BABIOLES.

Livres nouveaux [3],
Chansons, ballades et rondeaux!
Le *Passetemps* de Michaud,
La *Farce de Maumarié*,
La *Penitence des femmes
Obstinées contre leurs maris.*

---

[1] Pour : *morue.*

[2] Le Petit-Pont était, en quelque sorte, un marché permanent, avant la création du Marché-Neuf, qui en dépendait. Bonav. Des Periers, dans une de ses *Nouvelles* (LXIII), met en scène une harengère du Petit-Pont. Voy. notre édit., p. 253.

[3] Quoique nous n'ayons pas reconnu positivement les livres que le marchand annonce ici par leurs titres, nous sommes certains qu'ils ont existé et qu'ils se vendaient de la sorte au milieu du seizième siècle; ainsi, le *Passetemps*, doit être un opuscule en vers, de Pierre Michault, auteur du *Doctrinal du temps* et de la

LES MUNIERS.

Entre nous, Mûniers, nous sommes faschez,
Qu'on crie après nous, qu'avons trop dansé;
Par conclusion
C'est bien la raison.

BRIDES.

Des Brides à veaux,
Pour friants museaux!
Ça, qui en demande?
Il faut que je vende.

LES CRIS QUI ONT ESTÉ AJOUTÉ DE NOUVEAU.

LES VALETS DE GENTILLY.

A Gentilly, saint Saturnin,
Il sera mercredi la feste;
Venez, il y a du bon vin,
Pour mettre cornes en la teste [1].

LA BRIOCHE.

A ma Brioche, chalant,
Quatre pains pour un tournois!
Je gagne peu de monnoye,
Et si vais toujours parlant.

Danse aux aveugles; la *Farce du maumarié* désigne peut-être la *Complainte du trop tard marié* ou la *Consolation des mal mariez,* pièces en vers du seizième siècle; la *Pénitence des femmes* n'est autre que le *Discours joyeux de la patience des femmes obstinées contre leurs maris,* réimprimé dans la collection des *Joyeusetez* de Techener.

[1] Gentilly, de même que la plupart des localités voisines de Paris, avait une fête célèbre qui y attirait beaucoup de buveurs et d'amoureux. Cette fête de saint Saturnin, patron des fous, n'était pas déchu de ses vieux priviléges, comme on le voit dans le *Ballet de la débauche des garçons de Chevilli et des filles de Montrouge,* dansé à la cour le 9 février 1627.

BEURRE DE VANVRE.

Beurre de Vanvre! c'est du meilleur,
Quiconque entre dans Paris :
Achetez-le, Dames d'honneur,
Et ne laissez pour vos mets.

GROSEILLES.

A mes belles groseilles!
Ça, tost, mesdemoiselles,
Achetez! Que je vende!
C'est pour femmes friandes.

CHOUX GELEZ.

Choux gelez, choux gelez!
Ils sont plus tendres que rosée,
Ils sont crus parmi la poirée,
Et n'ont esté jamais greffez.

PESCHES.

Pesches de Corbeil, à la pesche!
Qu'en prend une, l'on pesche ;
Encore pesche-t-il mieux,
Celui qui en pesche deux.

PRUNES DE DAMAS.

Prunes, prunes de Damas!
On en fait de bons pruneaux,
Mais quand reviendront les nouveaux,
J'en feray plus grand amas.

FRAISE.

Fraise, fraise, douce fraise!
Approchez-vous, petites bouches :

Gardez bien qu'on ne les froisse,
Et gardez-bien qu'on ne vous touche.

CIDRE.

Du doux, du doux, pour les filles!
Pour les faire pisser roide :
Il guerit les hemoroïdes,
Quand on boit plus qu'on ne file.

RAISINS.

Raisins, raisins doux!
On les mange avec du pain.
Je mourrois plûtost de faim,
Que j'y sçusse prendre goust.

ESCARGOTS.

Escargots, des escargots!
C'est une viande au beurre,
Avec un peu de fagots;
C'est pour gens qui font le beurre.

COUTEAUX ET CIZEAUX.

Les Coûteaux de Flandre,
Cizeaux de Moulins!
Voilà des nouveaux,
Si en voulez prendre.

HARANG BLANC.

Harang blanc, harang blanc!
Il n'est pas pourri dedans,
Il n'est pas trop dessallé,
Mais il est un peu haslé.

CAMOMILLE.

Camomille est fort honneste,
A mettre au bain de ces pucelles,
Pour leur laver le cul et la teste ;
C'est une herbe la nonpareille.

CHANDELIERS ET MARTINETS.

Les Chandeliers et Martinets !
Ils servent bien pour la boutique,
A ceux qui ont de la pratique :
Il les faut toujours tenir nets.

FROMAGE D'AUVERGNE.

Fromage d'Auvergne !
Griffons[1] de montagnes
Sont ceux qui les font,
Et qui l'argent ont.

SAC DE TOILLES.

Ce sont sacs de Plaideurs,
Pour Demandeurs et Deffendeurs ;
Tenez, pour mettre vos procès,
Il faut deux sacs, sans point d'excès.

LE PALAIS.

« Qui aura trouvé un sac,
Depuis vendredi en deça,
Le raporte au Chastelet,
Aura le vin du valet[2] ! »

ŒILLETS.

A mon pot d'œillets !

---

[1] Pâtres à demi sauvages qui séjournent dans le haut des montagnes, comme les oiseaux de proie.
[2] C'est-à-dire : un pourboire, une récompense.

Il est plantureux
Pour faire bouquets
Pour les amoureux.

COULEURÉE [1].

« A ma belle couleurée tant belle !
Pour faire un jardinet,
Pour mettre le cabinet,
A la jeune Damoiselle ! »

PEIGNES.

Peignes de bouis, la mort aux poux !
C'est la santé de la teste,
Et aux enfans faire feste;
Et guerit les chats de la toux.

LA DESPENSE QUI SE FAIT PAR CHACUN AN DEDANS LA VILLE DE PARIS

A SÇAVOIR DE PLUS NECESSAIRE CALCULÉ AU PLUS JUSTE [2].

Dedans la Ville de Paris, il faut pour la nourriture de chaque jour, deux céns bœufs.

---

[1] Sorte de vigne vierge et de serpentaire, qu'on faisait grimper autour des tonnelles et des cabinets de verdure.

[2] Cette statistique n'a aucune précision; elle est rédigée tout à fait au hasard. Huit cent soixante-douze mille ménages dans l'enclos de Paris ! On n'en compterait pas le tiers aujourd'hui. On a peut-être voulu dire cent soixante-douze mille ? Une partie du texte est la copie (rajeunie par l'orthographe) du rare opuscule gothique intitulé : *Des Rues et Églises de Paris*, etc., imprimé vers 1500, dont la Bibliothèque de la Ville possède un exemplaire, et que j'ai réimprimé à la suite des *Études sur Gilles Corrozet* (1848, in-8, de 56 p.). (A. B.) — Nous réimprimons cette

Item, mille moutons par jour.

Item, mille veaux.

Item, soixante et dix mille poulets et pigeons de voleur, chaque jour.

Item, trois cens soixante muids de vin par jour, sans la biere, cervoise et cidre.

Item, cinq cens muids de bled, et faut à chacun muid douze septiers.

Item. Il faut, au septier de bled mesure de Paris, vingt neuf millions sept cens quatre vingt douze mille grains du moins.

Item. Il y a, en l'enclos des murs de Paris, huit cens soixante et douze mille menages et plus, sans les Prestres, Ecoliers et autres qui sont sans nombre.

Ceci fut nombré du temps du Roy Charles VI et Charles IX. Et furent les Ecoliers nombrez jusqu'à 30 mille.

Item. Il faut, dedans Paris, en chapeaux de fleurs, bouquets et mays verds, tant pour Nopces que Confrairies, Baptesmes, Images des Églises, Audiances de Parlement, Chambre des Comptes, Chanceleries, Generaux des Aydes, Requestes du Palais, le Tresor, Chastelet, et autres juridictions estant dans l'enclos de Paris, et aussi pour festins et banquets qui se font en l'Université, en faisant les graduez et autrement, chacun an pour quinze mille escus et plus.

Item, en obligation et offrandes de chandelles de cire et pour servir à l'Église, chacune année deux cens mille livres au moins.

Item. Il y a à Paris cinq ou six mille belles filles, sans celles des fauxbourgs.

Item, en saulce verte, cameline, moutarde et vinaigre, deux cens livres par jour.

statistique telle que nous la trouvons dans l'édition de Troyes, en nous bornant à faire quelques corrections indispensables au texte, sans y ajouter des notes.

Item, et pource qu'aucuns disent qu'en cette despense n'est point fait mention des jours maigres que l'on mange marée :

Je respons qu'il y a marée de Paris, tant de fraische que de salée et puante, de grandes rayes et de petites, et tant de maquereaux frais et sallez, sans ceux qui arrivent tous les jours, qu'il est impossible d'en sçavoir le nombre, car c'est un monde que Paris.

L'homme prudent, sage et discret,
Considerer doit, à esprit secret,
La quantité du bien de sa maison,
Pour en avoir en toute la saison.

LE CONTENU DE LA DESPENSE

QUE CHAQUE PERSONNE PEUT FAIRE PAR JOUR ET AN.

Entre vous qui voulez comprendre,
Combien que vous voulez despendre,
Aux prix de vostre revenu,
Tout est cy-dedans contenu ;
Autant par an que par journée,
La somme entiere est ordonnée.

Une pite par jour, fait par an, sept sols six deniers pite.

Une obole par jour, fait par an, quatre sols deux deniers obole.

Trois pites par jour, fait par an, vingt deux fois neuf deniers oboles.

Un denier par jour, fait par an, trente sols cinq deniers.

Deux deniers par jour, fait par an, soixante fois six deniers.

Trois deniers par jour, fait par an, quatre livres, onze sols, trois deniers.

Quatre deniers par jour, fait par an, six livres, un sol, six deniers.

Cinq deniers par jour, fait par an, sept livres, douze sols, un denier.

Six deniers par jour, fait par an, neuf livres, deux sols, six deniers.

Sept deniers par jour, fait par an, dix livres, douze sols, un denier.

Huit deniers par jour, fait par an, douze livres, trois sols, trois deniers.

Neuf deniers par jour, fait par an, treize livres, quatre sols, neuf deniers.

Dix deniers par jour, fait par an, quatorze livres, quatre sols, deux deniers.

Onze deniers par jour, fait par an, seize livres, quatre sols, sept deniers.

Douze deniers par jour, fait par an, dix huit livres cinq sols.

Deux sols par jour, fait par an, trente six livres dix sols.

Trois sols par jour, fait par an, cinquante quatre livres quinze sols.

Quatre sols par jour, fait par an, soixante treize livres.

Cinq sols par jour, fait par an, quatre-vingt-douze livres.

Six sols par jour, fait par an, cent neuf livres dix sols.

Sept sols par jour, fait par an, cent vingt sept livres.

Huit sols par jour, fait par an, cent quarante six livres.

Neuf sols par jour, fait par an, cent soixante quatre livres.

Dix sols par jour, fait par an, cent quatre vingt livres dix sols.

Onze sols par jour, fait par an, deux cens livres quinze sols.

Douze sols par jour, fait par an, deux cens dix neuf livres.

Treize sols par jour, fait par an, deux cens trente sept livres cinq sols.

Quatorze sols par jour, fait par an, deux cent cinquante cinq livres dix sols.

Quinze sols par jour, fait par an, deux cens soixante et treize livres quinze sols.

Seize sols par jour, fait par an, deux cens quatre vingt treize livres.

Dix sept sols par jour, fait par an, trois cens vingt huit livres dix sols.

Dix huit sols par jour, fait par an, trois cens vingt huit livres dix sols.

Dix neuf sols par jour, fait par an, trois cens quarante cinq livres quinze sols.

Vingt sols par jour, fait par an, trois cens soixante cinq livres.

Trente sols par jour, fait par an, cinq cens quarante sept livres dix sols.

Quarante sols par jour, fait par an, sept cens trente livres.

Cinquante sols par jour, fait par an, neuf cens douze livres douze sols.

Soixante sols par jour, fait par an, mille quatre vingt livres.

Quatre livres par jour, fait par an, mille quatre cens soixante livres.

Cinq livres par jour, fait par an, dix huit cens vingt cinq livres.

Six livres par jour, fait par an, deux mille cent trente quatre livres.

Sept livres par jour, fait par an, deux mille cinq cens cinquante cinq livres.

Huit livres par jour, fait par an, deux mille neuf cens vingt livres.

Neuf livres par jour, fait par an, deux mille deux cens cinquante livres.

Dix livres par jour, fait par an, trois mille cinq cens cinquante livres.

Vingt livres par jour, fait par an, sept mille trois cens livres.

Trente livres par jour, fait par an, dix mille neuf cens cinquante livres.

Quarante livres par jour, fait par an, quatorze mille cent livres.

Cinquante livres par jour, fait par an, dix sept mille deux cens cinquante livres.

Soixante livres par jour, fait par an, vingt mille neuf cens livres.

Quatre vingt livres par jour, fait par an, vingt neuf mille deux cens livres.

Cent livres par jour, fait par an, trente six mille cinq cens livres.

Deux cens livres par jour, fait par an, soixante et treize mille livres.

Trois cens livres par jour, fait par an, cent neuf mille cinq cens livres.

Quatre cens livres par jour, fait par an, cent quarante six mille livres.

Cinq cens livres par jour, fait par an, deux cens quatre vingt deux mille cent livres.

Six cens livres par jour, fait par an, deux cens dix neuf mille livres.

Sept cens livres par jour, fait par an, deux cens cinquante cinq mille cinq cens livres.

Huit cens livres par jour, fait par an, deux cens quatre vingt douze mille livres.

Neuf cens livres par jour, fait par an, trois cens vingt huit mille cinq cens livres.

Mille livres par jour, fait par an, trois cens soixante cinq mille livres.

Vingt sols par an, fait par jour, une obole, semipite, et la tepaiesme[1] d'une semipite.

Trente sols par an, fait par jour, un denier peu à dire.

Quarante sols par an, fait par jour, un denier, pite, et peu à dire.

Cinquante sols par an, fait par jour, un denier, obole, pite.

Soixante sols par an, fait par jour, deux deniers peu à dire.

Quatre livres par an, fait par jour, deux deniers, obole.

Cinq livres par an, fait par jour, trois deniers, pite, et peu à dire.

Six livres par an, fait par jour, quatre deniers.

Sept livres par an, fait par jour, quatre deniers et obole.

Huit livres par an, fait par jour, cinq deniers, pite.

Neuf livres par an, fait par jour, cinq deniers, obole, pite.

Dix livres par an, fait par jour, six deniers, obole.

Vingt livres par an, fait par jour, treize deniers.

Quarante livres par an, fait par jour, deux sols, deux deniers, semipite.

Quatre-vingt livres par an, fait par jour, quatre sols, quatre deniers, obole.

Cent livres par an, fait par jour, cinq sols, cinq deniers, obole, pite.

Deux cens livres par an, fait par jour, dix sols, onze deniers, obole.

Trois cens livres par an, fait par jour, seize sols, cinq deniers, pite.

Quatre cens livres par an, fait par jour, vingt sols, onze deniers.

Cinq cens livres par an, fait par jour, vingt sept sols, quatre deniers, obole, pite.

[1] Ce mot, dont nous ne comprenons pas le sens, est probablement altéré; il s'agit d'une fraction de la pite.

Six cens livres par an, fait par jour, trente-deux sols, six deniers, obole.

Sept cens livres par an, fait par jour, trente huit sols, quatre deniers, pite.

Huit cens livres par an, fait par jour, deux livres, trois sols, dix deniers.

Neuf cens livres par an, fait par jour, quarante neuf fois trois deniers, obole, pite.

Mille livres par an, fait par jour, cinquante quatre sols, six deniers, obole, pite.

Deux mille livres par an, fait par jour, cent neuf sols, sept deniers.

Trois mille livres par an, fait par jour, huit livres, un sol, quatre deniers, obole.

Quatre mille livres par an, fait par jour, dix livres, dix neuf sols, deux deniers.

Cinq mille livres par an, fait par jour, treize livres, treize sols, onze deniers, obole.

Six mille livres par an, fait par jour, dix sept livres, sept sols, neuf deniers.

Sept mille livres par an, fait par jour, dix neuf livres, trois sols, dix deniers, obole.

Huit mille livres par an, fait par jour, vingt une livres, vingt-trois sols, quatre deniers.

Neuf mille livres par an, fait par jour, vingt trois livres, douze sols, un denier, obole.

Dix mille livres par an, fait par jour, vingt huit livres, sept sols, six deniers.

Onze mille livres par an, fait par jour, trente livres, deux sols, sept deniers, obole.

Douze mille livres par an, fait par jour, trente trois livres, sept sols, six deniers.

Treize mille livres par an, fait par jour, trente cinq livres, dix sept sols, trois deniers.

Quatorze mille livres par an, fait par jour, trente huit livres, sept sols, un denier.

Quinze mille livres par an, fait par jour, quarante une livres, sept sols, six deniers, obole.

Seize mille livres par an, fait par jour, quarante sept livres, seize sols, huit deniers.

Dix sept mille livres par an, fait par jour, cinquante deux livres, six sols, cinq deniers, obole.

Dix huit mille livres par an, fait par jour, quarante neuf livres, cinq sols, trois deniers.

Dix neuf mille livres par an, fait par jour, cinquante neuf livres, un sol, obole.

Vingt mille livres par an, fait par jour, soixante dix livres, quinze sols, deux deniers.

Trente mille livres par an, fait par jour, quatre-vingts livres, trois sols, neuf deniers.

Quarante mille livres par an, fait par jour, cent neuf livres, treize sols, huit deniers.

Cinquante mille livres par an, fait par jour, cent trente six livres, dix neuf sols, sept deniers.

Soixante mille livres par an, fait par jour, deux cens quarante livres, sept sols, six deniers.

Quatre-vingt mille livres par an, fait par jour, deux cens soixante neuf livres, trois sols, un denier.

Cent mille livres par an, fait par jour, deux cens soixante douze livres, dix neuf sols, un denier.

Pour compter, l'an a trois cens soixante cinq jours,

Le denier a deux oboles.

L'obole a deux pites.

Et la pite a deux semi-pite.

NOMS DES ÉGLISES, CHAPELLES, COLLEGES ET RUES DE LA VILLE, CITÉ ET UNIVERSITÉ DE PARIS [1].

LA CITÉ.

Elle commence sur le Pont-au-Change, ès environs, finissant au Parvis Nostre-Dame.
Rue du Petit-Pont : en icelle est le Petit-Chastelet.
Le Pont-au-Change.
La Traverse du Pont.
Le Pont-aux-Marchands [2].
La rue Sainct-Leuffroy jusqu'au Grand-Chastelet.
L'église Sainct-Leuffroy [3].
La rue de la Vieille-Pelleterie.
Une ruelle descendente sur la riviere.
La rue Sainct-Barthelemy.
En icelle est l'église Sainct-Barthelemy.
La rue devant le Palais, dite la Barillerie.
Dedans le Palais est la Saincte-Chapelle.
La Chapelle-Nostre-Dame-des-Neiges, sous la Saincte-Chapelle.

---

[1] Cette nomenclature est à peu près celle qui se trouve dans différentes éditions de Corrozet, mais elle présente ici des variantes curieuses, qui témoignent des efforts qu'on a faits à diverses époques pour la rajeunir en la réimprimant : l'altération des noms de rues offre donc une sorte d'intérêt, lors même que nous n'avons pas réussi à reconnaître leur véritable origine. Au reste, on comprend que ces noms, qui n'étaient pas encore fixés par des inscriptions indicatives, se transformaient sans cesse et se corrompaient inévitablement suivant le bon plaisir du peuple de Paris.

[2] Le pont aux Marchands, ou mieux Pont *Marchant*, fut incendié en 1621 avec le pont au Change. Il remplaçait l'ancien pont aux Meuniers, et se nommait aussi pont aux Oiseaux, à cause des enseignes de ses boutiques. (A. B.)

[3] L'église Saint-Leuffroy fut démolie vers 1684, époque où furent reconstruits presque tous les bâtiments du Grand-Châtelet. (A. B.)

La chapelle Sainct-Michel.
L'église Sainct-Éloy, devant le Palais, et en la Savaterie.
Rue de la Vieille-Draperie.
En icelle sont les églises Sainct-Pierre des Assis et Saincte-Croix.
Rue de la Savaterie.
En icelle est l'église Sainct-Martial.
Rue Saincte-Croix.
Rue au Feutre[1].
Rue de la Calandre.
Saint-Germain-le-Vieil.
Le pont Sainct-Michel.
Une descente au bout du pont, sur la riviere, tout au long du Marché-Neuf, où l'on vend chair et poisson.
Rue de la Juiverie.
Rue de la Lanterne, et en icelle est Sainct-Denis-de-la-Chartre.
Rue Gervais-Laurent.
Le carrefour du Marché.
Parvis devant Nostre-Dame-de-Paris.
Une ruelle descendant du Marché Palu à la riviere de Seine.
Rue du Sablon, près de l'Hostel-Dieu, descendant en ladife riviere.
Rue Neuve-Nostre-Dame, jusqu'au Parvis.
En icelle est l'église Saincte-Genevieve-des-Ardens.
Rue des Dix-Huit.
Le Parvis Nostre-Dame.
Saint-Jean-le-Rond, dans le Parvis.
Le grand Hostel de Paris.
Rue Sainct-Christophe.
En icelle est l'église de Sainct-Christophe.
Une ruelle près la porte Nostre-Dame.
Rue des Champs-Rosiers.
Rue de la Licorne.

[1] C'est la rue au Fevre, aujourd'hui rue aux Fèves.

Rue des Canettes.
Rue de Portignan[1].
Rue des Marmouzets.
Rue Sainct-Symphorien.
Rue de Glatigny.
Rue des Hauts-Moulins.
Rue Sainct-Landry.
En icelle est l'église Sainct-Landry.
Une ruelle qui n'a qu'un pont.
Rue de la Colombe.
En icelle est la chapelle de M. l'archevêque de Paris.
La Porte [2] Sainct-Landry.
Une descente sur la riviere, des degrez.
Rue Sainct-Pierre-aux-Bœufs.
En icelle sont les églises de Sainct-Pierre-aux-Bœufs et Saincte-Marine.
Rue des Hermites.
Rue Quoquatrix.
Le cloistre Nostre-Dame, ainsi qu'il se comporte de tous costez.
Dans le cloistre est l'église Saint-Denis-du-Pas, derriere Nostre-Dame.
La chapelle des Nottaires, en la salle de Monseigneur de Paris.
Une ruelle après l'Archidiacre de Paris, descendant sur la riviere.

L'UNIVERSITÉ.

La grande rue Saint-Jacques.
En ladite rue est l'église Sainct-Estienne-d'Égrez[3].
L'église et college des freres Prescheurs, dits Jacobins.
Saint-Benoist, les Mathurins.
Sainct-Yves, Saint-Severin.

[1] Aujourd'hui rue de Perpignan.
[2] Il faut lire : le port ou l'apport.
[3] Il faut lire : rue des Grez ou des Grecs.

Le college du Plessis.
Le college de Marmoutier.
Le college de Clermont, ou des Jesuites.
Rue de la Bretonnerie.
Rue de la petite Bretonnerie.
Rue de Sainct-Estienne d'Egrez [1].
Le college de Montaigu.
Le college de Lisieux.
Rue des Cholets.
Le college du Mans, au-dessus du college des Cholets.
Rue de Rheims.
Rue Chartiere.
Rue des Cordiers.
Le college et chapelle de Clugny.
Rue de Clugny.
Rue des Poirées.
Rue de Sorbonne.
La chapelle et college de Sorbonne.
Rue du Palais-au-Terme [2], autrement des Massons.
Le cloistre Sainct-Benoist.
Rue Fromentel.
Rue de Sainct-Jean-de-Latran.
Le College-Royal.
Le college de Cambray.
Rue des Mathurins.
Rue du Foin, le college et chapelle de Maistre-Gervais-Chrestien.
Rue Bour-de-Brie [3].
Une ruelle qui va par-dessous le cloistre Sainct-Severin.
Rue des Prestres [4].

[1] Il faut lire, comme plus haut : des Grecs.
[2] C'est le palais des Thermes.
[3] Aujourd'hui rue Boutebrie.
[4] « Il y en a cinq à Paris de ce nom. La premiere devant l'église Saint-Paul, qui repond à la rue de Jouy; la seconde, proche l'église Saint-Severin; la troisieme, vis-à-vis la place Saint-

Rue des Noyers.
Rue du Plastre.
En icelle le college de Cornouaille.
Rue Sainct-Jean-de-Beauvais.
En ladite rue est le college et l'église Sainct-Jean-de-Beauvais.
Les grandes et petites Écoles des decrets.
Rue des Carmes.
En icelle est le college de Presle.
Rue des Lavandieres.
Le carrefour Sainct-Séverin.
Rue Sal-en-Bien[1].
Rue de la Huchette.
Rue de Zacharie.
Rue Berret[2], descendant sur la riviere.
Petit-Pont est derriere la Boucherie, ainsi comme il se comporte.
La place où se vend le poisson d'eau douce, descendant sur la riviere.
Rue Galande où est l'église Sainct-Blaise.
Rue Sainct-Julien-le-Pauvre.
En icelle est l'église Sainct-Julien-le-Pauvre.
Rue de la Boucherie.
Deux descentes sur la riviere.
Rue du Feutre[3].
En icelle sont les grandes Écoles des quatre Nations de France, Picardie, Normandie et Bretagne.
Rue des Rats, rue des Portes.

Estienne-du-Mont; la quatrieme, proche le cloistre Saint-Germain-de-l'Auxerrois; la cinquieme, proche la rue Ferron, fauxbourg Saint-Germain. » (*La Ville de Paris*, par Fr. Colletet.)

[1] C'est le cul-de-sac de Salembrière, jadis *Saille-en-Bien*, qui fait face au flanc septentrional de Saint-Severin. (A. B.)

[2] C'est la rue Berthe, dite par altération *Bertret*, et nommée aujourd'hui *des Trois Chandeliers*; elle fait suite à la rue Zacharie. (A. B.)

[3] Rue du Feurre; aujourd'hui rue du Fouarre.

La place Maubert, depuis le pavé jusqu'à la Croix Hermont devant les Carmes [1].

L'église et college des Carmes.

Rue Perdue.

La porte et rue Sainct-Bernard, depuis le pavé jusqu'à la Tournelle.

La rue de Bejure [2].

Le faubourg Sainct-Victor.

Audit faubourg est l'église et l'abbaye Sainct-Victor.

Rue Sainct-Victor depuis la porte jusques au coin de l'Abbaye.

L'église Notre-Dame-de-Pitié.

La grande rue Sainct-Victor, depuis la Croix-des-Carmes jusqu'à la Porte.

En ladite rue est l'église Sainct-Remy, et college du Cardinal-le-Moine.

La chapelle et college des Bons-Enfans.

Rue Sucre-Raisins [3], rue de Versailles.

Rue du Bon-Puits, rue du Paon.

Rue du Mortier [4].

Rue Sainct-Nicolas-du-Chardonnet.

Rue des Bernardins.

En icelle est l'église et college des Bernardins.

L'église de Sainct-Nicolas-du-Chardonnet.

Le mont Saincte-Genevieve.

L'église et abbaye Saincte-Genevieve et Sainct-Estienne-du-Mont.

Le college de l'*Ave-Maria.*

La chapelle et college de Navarre.

La chapelle et college de la Marche.

---

[1] « La croix des Carmes, qui a esté ostée lorsque l'on a razé la fontaine, pour la transferer à la place Maubert, » dit Colletet dans *La Ville de Paris*, publiée en 1679.

[2] C'est la rue de Bièvre.

[3] Nous ignorons quelle est cette rue.

[4] C'est la rue du Mûrier.

La chapelle et college de Laon.
Rue du Champ-Gaillard.
Rue et mont Sainct-Hilaire.
La chapelle et college des Lombards.
Le clos Pruneaux [1], ainsi qu'il se comporte.
Rue d'Écosse, rue Frementel.
Rue Charriere : en ladite rue est la chapelle et college du Mans.
Rue des Amandiers.
Le college des Grassins.
Le college d'Ablon [2], fondé par le sieur d'Ablon, conseiller au Parlement.
Rue des Sept-Voyes.
La chapelle et college de Fœnnes [3].
La chapelle et college de Reims.
La rue Bordelle.
En icelle est la chapelle et college de Tournai.
La chapelle et le college de Boncourt.
Rue Clopin, rue Traversine.
En icelle est le college des Allemans.
Rue d'Arras.
Sur les fossez, commençant à la porte Bordelle et finissant à la porte Sainct-Victor.
Rue des Puits-de-Fer, autrement des Morfondus [4].
En icelle est l'église des Peres de la Doctrine chrestienne.
Rue Neuve, le monastere des religieuses de Sainct-Thomas.
Rue Monferat, rue des Copeaux.

[1] C'est le clos Bruneau.
[2] Le collége d'Ablon n'est autre que le collége des Grassins, fondé par maître Pierre des Grassins, sieur d'Ablon.
[3] Ce collége, étant situé dans la rue des Sept-Voies, ne peut être que celui de Montaigu, que le peuple appelait le collége des *Capètes*.
[4] « La rue des Morfondus, appellée maintenant rue Neuve-Saint-Estienne, proche les Peres de la Doctrine chrestienne, vers la porte Saint-Marcel. » (Fr. Colletet, *La Ville de Paris*.)

Rue Neuve-d'Ablon, rue de l'Arbalestre.
Rue Sainct-Marcel.
En icelle est l'église Sainct-Marcel et l'église Sainct-Medard.
L'église Sainct-Martin, dans l'enclos Sainct-Marcel.
L'église Sainct-Hypolite.
L'Hostel-Dieu Sainct-Marcel, après la fausse Porte.
La rue de l'Ourque [1].
La chapelle de la Charité.
L'église et monastere des religieuses Saincte-Claire, dites Cordelieres.
L'hospital Sainct-Medard.
Rue de Bourgogne.
Rue des Chartreux.
Rue Sainct-Hypolite.
Rue d'Orleans.
Rue du Fer-de-Moulin.
Trois ruelles, d'un bout, du costé Sainct-Marceau après le pont.
Le fauxbourg Sainct-Michel.
Dans ledit fauxbourg est l'église et monastère des Chartreux.
Sur les fossez, depuis le pont Sainct-Michel, jusques à la porte Sainct-Jacques.
Rue de la Harpe.
En icelle est l'église Sainct-Cosme et Sainct-Damien.
La chapelle et college d'Harcour.
La chapelle et college du Tresorier.
La chapelle et college de Bayeux.
La chapelle et college de Seez.
La chapelle et college de Justice.
La chapelle et college de Tours.
Rue des Cordeliers.
L'église et college des Cordeliers.

---

[1] C'est la rue de l'Oursine.

La chapelle et college de Bœsi [1].
La chapelle et college de Damville devant Sainct-Cosme.
La chapelle et college de Bourgogne.
Rue de Hautefeuille.
La chapelle et college des Premonstré.
Rue Pierre-Sarrasin.
Rue Perorée [2], dite Deux-Portes.
Rue du Harrouet [3].
Rue de la Serpente, rue Pauper [4].
Une ruelle derriere Sainct-André-des-Arts.
L'église Sainct-André-des-Arts.
La chapelle et college d'Autun.
Rue de la Vieille-Boucherie [5].
Rue du Mascon.
Rue des Augustins, tout au long de la riviere depuis le pont Sainct-Michel jusqu'à la porte de Nesle.
La petite Nesle, ainsi qu'il se comporte.
En ladite rue est l'église et college des Augustins.
Rue Dauphine.
Rue d'Anjou, rue Christine.
Le pont Neuf, la Samaritaine.
La place Dauphine.
Rue Git-le-Cœur, rue de la Rindelle [6].
Rue Pavée-d'Andouilles.
Rue de l'Abbé-Sainct-Denis.
En icelle est la chapelle et college Sainct-Denis.
Rue de l'Éperon.
Rue de la maison de Reims.

[1] « Le college de Boissy, derriere Saint-André-des-Arcs, fondé par Godefroy et Estienne de Boissy, oncle et neuveu, l'an 1336. Le prieur des Chartreux en est collateur. » (Fr. Colletet, *La Ville de Paris*.)

[2] C'est la rue Percée.

[3] Nous ignorons quelle est cette rue.

[4] Sans doute la rue Poupée.

[5] C'est la rue de la Bouclerie.

[6] C'est la rue de l'Hirondelle.

Rue de la chapelle Migeon [1].
En ladite rue est la chapelle et le college Migeon [2].
Rue de l'archevêque de Rouen.
Rue des Fossez-Sainct-Germain, depuis la porte jusqu'à la riviere.
Sur les fossez Sainct-Germain, depuis le port jusqu'à la porte Sainct-Michel.
Rue de Vaugirard.
En icelle est le palais d'Orleans.
Le monastere des Carmes déchaussez.
La grande rue Sainct-Germain-des-Prez, depuis la porte, tout au long jusqu'au Pillory.
En ladite rue est l'église et l'abbaye Sainct-Germain-des-Prez.
L'église de Saint-Sulpice.
La chapelle Sainct-Pierre.
La Maladrerie, rue Neuve.
Rue des Mauvais-Garçons.
Rue de devant le Pillory.
Rue de la Visacouble [3].
Rue des Jardins, près Saint-Sulpice [4].
Le fauxbourg Sainct-Jacques, depuis la porte tout au long.
Audit fauxbourg est l'église et le monastere de Nostre-Dame-des-Champs.
L'église et l'hospital de Sainct-Jean-du-Pas [5].
L'église des Peres Capucins.
Le monastere des Bernardines.
Le monastere des religieuses Nostre-Dame-de-la-Creiche.
L'église et monastere des Ursulines.

[1] Cette chapelle avait été fondée par la famille Mignon.

[2] Le collége Mignon, fondé en 1345 par l'archidiacre Jean Mignon, prit le nom de Grandmont, quand Henri III eut donné ce collége à l'abbé et aux religieux de Grandmont.

[3] On ignore quelle est cette rue.

[4] C'est aujourd'hui la rue du Pot-de-Fer.

[5] C'est Saint-Jacques-du-Haut-Pas.

Une autre église et monastere des religieuses Feuillantines.

Rue des Marionnettes.

Rue Sansonnets à la Croix [1].

Les fossez, depuis la porte Sainct-Jacques jusqu'à la porte Bordelle.

Rue des Portiers [2], sur les fossez.

Rue des Postes, depuis le coin de Tracque jusqu'à Sainct-Medard.

Rue du Puits-qui-Parle.

LA VILLE.

Le pont Nostre-Dame.

Rue de la Tannerie.

Une ruelle descendant à la riviere.

Rue des Recommandresses.

Une ruelle allant aux Chambres de maistre Hugues.

Une autre ruelle descendant à la riviere.

Rue et planche Mibray.

Rue de la Venerie [3].

La place de Greve.

En ladite place est l'église de Sainct-Jean-en-Greve et celle du Sainct-Esprit.

Rue Martel-Sainct-Jean.

Rue de la Mortellerie.

En ladite rue est l'église des Haudriettes.

En icelle est l'église et monastere des religieuses de l'*Ave Maria*.

Sur la riviere, depuis la Greve tout au long jusqu'à l'hostel de Sens.

La ruelle des Haudriettes, descendant sur la riviere.

---

[1] La rue *Sansonnet-à-la-Croix* disparut lors de l'établissement des Capucins du faubourg Saint-Jacques en 1613. (A. B.)

[2] M. Bonnardot suppose que c'est la rue des Poules.

[3] C'est la rue de la Vannerie.

La ruelle au coin de la porte Dorée, descendant sur la riviere pour aller au moulin de Malivraux sur l'eau [1].
Une autre ruelle descendant sur la riviere.
Rue du Pont-au-Foin, descendant sur la riviere.
Rue Sainct-Gervais.
L'eglise Sainct-Gervais, près la porte Baudet.
L'hospital Sainct-Gervais, auprès.
Rue du Long-Pont.
Rue des Barres.
Rue Gautier-sur-l'Eau.
Rue Geoffroy-l'Asnier.
Rue Perigeuse [2].
Une autre descendante sur la riviere.
La rue Nonnains-d'Yere.
Une autre descente sur la riviere.
Rue du Figuier.
Une autre descente sur la riviere devant l'hostel de Sens.
Rue des Fauconiers.
Rue des Jardins.
Rue des Barrieres [3].
Rue Sainct-Paul : en icelle est l'église Sainct-Paul.
Une descente sur la riviere.
La rue de Joye [4].

[1] Cette ruelle, conduisant par quelques degrés de la rue de la Mortellerie au quai de la Grève, est si courte, qu'elle n'est pas nommée sur les plans où elle figure. Corrozet la cite. Elle était située entre la rue du Long-Pont et celle des Barres. Quelle était cette porte Dorée qui a donné son nom à la ruelle? Peut-être ce nom est-il le souvenir d'une ancienne porte de l'enceinte septentrionale antérieure à celle de Philippe-Auguste, enceinte qui, partant du quai de la Grève, allait joindre la première porte Baudet ou des Bagaudes, dite par corruption *Baudoyer*. Le moulin de *Malivaux* était un de ceux situés sur la Seine et appartenant aux Templiers. Ces moulins figurent sur le plan de G. Braun, représentant Paris vers 1560, et sur quelques autres plans antérieurs à Charles IX. (A. B.)

[2] C'est la rue Putigneuse, qui devint le cul-de-sac Putigno.

[3] C'est la rue des Barres, derrière Saint-Gervais.

[4] C'est la rue de Jouy.

Rue de la Petite-Liousse [1].
En ladite rue est l'église et monastere des Celestins.
Une descente sur la riviere.
La grande rue Sainct-Antoine.
En ladite rue est l'église et monastere de Saincte-Catherine-du-Val-des-Écoliers.
L'église de Sainct-Antoine-le-Petit.
La Bastille.
Rue des Tournelles.
Rue Saincte-Catherine, pour aller droit à la porte Sainct-Antoine.
Rue Royalle.
Rue Petite-Musse [2].
Rue de la Toyne [3].
Rue d'Orleans [4].
Rue Jean Beausire.
Rue des Balles [5].
Rue Percée.
Une rue devant Sainct-Antoine.
Une rue Jean Tirou.
Rue Tenant-le-Fèvre [6].
La vieille rue du Temple.
La rue du Charton [7].
Rue du Roy de Cicile.

[1] Ce n'est pas la rue du Petit-Musc, désignée plus bas sous son vrai nom ; mais, si l'église des Célestins était dans cette rue de la *Petite-Liousse*, il faudrait supposer qu'on nommait ainsi une petite rue qui conduisait à la grande porte de l'Arsenal et qui correspondait à l'entrée actuelle de la rue de Sully.

[2] On l'appelait alors rue de *Pute-y-Musse*.

[3] C'est peut-être la rue de la Reine, qui était voisine de la rue Saint-Antoine, mais dont la place n'a pas été indiquée.

[4] « La rue d'Orléans, dit la Tynna, qui n'en désigne pas la place, existait anciennement près la rue Saint-Antoine. »

[5] C'est la rue des Ballets.

[6] C'était la rue Regnault-le-Fèvre, rue très-courte allant de la place du Cimetière-Saint-Jean à la rue Saint-Antoine. (A. B.)

[7] C'est sans doute la rue des Mauvais-Garçons-Saint-Jean, qu'on nommait alors rue *Chartron*.

Rue de Mondestour.
Rue des Juifs.
Rue du Petit-Mariveau [1].
La porte Braque [2].
Rue des Roziers.
Une ruelle qui est au coin de la rue des Juifs.
La ruelle de la Bretonnerie.
En icelle est l'église et monastere des religieuses Saincte-Croix.
Rue des Blancs-Manteaux.
En icelle est l'église et monastere des religieux Blancs-Manteaux.
Rue des Cignes [3].
Rue du Puits.
Une ruelle du costé des Blancs-Manteaux.
Rue de l'Homme-Armé.
Rue du Plastre.
Rue de la chapelle de Braque.
En ladite rue est la chapelle de Braque.
Une petite ruelle devant ladite chapelle.
La rue de Paris [4].
La rue des Poufies [5].
Rue des Quatre-Fils-Aymon.
Rue du Pont-au-Foin [6].
Rue des Vaudriers [7].
La porte Baudet, ainsi qu'elle se comporte.
Le cloistre Sainct-Jean, ainsi qu'il se comporte.
Deux rues en Tisseranderie, une autre au chevet Sainct-Jean.

[1] Ancien nom de la rue Pavée au Marais. (A. B.)
[2] C'est la porte de Braque ou du Chaume.
[3] C'est la rue des Singes.
[4] On ne sait pas quelle est cette rue.
[5] Ou des Poulies; c'est l'ancien nom de la rue des Francs-Bourgeois.
[6] C'est la rue Portefoin.
[7] C'est la rue des Vieilles-Audriettes ou Haudriettes.

Une descente dedans le Sainct-Esprit, et descendant en place de Greve.
La rue du Cocq [1].
Le carrefour Guillory.
Rue du Mouton.
Rue de la Poterie.
Rue de Bruneuse [2].
Rue des Coquilles.
Rue Jean de l'Espine.
Rue de la Coustelerie.
Rue de Jean-Pain-Mollet.
Rue de la Tacherie.
Rue Sainct-Bon.
En ladite rue est l'église Sainct-Bon.
Rue de la Lanterne.
Rue des Assis.
Rue des Escrivains.
En icelle est l'église Jacques-de-la-Boucherie.
Rue des Martats [3].
Rue des Prestres.
Rue des Lombards.
Rue de Guillaume-Josse.
Rue de la Verrerie.
Rue du Renard-qui-Pesche.
Rue des Billettes.
En ladite rue est l'église et college des Billettes.
Une ruelle aboutissant de la Verrerie.

---

[1] C'est la rue Coquerie ou Coquerée, qui est devenue le cul-de-sac Coquerelle.

[2] On appelait indistinctement *rues breneuses* toutes les petites ruelles sans nom, où l'on entassait des immondices. Cette rue de *Bruneuse*, qu'on ne connaît pas, doit être une de ces rues Breneuses.

[3] C'est la rue Marivaux des Lombards, qu'on nommait souvent *Marivas*.
C'est la petite rue Marivaux.

Rue André Malet [1].
Les vieux cimetierès Sainct-Jean.
Rue Bouribourg [2].
Rue Neuve-Sainct-Mederic.
Une ruelle devant la Corne de cerf [3].
Le cloistre Sainct-Mederic.
Rue Brise-Muraille, Prin, et Brille-Ban [4].
Rue de la Baudrerie [5].
Rue de la Pierre-au-Laict.
Rue de la Fontaine-Maubué.
Rue Geoffroy-l'Angevin.
Une ruelle devant le Petit-Pont.
Rue de Beaubourg.
Rue Simon-le-Franc.
Rue de la Bloquerie [6].
Rue aux Menestriers.
Rue du Cul-de-Sac [7].
Rue des Petits-Champs.
Rue de Sainct-Julien.
Rue des Étuves-aux-Femmes.
Le carrefour et la rue du Temple.
La rue Sainct-Avoye.
L'église du Temple ou Nostre-Dame-de-Lorrette.
Rue des Bouchers.
Une ruelle près l'Échiquier.
Rue Pastourelle.

[1] C'est l'ancien nom de la rue du Coq-Saint-Jean.
[2] C'est la rue Bourtibourg.
[3] Nom d'une enseigne.
[4] Cette singulière dénomination, peut-être altérée (nous proposons de lire : *pain et brise banc*), paraît désigner deux rues voisines l'une de l'autre, la rue Brisemiche et la rue Taillepain, qui était fermée à chaque bout par une grille.
[5] C'est la rue de la Baudroyerie.
[6] C'est la rue du Poirier, qui se nommait au quatorzième siècle rue de la *Petite-Bouclerie*, et depuis de la *Baudrerie*.
[7] On ne sait quelle est cette rue.

Rue des Graviliers.
Rue du Verd-Bois.
Rue des Fontaines.
Rue du Fripaut [1].
Rue du Chapon.
Rue de la Cour-au-Vilain.
Rue du Freplion [2].
Rue aux Maries [3].
Rue Michel-le-Comte.
Rue Trousse-Nonnain.
La grande rue Sainct-Martin.
En icelle l'église Sainct-Nicolas-des-Champs.
En ladite rue est l'église et monastere de Sainct-Martin-des-Champs.
L'église Sainct-Julien-des-Menestriers.
L'église Sainct-Mederic.
Rue Guerie-Boisseau [4].
Rue de Darnetal [5].
Rue de la Plastrerie.
Rue du Petit-Heuriere [6].
Au fauxbourg Sainct-Martin est l'église de Sainct-Laurent et le monastere des religieux Recollets.
Rue Bourg-l'Abbé.
La rue du Neuveu [7].
Rue du Cimetiere-Sainct-Nicolas.
Rue de Montmorency.
Rue du Grenier-Sainct-Ladre.
La rue aux Ours.
Une ruelle derriere Sainct-Leu Sainct-Gille.
Rue de Quinquempoix.

[1] C'est un des noms primitifs de la rue Phélipeaux.
[2] C'est la rue Frépillon.
[3] C'est la rue au Maire ou Aumaire.
[4] Rue Guérin-Boisseau.
[5] C'est la rue Greneta.
[6] C'est la rue du Petit-Hurleur.
[7] Cette rue ne nous est pas connue.

Rue Barut-qui-Dort [1].
Rue Aubri-qui-Dort [2].
En icelle est l'église Sainct-Josse, qui estoit hospital, du temps que sainct Fiacre vint à Paris.
Rue des Cinq-Diamans.
Rue de Venise, Rue Humat [3].
La vieille Confrairie.
Rue de la Vieille-Monnoye.
Rue de la Vieille-Savonerie [4].
Rue Sainct-Jacques-de-la-Boucherie.
Rue du Porche-Sainct-Jacques.
Rue de la Place-aux-Veaux.
Rue de l'Escorcherie.
Rue du Pied-de-Bœuf.
Rue de la Vieille-Tannerie, descendant à l'Escorcherie.
La porte de Paris et la tour de la Boucherie.
Rue du Chat [5], devant la Boucherie, du costé de Sainct-Jacques.
La grande rue Sainct-Denis.
En icelle l'église Saincte-Opportune.
L'église et cimetiere des Saincts-Innocents.
L'église et chanoinerie du Sainct-Sepulchre.
L'église et l'abbaye Sainct-Magloire.
L'église Sainct-Leu Sainct-Gille.
L'église et l'hospital Sainct-Jacques.
L'église de la Trinité.
L'église Sainct-Sauveur.
La chapelle des Filles-Dieu, où il y a des religieuses qui donnent aux malfaiteurs la croix à baiser, et de l'eau

[1] Ce doit être la rue de Venise, dont l'ancien nom était *Bertaut-qui-Dort*; mais la rue de Venise est nommée plus loin.

[2] C'est la rue Aubry-le-Boucher.

[3] C'est la rue Ogniart, qu'on appelait autrefois rue du *Haumar*. M. Bonnardot pencherait plutôt pour reconnaître ici la rue de la Haumerie.

[4] C'est la rue de la Savonnerie.

[5] Aujourd'hui l'impasse du Chat-Blanc.

beniste, pain et vin, dont ils mangent trois morceaux quand on les mene au supplice.

Le bourg Sainct-Denis [1].

En icelle est l'église Sainct-Lazare.

Rue de la Boucherie.

Rue Pain-Gelin [2], rue d'Avignon.

Rue Jean Laurie-le-Comte [3].

Rue de la Haumerie, rue de la Tablerie [4].

Le cloistre Saincte-Opportune.

Rue des Vifs [5], rue Trousse-Vache.

Rue de la Ferronnerie.

Le cimetiere des Saincts-Innocens.

Rue de la Cossonnerie.

Rue des Pescheurs, rue du Cygne.

Rue de la Chanverrie.

La rue de la Truanderie.

La rue Pertonner [6].

La Halle au pain, Tyronner Tyronne [7].

La rue de Merderet.

Rue de la Petite-Truanderie.

Rue de Montdestour.

La rue du Mauvais-Conseil.

Le cloistre et l'hospital Sainct-Jacques.

Une rue qui traverse par dedans l'hospital de Bourgogne.

La rue du Petit-Lion.

La rue de la Salle-de-Comte.

[1] C'est la rue du Faubourg-Saint-Denis.

[2] C'est la rue Perrin-Gasselin.

[3] C'est peut-être la rue Trognon ou Tronion, qu'on nommait *Jean-le-Comte* et *Jean-Fraillon*. Cependant la rue *Jean-Lantier* est encore plus voisine de la rue Perrin-Gasselin, qui précède.

[4] C'est la rue de la Tabletterie.

[5] Ancien nom d'une rue Sainte-Catherine, détruite au dix-septième siècle pour agrandir l'hôpital Sainte-Catherine. (A. B.)

[6] C'est la rue Pirouette, qu'on nommait autrefois *Pelonnel* ou *Perronet*.

[7] Cette halle était établie sur une partie de l'ancien fief de The-rouenne, que le peuple appelait *Tironne* et *Tironnet*.

La rue du Renard.
Une ruelle près de la Trinité.
La rue Sainct-Sauveur.
Les deux Portes Tire-Boudin [1].
La rue Pavée, l'hospital de Bourgogne [2].
La rue de Repaire.
La rue de Mont-Orgueil : en icelle est l'hospital Sainct-Eustache.
La rue et porte de la comtesse d'Artois.
La porte Sainct-Eustache.
En icelle place est l'église et paroisse de Sainct-Eustache.
La rue de la Tonnellerie et de la Fromagerie.
La Halle au bled, la Halle au fruit.
En icelle est l'église et monastere des Filles repenties.
La rue du Jour, la Croix-Neuve [3] proche la porte Neuve.
La porte Cocquillerre, depuis la porte jusques sur les fossez [4].
Rue des Francs-Bourgeois.
Rue de Grenelle.
Rue des Petits-Champs.
Le cloistre Sainct-Honoré.
La ruelle des Bons-Enfans, près Sainct-Honoré.
La ruelle devant la rue Frementeau [5], en la rue Sainct-Honoré.

[1] C'est la rue des Deux-Portes, attenant à la rue Tire-Boudin, aujourd'hui Marie-Stuart.

[2] L'hôpital de Bourgogne, cité deux fois, était établi probablement dans l'hôtel de ce nom, rue Pavée-Saint-Sauveur. (A. B.) — Peut-être a-t-on mis par erreur l'*hospital*, au lieu de l'*hostel* de Bourgogne.

[3] La *Croix-Neuve*, près la Porte-Neuve. Cette croix était devant le portail de Saint-Eustache. La *Porte-Neuve* est sans doute la porte Coquillière, citée après ; mais cette désignation se rapporterait à une époque antérieure à 1530. (A. B.)

[4] Ces fossés sont ceux qui furent creusés autour de l'enceinte septentrionale de Paris sous Charles V. (A. B.)

[5] C'est la rue Froidmanteau, qui a disparu, ainsi que la plupart des petites rues voisines, pour faire place au nouveau Louvre.

La rue du Cocq, rue Beauvais.
Rue Chanfleury [1].
Rue Jean-Sainct-Denis, rue Frementeau.
Rue Sainct-Nicolas: en icelle cour est l'église et college Sainct-Nicolas-du-Louvre.
Rue Sainct-Thomas: en icelle est l'église Sainct-Thomas-du-Louvre.
L'aller depuis la Tour sur les fossez, depuis le Marché-aux-Moutons, jusqu'aux lices prés [2].
Le chasteau du Louvre.
Rue de l'Autruche [3].
En ladite rue est la chapelle de Monseigneur de Bourbon, près le chasteau du Louvre et de la chapelle du Roy dedans ledit chasteau.
La Fripperie, la Tuillerie.
Rue des Jeulx-de-Paulmes, rue des Deux-Boules.
Rue de la Ganterie.
Rue de la Toillerie-Nouvelle.
Rue de la Halle-aux-Poirées.
Rue Sous-les-Pilliers, depuis le coin de la Cossonnerie tout à l'entour.
Rue de la Lingerie.
Rue Montmartre: en icelle est l'église de Saincte-Marie-Égyptienne.
Rue des Vieux-Augustins.
Rue de la Plastrerie, rue Bieause [4].
La place aux Chats, près les Saincts-Innocens.

---

[1] C'est la rue de la Bibliothèque, qu'on nomma d'abord rue Champfleuri, parce qu'elle fut ouverte sur le terrain d'un jardin du Louvre de Charles V.

[2] Les lices du Louvre, destinées aux joutes, aux tournois et aux exercices d'équitation, étaient situées sur l'emplacement de la place du Carrousel.

[3] Ou plutôt d'Autriche; ancien nom de la rue de l'Oratoire-du-Louvre.

[4] C'est la rue Jean-de-Beausse.

Rue de Sainct-Honoré : en icelle est l'église de Sainct-Honoré et l'église des Quinze-Vingt-Aveugles.
Rue des Bourdonnois.
Rue de la Limace.
Rue des Mauvaises-Paroles, rue Betisi.
Rue des Changeurs [1].
Rue de la Gardonnerie [2].
Rue Tirechape, rue des Prouvelles [3].
Rue des Deux-Escus, rue au Four [4].
Rue de la Vieille [5].
Rue de Brehaine [6] et Pressoirs-du-Brés [7].
Rue des Étuves, rue des Haches [8].
Rue d'Orleans, rue des Poulles [9].
Rue Jean-Tiron [10].
Rue de l'Arbre-Sec.
En ladite rue est l'église Sainct-Germain-de-l'Auxerrois.
Rue Coup-de-Bâton [11].
Rue des Fossez-Sainct-Germain.
Rue Glorieuse [12], rue Bellet [13].

---

[1] M. Bonnardot croit que c'est la rue des Déchargeurs.

[2] Nous ne savons pas quelle est cette rue.

[3] C'est un des anciens noms de la rue des Prouvaires.

[4] C'est la rue du Four-Saint-Honoré.

[5] Cette ruelle a disparu lors de la démolition de l'hôtel de Soissons, sur l'emplacement duquel fut construite la Halle-au-Blé.

[6] La rue de *Behaigne* ou *Brehaigne*, c'est-à-dire Bohême, était une partie de la rue des Deux-Écus.

[7] Il faut lire : *d'Albret*, au lieu de *du Brés*, parce que l'hôtel du connétable d'Albret était situé dans la rue des Deux-Écus, à l'endroit où commençait celle de *Brehaigne*.

[8] La rue des Deux-Haches ou de la Hache était aussi une partie de la rue des Deux-Écus.

[9] Nous ne savons pas quelle est cette rue, car sa position nous empêche de reconnaître ici la rue des Poulies.

[10] C'est la rue Jean-Tison.

[11] C'est l'impasse Cour-Bâton; jadis, Cour-Bacon.

[12] On sait que la rue Baillet se nommait *Gloriette* au treizième siècle ; nous supposons que sa voisine, la rue Bailleul, est ici la rue *Glorieuse*.

[13] C'est sans doute la rue Baillet.

Une ruelle près le Tournois.
Une ruelle devant le Cloistre.
L'École Sainct-Germain.
La grande rue Sainct-Germain.
En ladite rue est la Jurisdiction temporelle de l'archeveque de Paris, nommée le For-l'Évêque.
Rue Port-au-Foin.
Rue de la Monnoye.
Une rue qui traverse par dedans la Monnoye.
En ladite traverse est la chapelle de la Monnoye.
Une ruelle près ladite Monnoye.
Rue Tribau-Oudet [1].
Rue des Étuves-aux-Femmes.
Rue Martin-Poriée.
Rue des Deux-Boulles.
Rue Jean-Lointié.
Rue des Quelonnes [2].
Une ruelle près la rue des Portes [3].
En icelle rue est la chapelle des Orfevres.
Rue des Hautes-Brieres [4].
Rue de Landrieres [5], l'Abreuvoir Pepin [6].
Une rue devant la maison où est l'enseigne des Quinze-Vingt, près l'Abreuvoir du Pepin.
Rue de la Petite-Sonnerie [7], la Vallée-de-Misere, la Vallée-du-Pied [8].

[1] C'est la rue Thibautodé.
[2] C'est la rue des Quenouilles.
[3] Cette ruelle, près la rue des Deux-Portes, se nommait alors rue de la Chapelle-aux-Orfévres; aujourd'hui, c'est la rue aux Orfévres.
[4] Nous ignorons quelle est cette rue. Peut-être est-ce celle de la Vieille-Harengerie, qu'on nommait rue *Haucherie* auparavant.
[5] C'est la rue des Lavandières.
[6] L'abreuvoir Popin.
[7] C'est la rue de Saunerie.
[8] La *Vallée de Misère* et la *Vallée du Pied*, que Corrozet nomme *Vallée de Pie*, occupaient en partie l'emplacement du quai de la Mégisserie, près du Grand-Châtelet.

Le carrefour des Boutiques-des-Poissons. Rue de la Pierre-au-Poisson[1].

La Mégisserie, tout au long de l'eau.

En la place des Marais-du-Temple, il y a à present de fort belles maisons, avec plusieurs belles et grandes rues, une place pour le marché et une boucherie, avec une fontaine dans le milieu.

> Dedans la Cité de Paris,
> Il y a des rues trente-six ;
> En le quartier de Hurepoix[2],
> Il y en a quatre-vingt et trois,
> Et au quartier de Saint-Denis,
> Trois cens, il ne s'en faut que six ;
> Comptez-les bien à vostre aise :
> Quatre cens y en a et treize[3].

---

[1] Cette rue, qui était auprès du Grand-Châtelet, a disparu, avec la Poissonnerie, lorsqu'on créa la place actuelle du Châtelet, vis-à-vis du pont au Change.

[2] C'est le quartier de l'Université, ainsi nommé parce qu'il se trouvait sur le territoire de l'Ile-de-France, dit le Hurepoix, qui s'étendait jusqu'à Chartres.

[3] Ces huit vers, qui étaient trop altérés dans l'édition de Troyes, pour que nous n'y fissions pas quelques changements nécessaires au sens, sont empruntés à un opuscule gothique, imprimé vers 1500. Ils avaient été originairement imités de ceux qui terminent le *Dit des rues*, de Guillot de Paris :

> Guillot si fait à tous sçavoir,
> Que par deça Grand Pont, pour voir,
> N'a que deux cent rues moins six ;
> Et en la Cité trente-six :
> Outre Petit Pont, quatre-vingt :
> Ce sont dix moins de seize-vingt,
> Dedans les murs, non pas dehors.
> Les autres rues ai mis hors
> De sa rime, puisqu'ils n'ont chief...

LA LONGUEUR, LA LARGEUR ET LA HAUTEUR DE LA GRANDE ÉGLISE DE PARIS.

La grande église de Paris a de long dedans l'œuvre soixante-six toises.

Item, elle a de large vingt-quatre toises.

Item, elle a de haut, dedans l'œuvre, dix-sept toises.

Item, les tours ont de hauteur trente-quatre toises, et le tout fondé sur pilotis.

LES PRINCIPALES MAISONS ET HOSTELS DES GRANDS SEIGNEURS, ÉDIFIEZ A PARIS [1].

L'hostel du Roy derriere le palais, nommé le chasteau du Louvre.
La Bastille.
Les Tournelles [2].
L'hostel de Longueville.
L'hostel de Bourbon.
L'hostel de Soissons.
L'hostel de Chevreuse.
L'hostel de Nevers.
L'hostel de Nemours.

---

[1] Cette liste fait figurer ensemble des hôtels qui n'ont jamais été contemporains et dont plusieurs n'existaient plus depuis longtemps à l'époque où elle fut réimprimée avec quelques variantes vers 1665. On trouvera la position de quelques-uns des hôtels du dix-septième siècle, dans la *Ville de Paris*, de Fr. Colletet, mauvaise compilation qui renferme pourtant quelques renseignements utiles. Au reste, comme ces hôtels changeaient de noms en changeant de propriétaires, il est bien difficile, sinon impossible, de les reconnaître à travers leurs métamorphoses.

[2] Cet hôtel royal, situé dans la rue Saint-Antoine, était détruit depuis le règne de Charles IX.

L'hostel d'Espernon.
L'hostel de Brissac.
L'hostel de Flandres.
L'hostel d'Artois, de Bourgogne.
L'hostel de la Reine.
L'hostel de Saint-Paul.
L'hostel de Graville.
L'hostel de Chiton [1].
L'hostel d'Orleans Sainct-Marceau.
L'hostel de Vendôme.
L'hostel de Baviere.
L'hostel d'Anjou.
L'hostel d'Alibert [2].
L'hostel de Lorraine.
L'hostel d'Alençon.
L'hostel d'Angoulesme.
L'hostel Roquelaure.
L'hostel de Crequy.
L'hostel de Sens, sur la rue duquel sont les armoiries, et est escrit dessous *Trissitan Estienne, archeveque de Sens*.
L'hostel de Clugny.
L'hostel de Sainct-Denis.
L'hostel d'Auxerre.
L'hostel de Laon.
L'hostel de Barbeaux.
L'hostel de Lion.
L'hostel de Feschamp.
L'hostel d'Evreux.
L'hostel de Condé.
L'hostel de Montmorency.
L'hostel de Guise.
L'hostel de Mayenne.

[1] Peut-être l'hôtel de Clisson.
[2] Peut-être l'hôtel d'Albert ou de Luynes, rue Git-le-Cœur.

L'hostel de Châlons.
L'hostel d'Orleans.
L'hostel de Clermont.
L'hostel de Beauvais.
L'hostel de Bourges.
L'hostel de Ventadour.
L'hostel de Vitry.
L'hostel de Couture [1].
L'hostel de Sainct-Chaumont.
L'hostel de Savoisi.
L'hostel des Ursins.
L'hostel des Savoniers [2].
L'hostel de Villeroy.
L'hostel de Royaumont.
L'hostel de Borsis [3].

Il y a plusieurs autres hostels en grand nombre, qui sont venus en decadence et en main d'autrui par la mutation des temps. Car anciennement il n'y avoit Prince, Seigneur, ny Prelat en France, mesmement des douze Pairs, qui n'y eust son hostel, pource que les Rois s'y tenoient ordinairement.

Il y a à present d'autres excellens bastimens faits à la romanesque, à la grecque et la moderne, dont j'en laisse les noms, pource que ce seroit chose trop longue à nombrer, et aussi, pource que l'on en édifie toujours de nouveaux, tellement qu'il semble que Paris ne sera jamais achevé.

Rue Sainct-Honoré : en ladite rue est le Palais-Cardinal.
En la rue des Petits-Champs est l'hostel du Cardinal Mazarin.
Rue Richelieu.

---

[1] L'hôtel de la Cousture, dans la rue Saint-Jacques, au-dessus du collége du Plessis-Sorbonne.

[2] C'est l'hôtel de la Savonnerie, sur le quai du Cours-la-Reine.

[3] Peut-être l'hôtel de Bussy, au faubourg Saint-Germain.

En l'isle Notre-Dame [1], est l'église Sainct-Louis.

La grande rue Sainct-Louis.

La rue qui traverse le pont Marie, et l'autre bout à la Tournelle.

Au bout du pont Marie est le Marché-aux-Veaux, proche le port au Foin.

Aux Marets du Temple : la rue Pastourelle, qui est dans la grande rue du Temple.

La rue des Deux-Boulles [2].

Sur les remparts est l'église Nostre-Dame-de-la-Creche [3].

NOMS DES PORTES DE LA VILLE DE PARIS [4].

La porte de Nesle.

La porte Dauphine.

La porte de Bussi.

La porte Sainct-Germain.

La porte Sainct-Michel.

La porte Sainct-Jacques.

La porte Sainct-Marceau, autrement dite Bordelle.

La porte Sainct-Victor.

La porte Sainct-Bernard, autrement dite la Tournelle.

La porte Sainct-Antoine.

La porte du Temple.

La porte Sainct-Martin.

La porte Sainct-Denis, porte Royalle.

La porte Montmartre.

---

[1] C'est aujourd'hui l'île Saint-Louis.

[2] C'est la rue des Boulets, qu'on a nommée d'abord rue des *Basses-Vignolles* et qui existait dès le seizième siècle.

[3] Il s'agit certainement du grand hôpital des Enfants-Trouvés, au faubourg Saint-Antoine, fondé par les soins de Marie-Thérèse d'Autriche, vers 1665.

[4] Les anciennes portes citées dans cette liste existaient encore au commencement du règne de Louis XIV. Voy. les *Dissertations archéolog.* de M. A. Bonnardot sur les anciennes enceintes de Paris (Paris, 1853, in-4, fig.).

La porte Richelieu.
La porte Sainct-Honoré.
La porte Neuve, vis-à-vis la porte Nesle.

LES PONTS DE PARIS.

Le pont Nostre-Dame.
Le pont au Change.
Le pont aux Marchands.
Le pont de l'Hostel-Dieu.
Le petit Pont.
Le pont de Tournelle.
Le pont Neuf, autrement dit des Augustins.
Le pont des Tuilleries.

LES FONTAINES.

La fontaine de la Reine.
La fontaine Sainct-Innocent.
La fontaine près le Chastelet.
La fontaine Maubué.
La fontaine du Ponceau.
La fontaine des Cinq-Diamans.
La fontaine de la Croix-du-Tirois.
La fontaine des Halles.
La fontaine de la porte Baudet.
La fontaine de la Greve.
La fontaine Sainct-Avoye.
La fontaine du Temple.
La fontaine Sainct-Julien.
La fontaine de Paradis.
La fontaine de la Barre-de-Bec.
La fontaine Sainct-Ladre.
La fontaine de Braque.
La fontaine des Tournelles.
La fontaine de Nostre-Dame.

La fontaine du Palais.
La fontaine de Sainct-Severin.
La fontaine de Sainct-Benoit.
La fontaine de devant les Carmes.
La fontaine de Saincte-Genevieve.
La fontaine de Sainct-Cosme.
La fontaine de la porte Sainct-Michel.

LES FAUXBOURGS DE PARIS.

Le fauxbourg Sainct-Germain.
Le fauxbourg Sainct-Michel.
Les fauxbourgs Sainct-Jacques.
Le fauxbourg Sainct-Marceau.
Le fauxbourg Sainct-Victor.
Le fauxbourg Sainct-Antoine.
En icelui fauxbourg est l'église des religieux de Sainct-Antoine.
Le fauxbourg Sainct-Martin.
Le fauxbourg Sainct-Denis.
Le fauxbourg Montmartre.
Le fauxbourg Sainct-Honoré.
En icelui fauxbourg est l'église Sainct-Roch.
Audit fauxbourg est l'église des Peres-Capucins.
L'église et monastere des Religieux-Feuillans.
Une autre église et monastere des Jacobins-Reformez.

LE TOUR DE LA VILLE DE PARIS [1].

Pour sçavoir le long de Paris,
Par où j'ay maintes fois esté,

[1] Cette pièce de vers et la suivante sont des réimpressions modernisées et altérées, d'après l'opuscule gothique publié vers 1520 sous le titre des *Rues de Paris*, etc. Nous les donnons telles qu'elles se trouvent dans l'édition de Troyes, en corrigeant seulement quelques mots et quelques rimes, mais sans les accompagner de notes.

Je vous en diray mon avis,
Pendant que je suis en santé ;
Je l'ay fait par joyeuseté,
Par maniere de passetemps,
Comme après sera recité,
Au vrai, ainsi que je l'entens.

Je partis un jour après Pasques,
En esté, qu'il estoit matin,
Dessous la porte Sainct-Jacques,
Après que j'eus bu un rantin [1] :
Jusques à la porte Sainct-Martin,
Ay par moy conté, en un tas,
Quatre mille cinq cens pour fin,
Avec douze de mes pas.

Puis m'en allay à Sainct-Germain,
Où est assise la Tour de Nesle,
Où rencontray en mon chemin
Une très belle Damoiselle :
Je crois bien qu'elle estoit pucelle,
J'avois de la voir grand plaisir,
Et là trouvay, pas ne le cele,
Quatre mille neuf cens, sans faillir.

Ce jour devant j'ay devisé
Plus jusqu'à la Tour Sainct-Bernard :
Quand j'eus bien autour avisé,
Le lendemain pris l'autre part,
Où je courus sus tost ou tard,
Seulement puis la Tour du Bois,
Tirant à la Tour de Billy,

---

[1] Nous proposons de lire : *un tatin*, c'est-à-dire : un peu, quoique le vieux mot *ratin*, qui signifiait *fougère*, puisse être synonyme de *verre*.

Où je trouvay pour une fois
Six mille neuf cens, point ne failly.

Le lendemain en voye me mis,
Et m'en allay faire le tour
Du bois de Vincennes, et puis,
Je mis bien la moitié d'un jour,
Car courus là, sans nul sejour,
Les pas huit mille neuf cens;
L'on eut tandis bien fait un four,
Temoins ceux qui estoient presens.

Puis m'en allay certainement
Au Donjon prendre l'Epitaphe[1] :
Nonobstant que la fausse vrayement,
J'en escrivis cet Epitaphe.

ÉPITAPHE DE LA GROSSE TOUR DU BOIS DE VINCENNES.

Qui bien considere cette œuvre,
Comme elle se montre decœuvre,
Il peut en dire qu'oncques Tour
N'eut guere de plus bel atour,
Que celle du bois de Vincennes,
Surtout vieilles et anciennes,
Car on sçait, de tout tems en ça,
Qui la parfist et commença;
Premierement, Philippes Roy,
Fils de Charles, comte de Valois,
Qui en prouesse abonda,
Jusques sur la terre la fonda,
Pour s'y loger et s'y esbatre,
En l'an mille quatre cens vingt-quatre.

[1] Il paraît que cette inscription était gravée sur une plaque de cuivre sur le donjon de Vincennes.

Après vingt-quatre ans passez,
Et qu'estoit jà trespassé,
Le Roy Jean, c'estoit bel ouvrage,
Fit lever jusqu'à tiers estage,
Devant trois ans par mort cessa,
Mais corps fit : Charles il laissa,
Qui parfit en bref saison
Corps, parvis, fossez, maison ;
Il naquit au lieu delectable,
Pource l'avoit fort agreable,
La fille du Roy de Behagne :
Il tint pour espouse et compagne
Jeanne, fille du duc de Bourbon,
Pour estre en toute valeur bon,
Charles duc Dauphin et Marie.
Maistre Philippes Oger tesmoigne,
Tout le faict de cette besogne,
Qui le doux Jesus-Christ supplie,
Qu'en ce monde bien multiplie
Le nom des nobles fleurs de lys,
Et enfin leur donne Paradis.

Cette Tour a cousté à faire :
Bien dix sept cens mille francs,
Quatorze sols deux deniers tournois,
Cousta la grosse Tour du Bois.

LE BLASON DE PARIS [1].

Paisible domaine,
Amoureux verger,
Repos sans danger,
Justice certaine.

[1] L'auteur de ce blason est Pierre Grosnet, d'Auxerre, qui vivait sous le règne de François Ier.

CHANSON NOUVELLE DE TOUS LES CRIS DE PARIS,

ET SE CHANTE COMME LA VOLTE DE PROVENCE [1].

Voulez ouïr chansonnette
De tous les Cris de Paris :
L'un crie : Des allumettes !
L'autre : Fusils, bons fusils !
Costrets ! A la masse tache !
  Verre joly !
Qui a des vieux souliers
A vendre en bloc et en tâche !
  Beaux œufs frais !
Orange, citrons, grenades !
Fromages fors de Milan !
Sallades, belles sallades !
Faut-il point du bon pain, chalans ?
A ramonner la cheminée haut et bas !
  Vieux fer, vieux chapeaux !
  Beaux choux blancs !
  Ma belle poirée !
Moutarde ! Almanachs nouveaux !
Vinaigre, au bon vinaigre !
Sablon à couvrir les vins !
Charbon de rabais en Greve !
Le minot à neuf douzaine !
  Du grès, du grès !
  A fine éguille !
J'ay la mort aux rats et aux souris !
Entonnoirs, bons forets et outils !
Ça, chalans, curez les puits ?

---

[1] Cette chanson reproduit en abrégé la plupart des Cris qui sont paraphrasés en rimes ou en assonnances dans le petit poëme que nous avons réimprimé plus haut.

Argent cassé, vieille monnoye !
L'esmouleur, gagne petit !
Croye de Champagne, croye !
Oublie, oublie, où est-il ?
A deux liards la chanson tant belle !
Douce meure, gentil fruit nouveau !
  A mes beaux cerneaux !
  Noix nouvelle !
Carpendus, poire de certeaux !
Gros fagots, seiches bourées !
  A mes beaux navets !
  Chicorée, chicorée !
Argent de mes gros balets !
  Noir à noircir !
Couvercle à la lessive !
  Peigne de buys !
  Gravelée !
  J'ay du bon laict !
 A l'escaille vive !
  Chaudronier, ça !
Qui est-ce qui veut de l'eau ?
Gentil vin blanc et clairet !
Esguillettes de feu teintes !
Argent de fin trebuchet !
Ver, verjus ! Oignons à la botte !
Harang soret ! Panets, beaux panets !
Beau cresson, carottes, carottes !
Pois verds, pois ! feves de marais !
 Prunes de Damas ! cerises !
 Concombre ! beaux arbrisseaux !
 De bon encre pour escrire !
 Beaux melons ! beaux artichauts !
 Harangs, maquereaux de chasse !
A refaire les soufflets et les seaux !
  Citrouille, filasse, filasse !
  Qui a des vieux chapeaux ?

Vieux bonnets!
Fromages de cresme!
Aux racines de persil!
Raves douces, belles asperges!
Beau houblon! Peau de lapin!
Gerbe de froment!
Fouarre nouveau, fouarre!
Pons, ratelets, chambriere de bois!
Beau may de houx!
A la pierre noire!
Rubans blancs, beaux lacets!
A trente escus l'émeraude
Et l'anneau de grand valeur!
Feves cuites toutes chaudes!
Pain d'espices pour le cœur!
Beaux chapelets, couronne royalle!
Mes beaux coings! pesche de corbeille!
Beaux poireaux! gros navets de balle!
Beaux bouquets! Qui veut du laict?
Figues de Marseille!
Beaux metis! carpes vives!
Beaux espinards! lard à poids!
Escargots! tripes de mourue!
Beaux raisins! beaux pruneaux de Tours!
Ainsi vont criant par les rues
Les Estats, chascun tous les jours.

RECETTE POUR GUERIR L'ÉPIDEMIE[1].

Si desir de guerir avez,
Recipe, si vous le trouvez,

---

[1] Cette recette est une facétie toute parisienne, qui retrouvait son à-propos toutes les fois que l'épidémie, peste ou maladie contagieuse, si fréquente autrefois, désolait de nouveau la capitale. Elle est réimprimée, dans l'édition de Troyes, d'après l'opuscule gothique que nous avons cité plusieurs fois et qui fut imprimé d'abord vers 1500 sous le titre des *Rues de Paris*.

Deux Bourguignons de conscience,
Sans ordure deux Allemands,
Sans arrogance deux Champenois,
Et sans trahison deux Anglois,
Sans braverie deux Picards,
Avec deux hardis Lombards,
Et pour mettre la chose à fin,
Deux prud'hommes de Limousin :
Broyez en un mortier d'estoupes,
Et trempez là dedans vos soupes.
Si avez bonne galimafrée,
Onc telle n'en fut trouvée,
Pour defendre l'Epidemie.
Mais que l'on n'y croira mie.

FIN.

TABLE

Avertissement de l'éditeur. ɪ
La Chronique scandaleuse ou Paris ridicule, par Claude Le Petit. 1
La Ville de Paris, en vers burlesques, par Berthod. . . . 87
A mes amis de la campagne. 89
La Foire Saint-Germain, en vers burlesques, par Scarron. . 171
Le Tracas de Paris, en vers burlesques, par François Colletet. 185
A Monsieur de Lingendes. 187
Avis au lecteur. 189
Les Embarras de Paris, satire, par Boileau-Despréaux. . . . 289
Les Cris de Paris. 297
La despense qui se fait par chacun an dedans la ville de Paris. 325
Le contenu de la despense que chaque personne peut faire par jour et an. 327
Noms des églises, chapelles, colleges et rues de la Ville, Cité et Université de Paris. 334
Les principales maisons et hostels des grands seigneurs, édifiez à Paris. 358
Noms des Portes de la ville de Paris. 361
Les Ponts de Paris. 362
Les Fontaines. 362
Les Fauxbourgs de Paris. 363
Le tour de la ville de Paris. 363
Épitaphe de la grosse Tour du bois de Vincennes. 365
Le blason de Paris. 366
Chanson nouvelle de tous les Cris de Paris. 367
Recette pour guerir l'épidemie. 369

www.ingramcontent.com/pod-product-compliance
Lightning Source LLC
Chambersburg PA
CBHW050430170426
43201CB00008B/610